성경 일독 교재

"성경을 읽고 적용하려면"

삐약삐약

말씀의 삶

인도자용

| 글 · 그림 **강명희** |

쿰란출판사

추천사

자신의 마음과 생각을 진솔하게 표현하며 소통할 수 있는 사람은 아름다운 사람입니다. 자신이 보고 듣고 받고 배운 것을 진솔하게 고백하는 감사의 글을 써서 주고 받으면서 살 수 있는 사람은 귀하고 아름다운 사람입니다. 아무것도 모르는 부족한 사람들에게 도움과 사랑과 격려의 손길을 펴면서 따뜻하게 살 수 있는 사람은 착한 사람이고 보배로운 사람입니다. 나의 제자 강명희 전도사는 그런 사람들 중의 하나입니다.

나와 주고 받은 편지글을 하나 소개합니다.

"안녕하세요 교수님! 저는 98학번 초대교회사의 수제자인 강명희 전도사입니다. 목사님의 근세교회사 첫 시간에 느낀 점을 올립니다. '한쪽에 치우치지 않는, 양극을 잡아 볼 줄 아는 통찰력' 이 말씀이 저희 초대교회사를 배운 동기들 말에 의하면 어떤 사람은 목사님의 첫 말씀에 마치 망치로 머리를 맞은 듯한 전율을 느끼며 배우게 되었다는 고백이 있는가 하면, 어떤 학우는 한 학기를 통해 '아하! 이제야 무슨 말씀인지 알겠다'는 고백도 있었습니다.

저 같은 경우는 강변교회에 와서 목사님의 삶 속에서 들려오는 말씀에 '아아!' 하고 깨달아 가고 있고 그것이 얼마나 소중한 것인지를 배우고 있습니다. 학교에서도 교회에서도 목사님을 뵙게 되어서 참 기쁩니다. 모두들 목사님께서 강의하셔서 참 좋아하고 있습니다. 목사님! 건강하세요." (2000년 9월 11일 제자 강명희 올림)

"사랑하는 강명희 학생에게, 솔직하고 좋은 글을 보내 주어서 고맙습니다. 강명희 학생은 입학 면접 때부터 내 마음에 꼭 든 학생이었는데 첫인상이 지금까지 오래 지속되고 있습니다. 지적이고 영적이고 폭넓고 맑고 아름다운 인상을 가지고 있습니다. First impression lasts long! 강변교회에 와서 사역하게 된 것도 좋고 예쁜 아기를 낳게 된 것도 좋은 일입니다. 균형 잡힌 역사적 안목을 갖는다는 것이 너무나 중요한 일인데 한국 사람들과 한국교회 신자들이 이것을 지니지 못하는 것 같아 아쉽습니다. 최선을 다해 가르치도록 하겠습니다. 종종 좋은 평가와 건의를 해 주기 바랍니다. 하나님의 사랑과 축복이 늘 함께 하시기를 기원합니다." (2000년 9월 11일 김명혁 목사)

이 책은 《삐약삐약 말씀의 삶》 이라는 제목으로 신구약 성경 66권 내용을 아주 쉽고 재미있게 설명했습니다. 보통 사람은 도저히 쓸 수 없는 방대한 분량의 신구약 성경 내용을 저자는 한평생 만난 사람들과 성경을 가르친 사람들에게서 얻은 경험을 토대로 모든 정성을 다 쏟아부어 재미있게 그림을 그리면서까지 친절하게 설명했습니다. 소통이 너무 귀중한 시대인데 이 책은 소통에 초점을 맞춘 책입니다. 많은 초신자들이 이 책을 읽기를 바라며 적극적으로 추천합니다.

아주 귀하고 아름다운 친밀한 교제와 소통과 사랑이 넘치는 성경공부 교재입니다. 학원에서 가르치는 공부와는 그 질이 다릅니다. 화려한 프로그램으로 하는 공부와도 그 질이 다릅니다. 강명희 전도사님! 수고 너무 많았습니다. 주님 사랑과 말씀 사랑과 영혼 사랑에서 우러나온 순수한 사랑의 결실입니다. 하나님의 긍휼과 용서와 자비와 사랑과 은혜가 앞으로의 삶과 사역 위에 더욱더 풍성하게 나타나기를 축원합니다. 다시 한번 강명희 전도사님이 정성을 다해서 쉽고 재미있게 쓴 《삐약삐약 말씀의 삶》을 모든 사람들에게 적극적으로 추천합니다.

2015년 1월 5일

김명혁 목사(강변교회 원로목사)

추천사

매사에 기초가 튼튼해야 한다는 것은 모든 이가 공감하는 상식입니다.

신앙생활도 기초가 튼튼해야 합니다. 신앙생활의 기초는 말씀입니다. 말씀을 잘 이해하기 위해서는 다섯 가지 길이 있습니다.

첫째는 성경 통독이고, 둘째는 설교를 경청하는 것이고, 셋째는 성경교사가 인도하는 성경공부에 참여하는 것이고, 넷째는 성경구절을 암송하는 것이고, 다섯째는 성경 말씀을 깊이 묵상하는 것입니다. 그런데 그 중의 제일은 성경 통독입니다.

성경의 전체적인 구조는 이야기입니다. 성경은 이야기 형식으로 구성되어 있는데 사람들이 그 이야기를 잘게 쪼개어 이해하기 때문에 성경에 대한 해석이 엉뚱해지는 경우가 많습니다. 성경은 이야기입니다. 이야기를 잘 이해하기 위해서는 그 전체를 한눈으로 볼 수 있는 능력이 가장 중요합니다. 그런데 신구약성경이 워낙 방대하기 때문에 성경을 한눈에 익히는 것이 쉽지 않습니다.

강명희 사모님이 심혈을 기울여 내놓은《삐약삐약 말씀의 삶》은 성경이야기를 한눈으로(통으로) 이해하는 데 너무나 확실하게 도움을 주는 이정표입니다.

저는 이 책을 모든 성도들에게 권하고 싶습니다. 이 책과 함께 신구약성경을 일독하신다면 혼자서 성경을 통독하는 것보다 세 배는 더 유익할 것으로 확신하기 때문입니다. 저자는 저와 함께 수년 동안 일산은혜교회를 섬겼던 동역자입니다. 주님의 나라를 사모하는 순정과 성경을 사랑하는 열정은 그 때 이미 검증을 받았습니다. 이 귀한 책을 내놓은 그 열심을 존경하며 그를 아는 모든 동역자들과 함께 이 기쁨을 나눕니다. 축하합니다.

2015년 1월 10일

강경민 목사(일산은혜교회)

산모가 아이 낳는 과정이 이러지 않을까 싶습니다.

어떻게 하면 성도들이 성경을 쉽게, 재미있게, 은혜로 일독할 수 있을까를

2년여 몸부림치는 것을 옆에서 지켜봤습니다.

〈말씀의 삶〉 일독 교재를 만들어 가면서, 직접 성도들과 나눌 때 막혀 있는 심령이 뚫리고, 닫혔던 마음이 열리고, 부정적인 생각이 긍정적으로 바뀌고, 건조하고 삭막했던 눈에서 눈물이 맺히고, 기쁨으로 어쩔 줄 몰라 하는 성도들의 변화를 들뜬 마음으로, 신기한 것을 발견한 것처럼 지역 모임에서 이야기할 때, 마치 내가 경험하고 있는 것처럼 덩달아 들뜨고 기뻤습니다.

그런 〈말씀의 삶〉이 드디어 출간하게 되었다는 소식을 들었습니다. 너무나 기뻤습니다. 그런데 마냥 기뻐할 수만은 없었습니다. 이 훌륭한 교재가 빛을 보지 못하지는 않을까라는 믿음 없는 염려가 들었기 때문입니다. 이 교재를 미리 보고 접한 나의 생각은 너무 쉽게, 재미있게 쓰여졌다는 것입니다. 재미있고 독특한 저자의 감각으로 만든 캐릭터를 통해 성경을 읽을 수 있게 만들었습니다. 이 교재를 사용하여 말씀을 읽는 모든 성도들이 하나님이 행하신 일들을 그림을 보듯이 읽을 수 있을 것입니다.

〈말씀의 삶〉 교재가 한국교회와 성도들에게 다시 한 번 뜨거운 열정을 회복하여 복음의 증거자로, 사명자로 세워지고, 하나님의 말씀을 가까이 하게 하는 도구가 될 것입니다.

2015년 1월 20일

최창의 목사(하늘소망교회)

추천사

강명희 사모는 하나님의 말씀을 사랑하는 사람입니다.

하나님의 말씀을 사랑한다는 말이 당연해 보이지만 실상 이 고백은 만만치 않습니다. '똑똑한 자는 열심인 자를 못 따라가고, 열심인 자는 즐기는 자를 못 따라간다'는 말이 있습니다. 하나님의 말씀을 연구하는 자는 자신의 똑똑함과 열심, 그리고 즐거움을 넘어서야 합니다. 말씀을 사랑하는 것은 단순히 말씀을 지식으로 정리하고 전하는 것 이상입니다. 말씀과 씨름한 삶의 진정한 고백이 있어야 한다는 것입니다. 그래서 이런 가르침은 단순한 지식을 넘어서 하나님의 말씀이 우리 삶에 미치는 울림이 있습니다.

강명희 사모는 신학교 때부터 20여 년을 둘로스선교회에서 함께 연합하며 사역하였고 그때부터 그림을 사용하여 성경을 쉽게 가르치는 데 탁월했습니다. 신대원에서 같이 공부할 때도 그 그림과 함께 정리한 노트는 많은 동료에게 도움이 되었습니다. 또한 사역의 현장에서 그림을 가지고 연상을 통해 가르치는 모습은 항상 감탄하게 했습니다.

이 책은 하나님의 말씀을 붙잡고 산 삶과 연구가 덧붙여져서 '삐약삐약 말씀의 삶'이 나오게 되었습니다. 성경을 읽고 적용하도록 돕기 위해 그림을 많이 삽입한 책입니다. 처음부터 차근차근 따라 읽다보면 성경이 머릿속에 일목요연하게 그려질 것입니다. 하나님의 말씀을 창세기부터 요한계시록까지 한눈에 잘 정리했습니다. 이 책은 참으로 성경을 공부하는 사람에게 많은 도움이 될 것이라 믿습니다.

2015년 1월 10일

김남국 목사(주내힘교회)

이 교재는 교회를 오래 다닌 분들에게도 성경 전체를 한눈에 보게 해주는 책입니다.

교회를 오래 다닌 사람들 중에도 성경 일독을 한 사람은 그리 많지 않은 것 같습니다. 그 이유는 성경을 올바르게 가르쳐 주는 교사들이 부족하기 때문입니다. 또 성경 전체를 이해할 수 있도록 쉽게 가르쳐 주는 교재가 부족하기 때문입니다.

이 책은 신앙생활을 오래 한 사람에게도 유익하지만 이제 교회에 발을 들여 놓은 새신자들도 성경을 어렵지 않게 배울 수 있는 좋은 교재입니다.

특별히 믿지 않는 영혼들에게 관심이 있는 교회에서는 이 책이 더욱더 효과가 나타날 것입니다. 신앙의 걸음마를 하는 사람들이 성경 전체를 공부한다는 것은 웬만큼 흥미롭지 않고서는 관심을 끌 수가 없습니다.

그런데 이 책은 믿음이 어린 사람들에게도 충분히 관심을 끌 수 있는 재미난 성경공부 교재입니다. 초신자들이 성경 내용을 쉽게 이해할 수 있는 교재는 아직까지 보지 못했는데 이 책이 쉽게 성경을 읽도록 도와줄 것입니다.

성경 전체를 쉽고도 재미있게 풀이해 놓은 《삐약삐약 말씀의 삶》 교재를 강력히 추천합니다!

2015년 2월 9일

유대호 목사(God's Family Church)

머리말

삐약! 삐약! 말씀의 삶 구약 일독 교재를 쓰면서

인도네시아 람뿡에 살고 있는 친구를 만나러 간 일이 있었다.
사람이 들여다볼 수 있는 환한 1층의 발 마사지 가게가 눈에 들어왔다.
일 년 정도 한쪽 발이 아팠기에 마사지를 받아 보고 싶은 마음에 기웃거렸다.
그 모습을 지켜보던 현지인이 있었다.
가까우면서 더 좋은 곳(?)으로 안내하겠다며 다가왔다.
우리 일행은 준비해 놓은 차에 올라탔다.
너무 멀리 간다는 느낌이 들었다.
불안감이 엄습해 올 때쯤, 도착한 곳은 어두컴컴한 2층의 폐쇄된(!) 방이었다.
나는 안전하게 돌아가고 싶은 굴뚝같은 마음에 기도하기 시작했다.
'하나님 아빠~제가 여기에서 어떻게 해야 하죠?'
간절히 기도하며 폐쇄된 방으로 끌려(?) 갔다.
나는 마사지 해 주러 들어온 여자에게 물어 보았다.
"당신 이름은 무엇인가요? 몇 살이지요? 결혼은 했나요? 하고 있는 일은 기쁜가요?"
복잡한 심정으로 물어보는 나와는 달리 풋트라는 이름의 여자는 밝게 말했다.
23세이며, 결혼하지 않았고, 이 일에 만족한다며 웃으며 대답을 해 주었다.
그 외에는 더 이상 물어볼 영어 단어가 떠오르지 않았다.
정적이 흐르는 동안 나는 풋트를 위해 기도하는 것밖에 할 수 있는 일이 없었다.
예수님 만나도록 중보 기도해야만 내가 안전하게 돌아갈 것 같았기 때문이었다.
나는 가끔 아주 어색한 만남으로 만났지만, 간절히 기도했던 풋트가 생각난다.

이 사건처럼 나는 예수님을 모르는 사람들을 위해 기도하는 마음으로 이 책을 쓴다.

또 "예수님을 모르는 한 영혼을 위해서면 괜찮습니다"라는 말에 순종하며 쓴다.

책을 쓰게 된 더 구체적인 예를 한 가지 더 들어 본다.

나는 교회에서 13주 동안 성경을 일독하는 강의를 맡게 되었다.
인도하는 나 자신이 성경이 어렵게 느껴졌다.
수강 신청을 하신 분들 또한 밤늦게 퇴근하랴, 손녀들을 돌보랴~
13주에 성경 66권을 읽고 66개의 실천 숙제를 하기에는 어렵다는 생각이 들었다.
그래서 13주 동안 구약만 먼저 일독하기로 하였다.

나는 구약 책을 쉽게 읽을 수 있도록 간단한 그림을 그려 인도하기 시작했다.
처음 성경을 읽어 보시는 분들에게 꽤 괜찮은 반응이 나왔다.
나는 일곱 목회자 가정이 매주 모이는 모임에 그 그림 교재들을 가지고 갔다.
한 목사님께서 책으로 만들면 좋겠다는 제안을 하셨다.
그리고 그 후 몇 목사님들과 사모님들이 모인 자리에서 발표를 하게 되었다.
신이 나서 준비를 하고, 칭찬만 들을 거라는 기대감으로 발표를 했다.
그러나! 기대와는 다른 반응들이 쏟아졌다.
기대와는 다르게 성경을 꿰뚫고 계시는 목사님들의 조언이 조금(?) 쏟아졌다.
나는 그 조금의 조언들이 가슴에 꽂히는 화살처럼 다가왔다.
책으로 만들었다가 욕 많이 먹겠다는 무서움이 몰려왔다.
그래서 책으로 내지 말아야겠다는 생각이 들었다.

그 때 처음 책을 내도록 권하시던 목사님은 나에게 다시 말씀해 주셨다.
"주님을 모르는 한 영혼을 위해서, 그 한 사람을 위해서 책을 내면 좋겠습니다."
예수님의 음성으로 다가왔다.

나는 예수님의 '예' 자도 모르는 풋트 같은 사람들이 다시 떠올랐다.
그 한 영혼을 위한 용기를 가지고 순종하게 된 것이 이 책이 나오게 된 이유이다.
그래서 교재의 특징을 다음과 같이 정하고 출발한다.

짠! 구약 책의 특징을 소개합니다

♥ 하나님의 하! 예수님 예! 성령님의 성! 자도 잘 모르는 분들에게 맞추었습니다.
♥ 성경책 각 권을 적용 그림과 함께 간단하게 표현했습니다.
♥ 구약 책의 한 가지 주제인 '구원하러 오실 예수님'에게 초점을 맞추었습니다.
♥ 하나님, 예수님, 성령님 세 분과 사람이 그림으로 등장하여 심심하지 않습니다.
♥ 이 교재는 수준이 병아리 수준입니다. 삐약~삐약~
학생용 교재 수준은 갓 태어난 병아리 수준이라 생각하면 됩니다.
인도자용 교재 수준도 하루 먼저 깨어난 병아리 수준이라 생각하면 좋겠습니다.
성경을 잘 알고 실천하는 수준이라면 이 책을 교재로 사용하지 마세요.
그러나 성경 말씀도 잘 모르고 실천할 바를 알지 못한다면 사용하십시오.

인도자용 교재의 특징입니다

학생용 교재보다 필요한 설명이 조금 더 있습니다.
그림 크기가 학생용 교재보다 조금 작습니다.
또 적용을 적을 풍선 그림이 많이 생략되어 있습니다.
그러나 인도자들도 지면을 활용하여 적용을 적어 보세요.
학생용 교재도 함께 보시면 위의 특징들이 이해됩니다.
★ 수강생은 이 교재에서 학생이란 명칭으로 통일하였습니다.

삐약삐약 말씀의 삶

구약

구약 목차

첫 번째 시간입니다

주인공을 그림으로 소개할게요
(첫 시간은 함께 읽으며 강의 진행하시면 됩니다)

★ 하나님(유일한 신이시며 사람들의 아버지)

하나님은 한 분밖에 없는 신이십니다.
어! 신 많은데?
1달러 신, 나만 이뻐 신, 재수 붙어라 신, 바다 물귀신, 게임 신 등 엄청 많아요?
네~ 거짓 신들입니다.
하나님이 만드신 한 천사가 하나님의 자리를 넘보고(=사탄) 거짓으로 꾸민 거죠.
하나님만이 유일한 한 분밖에 없는 신이랍니다.
유일한 하나님은 모든 것을 창조하신 왕이며 모든 것의 주인입니다.
유일신 하나님을 그림으로 표현할 수 없죠!
그래서 헬라어인 데오스(=하나님)의 첫 글자를 사용하겠습니다.

절대로 하나님은 이 첫 글자처럼 생기지 않으셨습니다.
하나님을 그림으로 그렸다고 화살 쏘실 분들은! (피융~)
먼저 윗문장을 잘 이해해 주시면~꾸벅~감사합니다.

★ 사람

사람이란
하나님께서 만드신 지음 받은 존재입니다.
지음 받은 존재는 주인이 있다는 뜻이지요.
네~ 사람의 주인이 바로 하나님입니다.

사람이란
하나님께서 낳으신 존재입니다.
하나님께서 손수 흙으로 만드십니다.
하나님의 생기를 사람에게 온 마음과 온 정성과 온 힘을 다해, 불어넣으십니다.
하나님의 생기를 하나님의 모든 것을 다해 불어넣으셨으니 낳으신 것입니다.
네~ 사람의 아버지가 바로 하나님이십니다.

사람의 모습은 두 가지 모습으로 나타납니다.
하나님의 자리를 노리던 적(사탄)에게 속아 죽음을 맞이하게 됩니다.
그래서 영원히 죽도록 내비려둘 수 없는 하나님 아빠의 구출 작전이 펼쳐지죠.
하나님 아빠의 구출 작전을 거부하고 끝까지 사탄을 따라가 죽는 사람들 모습과 하나님 아빠를 믿고 사는 사람들의 모습, 두 부류의 사람들이 나타납니다.

★ 예수님

하나님 같은 동일한 신이며, 하나님의 아들입니다.
헉! 하나님만이 한 분밖에 없는 유일신이라면서요?
그런데 갑자기 하나님 말고 또 예수님 신이 나타나요?
네 예수님뿐 아니라 성령님이라는 신도 계십니다.

더 이상은 없습니다.

그래서 옛날이나 지금이나 미래에나 자기가 예수님이다!~ 성령님이다!~
하는 자들은 다 거짓말쟁이입니다.^^
하나님, 예수님, 성령님 이 세 분이 한 분이며 유일신입니다.
성령님은 차츰 만나가며 알아가게 될 것입니다.

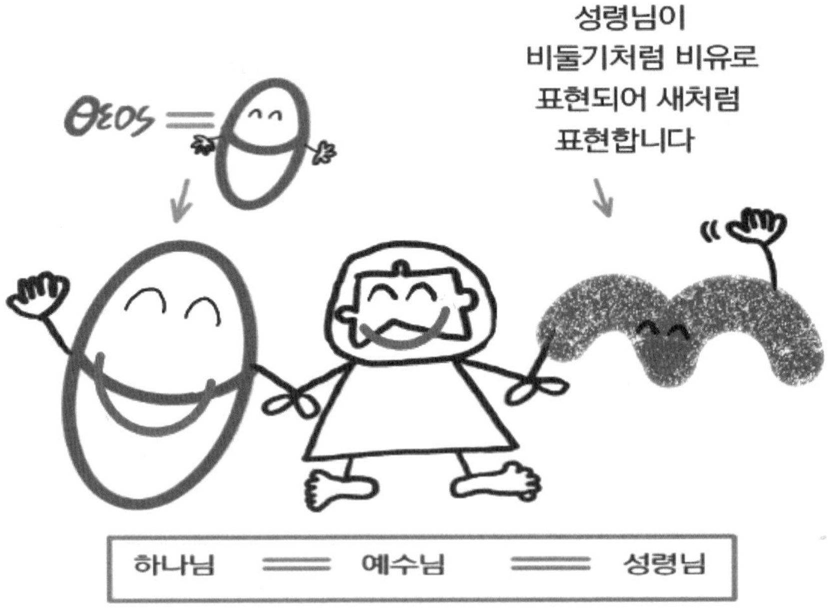

세 분이 한 분이라는 것! 말이 안 된다고요?
한 분이라면서, 예수님이 하나님의 아들이라는 것도 이해가 안 된다고요?
네~^^ 저도 안 됩니다.
이해 못할 정도로 우리는 지음 받은 존재, 사람입니다.
하나님, 예수님, 성령님 세 분이 하나이신 삼위일체 되는 신이십니다.
이해도 못하는 수준의 사람인, 우리를 살리기 위해서 예수님이 오십니다.
하나님과 같은 분이면서, 하나님의 아들인 예수님이 나를 위해 죽으셨습니다.
그리고 부활하십니다.
이해가 안 되니, 그래서 믿으라고 하십니다.
이해를 못하니, 그래서 하나님은 우리를 끊임없이 만나 주시고 설득하십니다.
이해 못하는 사람을 구하기 위해, 사람의 모습으로 이 세상에 오신 예수님!
우리가 전해 듣고, 전해 듣던 모습으로 그렸습니다.
진짜 얼굴과 얼굴을 대하고 뵙는 날에는 예수님도 이런 모습은 아니겠지요!
예수님 형상화했다고~~ 화살 쏘지 마시고 한글 해석을 먼저 부탁드립니다.

참! 지음 받은 한 천사가 하나님 자리 뺏고 싶어 사람을 달콤하게 꼬시죠.
그래서 사탄을 달달한 사탕으로 표현해 보았습니다.
아! 사탕은 사탄이구나!로 문자 오해하셔서 저를 이단으로 몰고 가지 마세요.

구약 줄거리

신이시며 왕이신 하나님께서는 천지를 만드시고,
사람 아담과 하와를 만드십니다.

모든 것을 다 너에게 맡기니 아빠처럼 잘 다스리렴!
넌 잘 해낼거야 날 닮았거든~ 화이팅^^
꼭! 명심할 것은 선과 악을 알게 하는 열매는 먹지 말아라!
선악과 먹으면 죽는단다~ 위험해 절대 가까이 가지 마! 꼭!~
하나님 아버지는 자녀에게 중요한 이 이야기를 수도 없이 하시죠.

하나님은 사람에게 우리(하나님, 예수님, 성령님) 법대로 다스려 달라고 하십니다.
그리고 모든 지구를 다스릴 권리를 사람에게 주시며 맡기십니다.
그러나 왕이신 하나님의 자리가 탐난, 한 천사가 타락하죠(=사탄)
피조물인 사탄은 하나님을 반역하고 사람인 여자 하와에게 먼저 다가가 속입니다.
선악과 말이야 정말 죽는데?
으응~ 아마 죽을 걸~ 하와는 대답합니다.
사람이 진짜 왕이 될까봐 그러나~
사탄은 거짓말을 흘리고 갑니다.
하나님처럼 왕이 된다는 말에!
하와는 선악과를 먹어 버립니다.
어라~ 정말 안 죽었네!
그리고 남편 아담에게도 주어 먹게 합니다.
모두 하나님의 말씀을 듣지 않습니다.
하나님의 말씀을 듣지 않는 것이 죄입니다.
죄의 결과로 사람은 죽게 되었습니다.

하나님은 죽음의 길로 가게 된 우리를 안고 울고불고 난리가 났습니다.

자녀인 사람을 살려야 했습니다.

119 구급차를 부르고, 심장 마사지를 하고, 이리 뛰고 저리 뛰듯,

긴급회의(하나님, 예수님, 성령님)를 통해 사람을 살릴 계획을 즉시 선포합니다.

예수님이 너 대신 벌을 받고 죽고 살아날 거야!

너도 예수님만 믿으면 다시 살아나게 될 거란다.

'예수님'은 처음부터 사람을 살리시려고 주신 약속입니다.

아담과 하와는 하나님의 구원 약속을 받고 살아갑니다.

(이 약속을 복된 소식, 복음이라고 합니다.)

아담과 하와는 하나님의 창조 원리대로 생육하고 번성합니다.

구약성경을 쉽게 표현하며 줄거리로 만들어 보았습니다.

우가~ 우가~ (원주민의 노랫소리) 사람들의 생활이 시작됩니다.
그러나 사람들은 점점 하나님의 약속을 잊고 제멋대로 살아갑니다.

그래서 하나님은 약속을 전할 사람들을 부르십니다. (창세기)
족장 시대 욥의 이야기도 하십니다. (욥기)
(욥기는 창세기 하기 전에 읽어도 됩니다.)
그들을 훈련하기 위해 노예학교에 입학하게 하신 후 졸업시키십니다.(출애굽기)
또 하나님의 법 훈련도 시키십니다. (레위기)
자녀들을 교육하려고 교육학과도 입학시키십니다. (민수기, 신명기)
실습 시간도 갖습니다. (여호수아)
그러나 자기 마음대로 살고 싶어 하는 사람들이 탈영을 합니다. (사사기)
하나님은 순종하는 소수의 사람들을 통해 약속을 지켜 나가십니다. (룻기)
그러나 많은 사람들이 왕이 될 것을 하나님께 요구합니다.
하나님은 순종할 것을 부탁하시며, 사람들의 고집대로 왕들을 세워주십니다.
그 중에 다윗 왕은 하나님 아버지의 마음을 읽지만, 대형사고도 냅니다.
다윗은 하나님 아버지께 회개하고 벌을 순종하며 받습니다. (사무엘상 · 하)
다윗은 회복시켜 주시는 하나님 아버지를 찬양합니다. (시편)
그 중 솔로몬 왕은 고백합니다.
어긋난 길로 한참 가보니 하나님 아버지 경외하는 것밖에 없더구나!~
(잠언, 전도서, 아가서)
대부분 왕들은 하나님을 버리고 우상을 섬겨 나라가 나뉘고 망합니다. (열왕기상 · 하)
하나님은 에스라를 통해 예수님에 대한 구원 요약편을 내 주십니다. (역대상 · 하)
하나님은 약속을 믿고 구원 얻길 끊임없이 말씀하십니다. (12권의 예언서)
그러나 불순종한 사람들은 결국 망하고 포로로 끌려갑니다. (다니엘, 에스겔)

하나님은 포로로 끌려간 사람들에게 변함없는 약속을 기억시키십니다.

(에스라, 학개, 스가랴, 에스더, 느헤미야)

하나님은 다시 외치십니다.

예수님이 너희에게 갈 거야!

아주 허름한 모습으로 갈 거야~

너 대신 가서 죽을 거야!~

너를 살리려고!

끊임없이 가슴을 지며

다급하게 외치고 외치십니다.

그런 하나님 아버지께 자녀인 우리는 대듭니다.

헉~누구세요?

누가 나한테 이런 약속 해 달랬냐구요!!!(말라기)

우리를 구해주실 약속의 예수님을 자세히 소개하며 구약 책은 끝을 맺습니다.

첫 번째 시간에 할 일들

1. 룰루랄라~ 하나님께 찬양 드려요

강의 준비하실 때마다 성령님께서 인도하는 찬양으로 준비하세요 (상황에 따라 인도자나 학생이 맡아서 인도하면 됩니다).

2. 하나님과의 대화~ 기도는 서로 같이 해요

다양하게 기도하시면 됩니다. 예를 들어 봅니다.
강의 시작할 때 첫 기도는 인도자가 쉬운 표현으로 기도합니다.
끝나는 기도는 학생이 합니다.
학생이 적은 경우에는 처음과 마지막을 한 문장씩 모두 합니다.
주어 목적어 서술어 한 문장씩이니 절대로 길게 하지 않습니다.
처음 기도하시는 분도 생기게 되고 ^^ 은혜가 있답니다.
학생이 너무 많아서 한 문장 기도도 할 수 없다고요?
인도자가 지혜롭게 각 상황에 맞게 하시면 됩니다.

3. 팀을 짜야겠지요

나누는 중요한 시간이 있습니다.
학생이 5~7명까지는 한 팀이어도 될 것 같습니다.
그러나 8명부터는 4명씩 팀으로 나누면 좋을 것 같습니다.
실천 숙제한 것을 나누려면 팀은 4명 정도가 적당합니다.

4. 으랏차차!~ 삶 공부에 1인 1사역을 두었습니다

1) 조장님

팀이 많은 경우입니다.
팀에서 한 분씩 뽑아 주세요. 팀 안의 진행 인도를 맡아 주실 분입니다.

2) 간식님

매번 간식을 준비해 오는 것이 아니라 간식 순서를 알려 주세요.
식사를 준비하는 경우는 식사 순서를 알려주세요.
각 상황에 맞게 하면 됩니다.^^
첫 간식은 인도자가 준비하고(중요!!!) 돌아가면서 간식 순서를 맡으세요.
학생이 많은 경우는 둘씩 셋씩 짝지어 맡거나 팀으로 맡으면 됩니다.

3) 소식님

조원들에게 매일 오늘은 어디서부터 어디까지 읽는 것을 알려드립니다.
정말 중요합니다.
카톡, 문자, 전화를 해 주시면 됩니다.
최첨단 의사소통이 없는 지역이라구요?
너무 좋습니다.
만나서 또는 목소리로 서로 소통하며 알려주세요.
매일, 또는 매주 읽을 분량을 미리 편지로 적어와서라도 꼭 전해 주세요.

4) 벌금 헌금님(안 하셔도 됩니다)

인도자가 벌금 헌금을 해야겠다고 결정한 분들만 읽고 참고하세요.

숙제 안 해 오신 분들은 벌금을 내도록 강의 첫 시간에 약속합니다.
숙제도 못했는데 벌금까지 내니 마음이 편치 않더라구요.
그래서 벌금 헌금이라고 하여 내시는 분도 기쁜 마음으로 내도록 하였습니다.
벌금 헌금님은 숙제 안 해 오신 분들 벌금 거두면 됩니다.
저의 경우를 예로 들겠습니다.
벌금 헌금을 조금 세게 정하면 오히려 벌금 헌금이 적습니다.
결석: 1만 원 / 지각: 3천 원 / 숙제 한 권당: 5천 원으로 정하였습니다.

자세한 설명 들어갑니다.
나훔, 예레미야, 예레미야 애가, 스바냐, 하박국 5권을 읽어 와야 하는 경우입니다.
그 중 한 권 못 읽어오셨다면 오천 원 내셔야 합니다.
세 권 못 읽으셨다고요?
만 오천 원 내셔야 합니다.
그다음 주에도 또 나훔을 안 읽어 오셨다고요!
지난주에 나훔에 대한 벌금을 내셨더라도 또 내셔야 합니다.
여기까지는 이해가 되셨죠!
당일, 당일치기로 읽는 것도 벌금 내셔야 합니다.
저희 교회는 주일날 성경 일독을 하는 삶 공부를 하였습니다.
그랬더니,주일날 예배 설교 시간에도 숙제하느라 성경 읽고 있는 모습을 보았습니다.
그래서 당일치기도 벌금 내는 것으로 정하였습니다.

또 성경 한 권당 읽고 한 가지씩 실천해 오는 것이 숙제입니다.

그래서 5권 읽기는 다 했는데 실천을 5개 중 2개만 하셨다고요?

3권에 대한 실천 숙제를 하지 않은 벌금 내셔야 합니다.

이해되시지요!

한 권 읽고 한 가지 실천 숙제해야 제대로 한 권의 숙제를 완성하신 것입니다.

모인 벌금으로 무엇을 하면 좋을까요?

국내 성지 순례를 가든지, 선교 헌금으로 드린다든지, 식사 교제 등등 정하세요.

벌금 때문에 불평이 많으실까봐 염려되신다구요?

아직도 목숨을 걸고 성경을 읽는 분들이 계십니다.
이분들을 설명해 주세요.

저의 경우를 예로 든 것뿐입니다.

또 첫 시간에 설명하고, 약속하니까 시험에 안 드시더리구요.

심지어는 출장을 가서 어쩔 수 없이 결석을 해도 시험 들지 않고 벌금 내셨습니다.

심지어는 칠순 잔치의 주인공이어서 어쩔 수 없이 결석해도 웃으며 내셨답니다.

인도자도 벌금을 내기 때문에 시험에 들지 않습니다.

인도자도 읽고 숙제 안 해오면 벌금을 솔직하게 내며 동참했답니다.

벌금 헌금을 정하여 하면서 얻는 장점을 여기에 적어 봅니다.

보물이 있는 곳에 마음이 있다!!!

벌금 안 내려고 성경을 열심히 읽고 실천하는 모습을 보았습니다.

내는 경우는 헌금하는 마음으로 기쁘게 내며 웃음바다를 만들었습니다.

5. 자기소개를 합니다

모두 엉덩이로 자기 이름 쓰기 할까요?
왜 성경 일독에 도전했는지 고백과 함께 소개를 하도록 합니다~^^
놀라운 고백들을 듣게 될 것입니다.

고백들의 예를 적어 봅니다.

"저도 몰랐는데 아내가 수강 신청을 했네요.
첫날만 참석하고 도망가려고 했는데 1인 1사역까지 맡게 되어서 도망가지도 못하겠고, 끝까지 잘 마무리하도록 기도해 주세요!"

성령님께서 그 마음을 만져주시고 책임져 주시겠지요.^^

"저는 한글을 잘 읽을 줄 몰라요. 한글 공부도 하고 또 믿음이 뭔지도 모르는데 한 번 읽어 볼라고요."

성령님께서 한글뿐 아니라 믿음도 보이게 하시겠지요.^^

어마어마한 고백들을 상상하셨나요?
저는 이 고백들을 사랑합니다.^^

☑ 구약 일독의 주수와 분량 정하기

저는 저희 교회가 하고 있는 여러 삶 공부(부부의 삶, 부모의 삶, 생명의 삶 등등)에 맞추어 13주를 정한 것입니다.

그리고 신청하신 분을 고려하여 먼저 구약하고, 다음 13주에 신약을 하려고요.

어~어~ 저희는 구약과 신약을 한번에 다 일독해야 하는데요?

그럼요! 하셔도 됩니다. 성경을 읽는 것이 중요하지 방법은 다양합니다.

인도자가 읽는 분량과 일독 기간, 순서를 바꾸어도 됩니다.
네~^^ 각 상황에 맞게 성경 일독을 조정하면 됩니다.
여기서는 13주 순서의 예를 들어 소개한 것뿐입니다.^^

1주: 소개, 구약 성경 읽는 순서, 욥기

2주: 창세기

3주: 출애굽기, 레위기

4주: 민수기, 신명기, 여호수아 배경

5주: 여호수아, 사사기, 룻기

6주: 사무엘상 · 하, 시편(1-50편), 삼언, 전도서, 아가서

7주: 열왕기상 · 하, 시편(51-100편), 북왕국 왕들 중심 배경

8주: 역대상 · 하, 시편(100편-끝), 남왕국 왕들 중심 배경

9주: 12권의 예언서 중 - 요엘, 오바댜, 호세아, 아모스, 요나

10주: 12권의 예언서 중 - 이사야, 미가, 나훔, 예레미야, 예레미야 애가, 스바냐, 하박국

11주: 다니엘, 에스겔, 에스라 배경

12주: 에스라, 학개, 스가랴, 에스더, 느헤미야, 말라기

13주: 못한 부분 하기^^, 감사 고백, 간증, 맛있는 식사 또는 여행 계획 ^^

바뀐 분들만 주수와 분량을 적어 보세요.

구약책과 신약책이 만들어지게 된 과정

하나님은 아담과 하와에게 죽지 않도록 악을 알지 못하도록 보호하십니다.
그러나 아담과 하와는 사탄의 속임수에 빠져 하나님의 보호로부터 도망갑니다.
사람은 먹으면 죽는다는 선악과를 먹고 죄 유전자! 죄성을 가지게 됩니다.
그래서 죄의 유전자를 후손에게 물려주며 번성합니다.

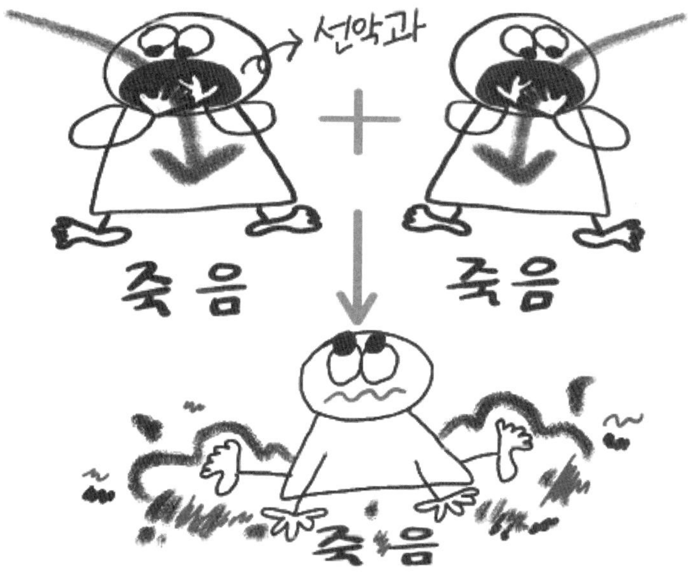

하나님은 아담과 하와에게 다시 살리시겠다고 약속하십니다.
그러나 여전히 사람을 살리지 않을 거라는 사탄의 거짓말에 사람들은 속습니다.
사탄의 말을 들으며 사람들은 하나님의 구원 약속을 점점 잊고 삽니다.
그래서 하나님은 약속을 기록하고 전할 이스라엘이라는 나라를 부르십니다.
하나님은 먼저 모세를 직접 만나 처음 창세 이야기부터 기록하게 하십니다.
그리고 모세 이후에도 예수님의 구원 약속 이야기를 기록하게 하십니다.
그래서 하나님의 말씀이 처음에 이스라엘의 히브리어로 적히게 된 것입니다.

그런데 사명을 받은 이스라엘이 우상을 섬겨 남과 북으로 갈라지고 망합니다.

북쪽 이스라엘은 앗수르에 의해 꼴까닥 망합니다.

남쪽 이스라엘인 남 유다는 앗수르를 꿀꺽한 바벨론에 의해 망합니다.

그 바벨론을 또 바사(페르시아)가 꿀꺽하게 합니다.

그리고 그 바사를 그리스 알렉산더 대왕이 꿀꺽하도록 허락하십니다.

알렉산더는 후계자 없이 죽어, 부하들이 땅을 나누어 가집니다.

이스라엘을 차지하게 된 부하(프톨레미 2세)는 언어를 헬라화시킵니다.

그래서 히브리어였던 하나님의 말씀들을 공용어인 헬라어로 번역하게 합니다.

그 후 예수님 오신 후 AD 90년에 구약 39권을 구약으로 확정합니다.

성경의 저자이신 하나님께서 기록하였다는 것을 인정한 날이지요.

그 후 예수님 승천 후 한참 지나(AD 397년) 신약 27권을 신약성경으로 확정합니다.

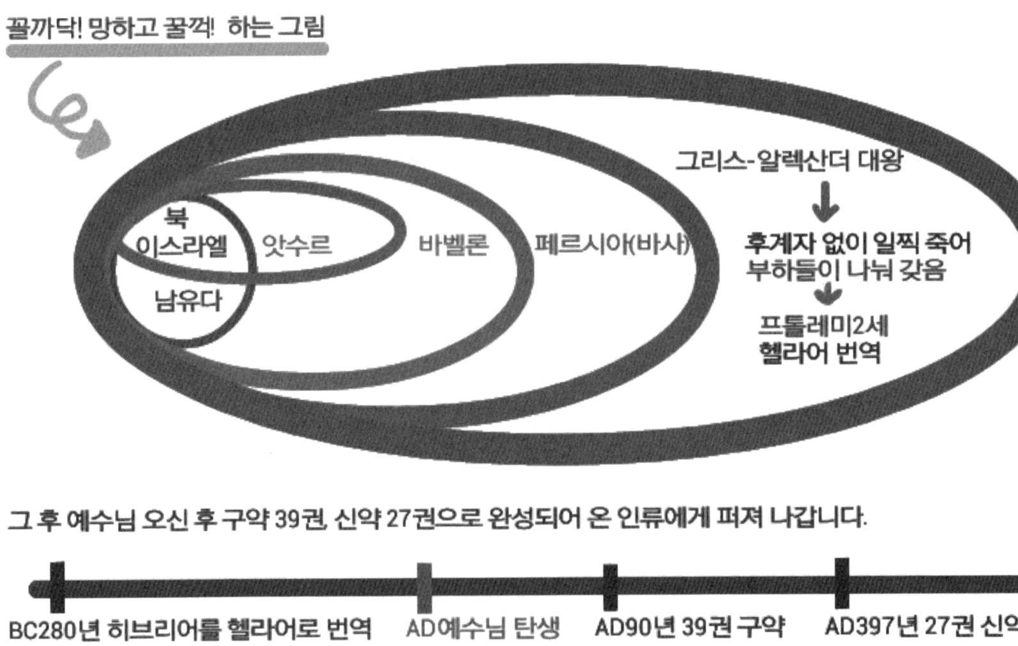

구약책을 읽는 순서

구약은 39권의 책입니다.

문학 종류별로 역사책 17권, 시집 5권, 예언자들이 말한 책 17권입니다.

성경책 순서는 이 같은 문학 종류별로 되어 있습니다.

그러나 성경 일독 시간에는 시간 순서대로 읽도록 하겠습니다.

쓰여진 시기가 확실하지 않은 책도 있습니다.

시간 순서에 따라서 구약을 문학 종류별이 아닌 시간 순서대로 읽도록 하겠습니다.

자! 그럼 배열 시작해 볼게요. 출발!~

1. 욥기

욥기 책은 시입니다.

성경에 시로 나오는 책은 5권 있습니다.

욥기, 시편, 잠언, 전도서, 아가서 이렇게 5권입니다.

우가~ 우가~ 주시는 이도 하나님,

거두시는 이도 하나님 ~하며 노래를 부르는 욥이란 사람은 족장 시대 사람이죠.

처음 역사부터 해서 족장 시대 이야기도 나오는 창세기 다음에 쓰여진 책입니다. 그러나 모세가 쓴 창세기 · 출애굽기 · 레위기 · 민수기 · 신명기를 이어서 읽는 것이 좋기 때문에 여기서는 욥기를 먼저 읽고 창세기를 읽도록 합니다.

2. 창세기

창세기는 하나님께서 모세와 얼굴과 얼굴을 마주 보시고 기록하게 한 글이죠~

이 세상이 처음 생겨난 이야기와 사람이 왜 죽게 되었는지, 그리고 어떻게 해야 사람이 다시 살 수 있는지 등의 첫 이야기가 기록되어 있습니다.

3. 출애굽기

하나님은 구원의 약속을 전할 나라를 만드시려고 아브라함을 부르셨지요.

하나님은 아브라함의 자손들이 애굽에서 노예 생활을 하며 번성하게 하십니다.

그리고 모세를 통하여 탈출하게 하십니다.

애굽에서 나갔다고 해서 출! 애굽기라고 합니다.

4. 레위기

애굽에서 나오게 하신 다음 하나님의 약속을 전하도록 하기 위해 훈련하십니다. 출애굽기 과정이지요.

그 중에서 하나님께 예배하는 법만을 모은 책이 레위기입니다.

그래서 출애굽기와 레위기는 같은 시간 같은 내용이 나옵니다.

짝꿍, 단짝인 것이지요.

5. 민수기 / 신명기

하나님은 젖과 꿀이 흐르는 가나안 땅을 주시고 들어가라고 하십니다.
출애굽했을 때 사람들을 1세대라고 해요.
1세대가 광야에서 생활하면서 낳은 자녀들을 2세대라고 합니다.
1세대는 하나님께 불평한 말 그대로 가나안 땅에 들어가지 못합니다.
이것이 민수기입니다.
하나님은 모세를 통해 2세대에게 1세대의 이야기를 재방송하며 교육하죠.
이것이 신명기입니다.
그래서 민수기와 신명기도 단짝입니다.

6. 여호수아

2세대가 아빠 엄마가 겪던 기적들을 만나면서 가나안 땅에 드디어 들어갑니다.
여호수아입니다.

7. 사사기

가나안 땅의 우상을 없애라는 하나님의 말씀을 듣지 않고 자기 마음대로 합니다.
결국 자기 마음대로 우상들을 없애지 않은 것이 올무가 되어 괴롭힘을 당합니다.

8. 룻기

자기 마음대로 하던 사사 시대에, 하나님 뜻에 순종하는 여인이 등장합니다.
그것도 저주받았다는 모압 동네 여인에게서요.
바로 다윗 왕의 증조할머니 룻입니다.
사사 시대입니다. 자기 마음대로 하던 시대에 왜 룻 이야기를 꺼내셨을까요?
네~ 순종하는 사람들 룻과 다윗을 통해 언급하고 싶으신 것이 있는 것입니다.
바로 사람들을 구하실 예수님이 다윗 계보를 통해 오신다는 것을 알리십니다.
사사 시대인 사사기와 룻기를 함께 읽으면 좋습니다.

9. 사무엘상·하

그러나 사람들은 왕이신 예수님께 관심이 없습니다.
오히려 하나님께 사람을 왕으로 세워 달라고 고집합니다.
하나님은 사람들의 고집을 들어 주시며 하나님 말씀에 순종하라고 합니다.
하나님 말씀에 불순종하는 왕(사람)과 순종하는 왕(사람) 이야기가 나옵니다.
하나님 아버지의 마음을 읽고 순종하는 다윗 왕 이야기가 사무엘 상 · 하입니다.

10. 시편

왕이신 나의 하나님~리듬을 타며 다윗은 노래하네요.
시편은 여러 사람들이 구원의 하나님을 노래한 것을 모은 책입니다.
주로 다윗 왕의 노래가 많습니다.

11. 잠언 / 전도서 / 아가서

솔로몬 왕이 1천 명의 여자들에게 빠져 우상을 접해 보고 뒤늦게 깨달습니다.
그래서 세 권의 시가서를 남깁니다.
아들아~ 하나님 믿지 않는 여자 조심하고 하나님만 경외해라 등의 잠언과
얘들아~ 하나님밖에 보람이 없으니 젊었을 때부터 하나님만 섬겨라의 전도서와
하나님과 우리의 사랑 이야기를 비유한 아가서 이 세 권을 남깁니다.
모두 시입니다.

12. 열왕기상 · 하

다윗의 아들 솔로몬이 1,000명의 여자들에게 마음이 뺏겨 우상에게 넘어갑니다.
솔로몬의 우상숭배로 솔로몬 왕 이후 남과 북으로 갈라지게 됩니다.
북이스라엘과 남이스라엘로 나뉩니다,
남이스라엘은 2지파로 유다와 소수의 베냐민 지파 중심으로 남유다라고 부릅니다.

북이스라엘은 10지파입니다.

그래서 그대로 북이스라엘이라고 부릅니다.

열왕기상부터는 북이스라엘과 남유다로 나뉘어 등장합니다.

그런데 북이스라엘이나 남유다나 모두 하나님 말씀을 듣지 않습니다.

양쪽의 왕들이 다 우상으로 꽈당! 쿵! 쾅! 넘어지다가 꼴까닥 망합니다.

남과 북 여러 왕들의 이야기를 열왕기상 · 하라고 합니다.

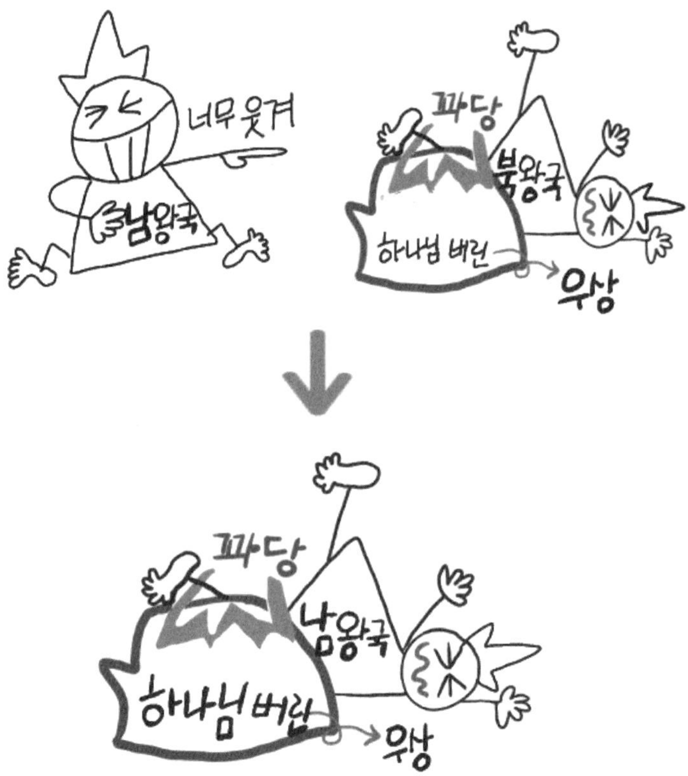

13. 역대상 · 하

다시 아담부터 포로가 되었다가 돌아온 역사 이야기를 한 번 더 합니다.
게다가 북왕국 이야길 쏘옥~빼고 남유다 왕들만 이야기합니다.

이 책이 역대상 · 역대하입니다.

잠깐만요!!! 반드시 알고 가야 하는 부분이 있습니다.
재방송하시는 하나님!
하나님께서 남유다 왕들만 한 번 더 기록하게 하십니다!
누가? 왜? 그것도 북왕국 빼고, 남왕국 이야기만 다시 기록할까요?
하나님께 순종하고 재방송을 편집한 에스라입니다.

에스라를 살짝 알고 가야겠네요! 에스라는 포로 시대에 태어납니다.
응애~응애~ 태어나 보니 할아버지도 포로, 아버지도 포로입니다.
가정환경은 하나님 말씀을 듣고 보며 자라는 아론의 16대 자손입니다.
하나님은 성실히 하나님 말씀을 연구하는 에스라에게 깨닫게 하십니다.
아담 때부터 약속하셨던, 우리를 살리실 영원한 왕 예수님을! 보게 하십니다.

다윗 계보인 남유다를 통해 오실 예수님을 기록하고자 한 것입니다.
그래서 남유다 왕국만 성전 중심으로 기록한 것입니다.

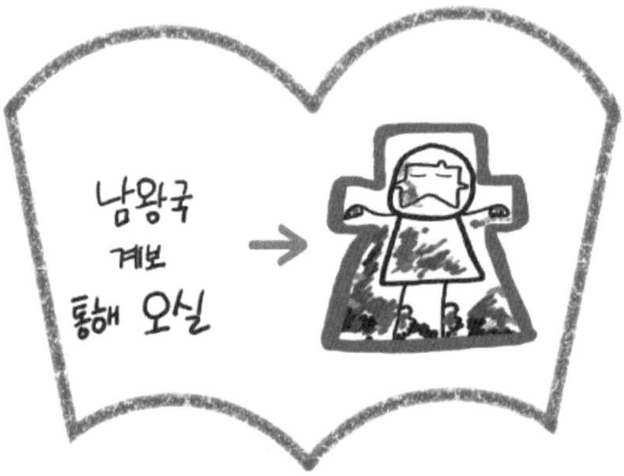

14. 12권의 예언서

북쪽 왕들과 남쪽 왕들과 같은 시대에 살며 늘 외치던 분들이죠!
하나님보다 여자, 금, 돈, 고집, 거짓, 다른 거짓 신 등의 우상을 섬기면 죽어요~
하나님 아버지께로 돌아오세요! 하며 외칩니다.
하나님의 말씀을 선포한 예언서라고 합니다.

15. 다니엘 / 에스겔

이제 망한 이야기도 한 번 더 마무리했으니 진짜 포로 이야기가 나오겠지요.
북왕국(북이스라엘)이 먼저 망합니다.
남왕국(남유다)이 바벨론에게 1차, 2차, 3차 침공 끝에 망합니다.
1차 침공 때 1차로 포로들을 잡아갑니다. 이 때 다니엘이 잡혀가지요.
2차 침공 때 2차로 포로들을 잡아갑니다. 이 때 에스겔이 잡혀가지요

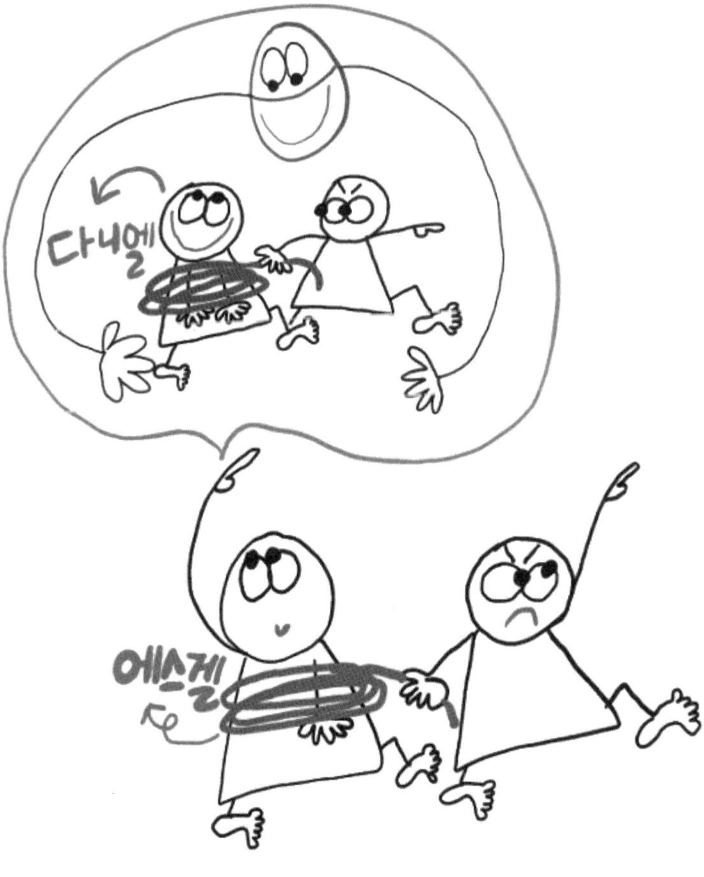

16. 에스라

에스라는 어릴 적부터 하나님의 말씀을 연구하고 실천합니다.
에스라는 포로 시대에 살면서 역대상, 역대하를 기록했었지요.
또 하나의 글을 하나님께 순종하며 기록합니다.
무너진 성전을 재건하는 과정과 하나님의 말씀만이 구원임을 기록합니다.
그 책을 에스라서라고 합니다.

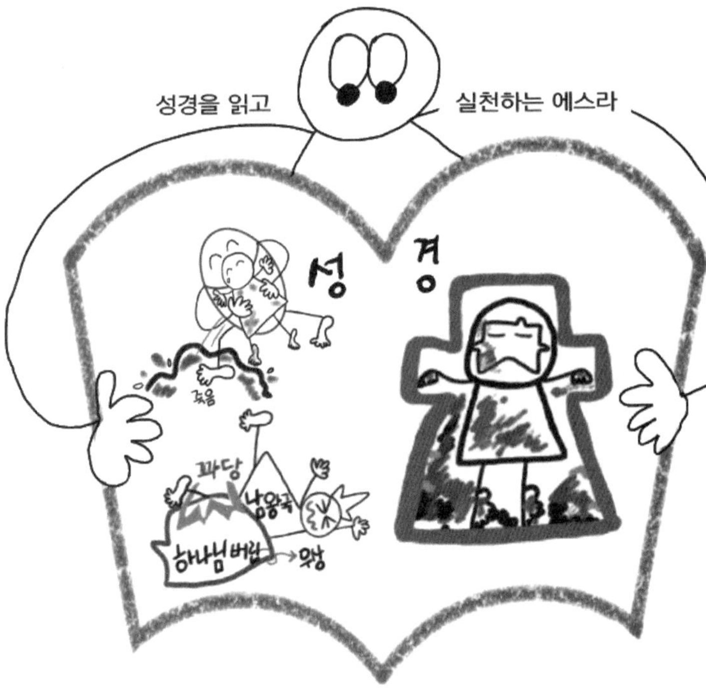

17. 학개 / 스가랴

에스라와 같은 마음으로 성전 재건을 격려하는 예언자 학개, 스가랴가 나옵니다. 학개와 스가랴의 두 권의 책은 방해로 멈추어진 성전 재건을 촉구합니다. 이러한 학개, 스가랴의 활동을 에스라가 에스라서 안에도 기록해 놓습니다. 에스라, 학개, 스가랴는 성전 재건 시대에 활동합니다.

18. 에스더

포로 시대에 포로였던 유다 사람 에스더가 왕후가 됩니다.
왕후 에스더는 하나님께 목숨 걸고 순종하여 유대인들을 구합니다.
역사서입니다.
에스라와 같은 포로 시대여서 함께 흘러갑니다.

19. 느헤미야

에스라 다음으로 느헤미야가 돌아와서 무너진 예루살렘 성벽도 재건합니다. 느헤미야는 성벽 재건 후 에스라를 초청해 백성들과 하나님 말씀을 배우며 함께 활동합니다.

20. 말라기

그러나 사람들은 다시 성전 중심에서 벗어나고 하나님의 말씀을 버리기 시작합니다.

하나님의 은혜를 잊고 사람들은 다시 십일조를 도둑질합니다.

하나님의 약속을 잊고 다시 우상을 섬기며 거짓말을 하며 삽니다.

죽어가는 사람들에게 하나님은 내가 너를 사랑한단다 하며 찾아오십니다.

그런 하나님 아버지에게 대드는 이야기가 말라기입니다.

이 말라기 예언을 끝으로 침묵의 시간과 함께 구약은 막을 내립니다.

자! 한 번 더 요약해 주세요

한 번의 설명을 듣고, 안다는 것은 어렵습니다!
강의 때마다 요약 반복해 주세요.

하나님이 창조하셨죠. 창세기
족장 시대 욥의 이야기를 하십니다. 욥기
(욥기는 창세기 하기 전 읽어도 됩니다.)
애굽에서 탈출시키셨어요. 출애굽기
하나님을 예배하는 법전만! 모았죠. 레위기
1세대들에게 설교한 말씀이네요. 민수기
2세대들에게 재방송하신 말씀이지요. 신명기
드디어 가나안 땅으로 들어갑니다. 여호수아
자기 마음대로 사네요. 사사기
약속이신 예수님을 기억나게 하려고 다윗의 증조할머니 등장시키십니다. 룻기
짠! 다윗을 등장시키십니다. 사무엘상 · 하
거의 다윗의 노래가 많죠. 시편
솔로몬이 돌이키며 쓴 책이죠. 잠언 · 전도서 · 아가서
우상 때문에 남과 북으로 갈라지고 망하는 이스라엘 왕들 이야기죠. 열왕기상 · 하
에스라가 아담부터 예수님이 오실 다윗 왕조 남유다만 다시 기록하죠. 역대상 · 하
하나님만 섬기라고 외치는 12명의 소리 들리시죠. 12권의 예언서들
그러나 멸망합니다. 이제부터는 다 포로 시대네요. 포로 다니엘과 에스겔
에스라가 역대상 · 하 말고도 성전 재건을 기록하네요. 에스라
학개와 스가랴 예언자가 성전 재건축을 돕고요. 학개, 스가랴
같은 포로 시대에 에스더가 왕후가 되어 하나님께 순종하고요. 에스더
느헤미야가 예루살렘 성벽 재건하고 에스라 초청하여 부흥회 하고요. 느헤미야
하나님께 대드는 사람들에게 예수님을 소개하며 구약은 막을 내립니다. 말라기

드디어 첫 숙제 욥기를 내 드립니다

시간 순서대로 읽으면 창세기가 처음 역사부터 나오니까 창세기를 읽어야지요.

창세기, 출애굽기, 레위기, 민수기, 신명기는 모세를 통해 기록된 하나님 말씀이죠.

그래서 첫 시간에 욥기 한 권을 먼저 읽고, 모세가 쓴 5권은 이어서 읽도록 합니다.

욥기를 읽어 오고, 읽으면서 실천 한 가지 해 오는 것이 숙제입니다.

또 교재에 있는 풍선 안을 성경 읽으며 채워 오도록 합니다.

욥기

욥기를 읽어 오도록 도움을 드리기 위해 욥기의 주제를 짧게 설명해 주세요.

우가~ 우가~ 족장 시대에 사탄에게 자랑하고 싶을 만큼의 사람 욥입니다.

하나님 아버지 말씀이라면 빠짐없이 지켜, 복을 받으며 잘 살고 있었습니다.

이 완벽해 보이는 사람! 욥에게 슈웅~고난이 찾아옵니다.

하나님의 허락하에 고난은 욥을 찾아갑니다.

하나님의 허락 없이 올 수 없는 고난들입니다.

"지금 내가 맞이한 고난이 있나요?"라고 인도자는 질문을 던집니다.

생각하도록 합니다.

그리고 강의 시간에 풍선 안에 적어 보도록 합니다.

또는 욥기를 읽으며 풍선 안을 채워오도록 숙제로 내줍니다.

욥의 세 친구와 엘리후는 욥의 고난을 분석 및 조언합니다.

욥은 세 친구와 엘리후의 조언들이 마음 아프고 힘듭니다.

욥은 하나님 아빠~ 나 좀 데려가세요~ 엉엉 울며 하나님께 눈길을 놓지 않습니다.

하나님은 이 과정을 통해 세 친구와도, 욥과도 더 자세히 만나 주십니다.

하나님의 하나님 되심을! 하나님의 절대적인 주권을 알려 주십니다.

눈을 떼지 않던 욥에게는 하나님을 더욱 알려주시고 더 많은 상급을 주십니다.

하나님께서는 고난당한 이웃에게 어떤 모습으로 다가가길 원하실까요?

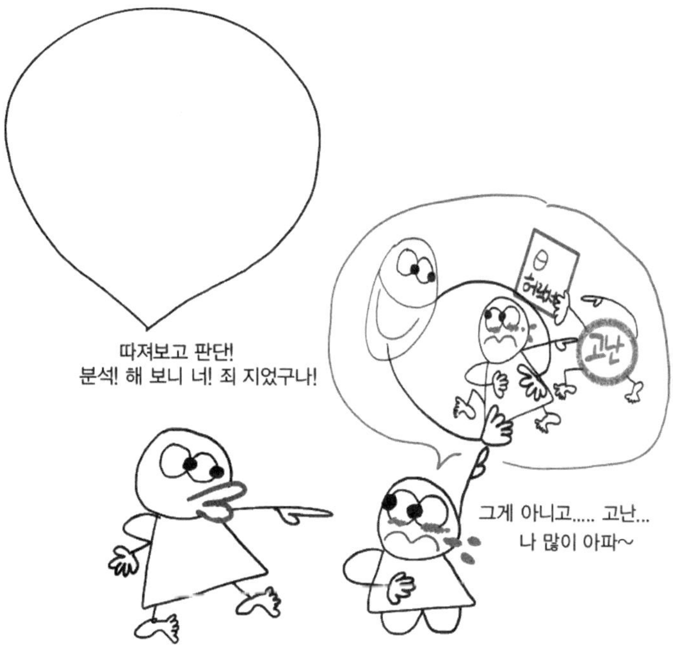

간단한 주제 중심만(하나님!) 설명해 주시고 욥기를 읽어 오도록 합니다.

그리고 적용과 실천을 위해 그려진 풍선 안을 채워오도록 합니다.

몇 가지 풍선은 강의 시간에 할 수도 있습니다.

앞으로 많은 풍선을 만나게 될 것입니다.

모든 풍선을 강의 시간에 다 다룰 수는 없습니다.

시간 조정하며 함께 나눌 몇 가지만 채워 보고 나머지는 숙제로 내 주시면 됩니다.

풍선 안에 적용해 볼 예를 하나 들어 봅니다.
앞으로 강의하면서 만나게 될 풍선들이 많다고 말씀드렸습니다.
한두 가지 풍선은 강의 시간에 바로 하고 나누기도 합니다.
또는 성경을 읽고 적용하고 실천하고 와서 그 고백들을 나누기도 합니다.
풍선에 대한 강의는 성령님의 인도하심 따라 조정하면 됩니다.
물론 인도자가 이 교재에 없는 다른 풍선을 만들어 나누어도 됩니다.
그러나 성경을 벗어나면 이단 풍선이 됩니다.
풍선에 대하여 처음에 너무 많은 설명을 한 것 같습니다. ^^
앞으로 강의하면서 이 설명이 무슨 뜻인지 인도자들이 알아가게 될 것입니다.

숙제할 때 주의할 점이 있습니다

숙제는 해 오기^^

예를 들어 이번 주 숙제가 욥기이지요. 욥기를 읽고 실천 한 가지를 해 옵니다.

욥기를 읽고 나눌 감사 고백 한 가지를 생각하며 교재의 글, 그림을 적어 옵니다.

하지 말아야 할 숙제는 애써서 해 오지 않아야 합니디.

첫째는 심각한 공부 안 하기입니다.

히브리어로 쓰어진 성경 원문을 본다든지 ㅎㅎ

성경을 해석해 준 주석책들을 보며 싸움을 벌일 준비를 해 온다든지 ㅠㅠ

그러기 있기? 없기?

당연히 없기죠^^

궁금한 것은 개인적으로 와서 질문해 주세요.

그런데 궁금해서가 아닌 논쟁을 꼭 해야겠다 하는 분들!!!이 가끔 계십니다.

당황하지 마시고요~

저도 배웠는데요.

이 방법을 쓰니까 너무너무 좋더라고요.

저는 사모(성도)여서 잘 모르겠어요.

목사님께 물어보세요. 죄송합니당(콧소리^^)~ 하면서

성경을 한 번 읽고 주제 하나만 붙잡는 데 초점을 둔 시간인 것을 말씀 드립니다.

헉, 목사님들이 강의하실 때는 어찌해야 하냐구요?

신학적 논쟁을 하기 위한 분들의 난처한 질문에는 하나님 아버지께 물어보세요! 하면 ~^^ 어떨까요?~

목사님들은 그러면 안 되나요? ! ^^

둘째는 성경에 쓰여지지 않은 부분 생각해 오지 않기!

예를 들어 이번 주 욥기를 읽으면서 욥이 걸린 피부병은 도대체 무슨 피부암이지?

자국은 남았나?

다시 장가를 간 건가?

헉~ 처음 난 자식들 다 죽었는데 다시 자식 낳는다고 기쁠까?

성경에 쓰여 있지 않은 것들을 자꾸 생각하시면!

엉뚱한 곳으로 날아가시다가 성경책을 팍! 하고 덮으시게 됩니다.

그리고 내 마음대로 생각하게 해 주는 우상에게로 착! 가게 되지요.

곧 죽음에게로 착! 붙으시는 일이 없도록 성경에 기록된 말씀만 생각해 주세요.

두 번째 시간입니다

♥ 찬송 : 강의 준비 하면서 성령님께서 코끝이 찡하게 알려 주시는 찬송 준비 하세요

♥ 기도 : 아시죠? 공평하게 돌아가며 기도, 한 문장 기도 등으로 다양하게 인도하세요.

♥ 숙제 점검 : 욥기 읽고 실천 한 가지 해 온 것 점검합니다.

♥ 소식 : 소식 담당자가 성경 일독 분량 알려주세요!

♥ 간식 : 간식 담당자가 다음 간식 순서 맡으실 분에게 알려 주세요.

♥ 감사 나눔 : 지난 시간 숙제한 것에 대한 감사를 나눕니다.

♥ 이번 숙제 알려드려요! : 창세기 한 권만 읽고 실천 한 가지 해 오세요.^^~

강의 시작 전에 숙제한 것을 항상 나누어야 합니다.
인도자들은 나눌 때 반드시 감사한 방향으로만 나누도록 인도해야 합니다.
욥기를 읽으면서 실천하며 감사했던 것을 한 가지씩만 고백하도록 합니다.
감사 고백이 엉뚱한 방향으로 가지 않도록 욥기와 관련된 감사만 나눕니다.

인도자가 처음 몇 주는 먼저 감사 고백을 하면 좋습니다.
인도자도 숙제를 하셨지요? 헉~인도자도 숙제를 하는 거냐고요?
그럼요! 매번 강의 인도하실 때마다 하고 못 했으면 똑같이 벌금도 내셔야지요.

학생이 많은 경우는 조장님의 인도하에 팀끼리 하세요.
보통 4명이 한 팀이라 가정하면 4명×3~5분=12~20분의 시간이 걸립니다.
7명 이하인 경우는 3분씩 모두 다 하면 됩니다.
저는 학생이 많으면 나눔이 어렵고 지식 전달이 된다고 생각합니다.
그래서 인원 제한을 적게 두면 둘수록 좋을 것 같습니다.
인도자는 학생들을 돕는 역할을 하셔야 합니다.
성경을 많이 아는 분들에게 맞추지 말고 꼭 초신자를 위해 하셔야 합니다.
교회 처음 나온 3학년 아이에게 이야기하듯 해 주세요.
아래 그림처럼 잘난 체하며 인도하시면 안 됩니다.

간혹, 짧은 것보다 설명이 필요한 상황은 더 설명을 하셔도 됩니다.

학생 상황에 맞게 조절하며 지난 시간에 했던 구약 읽는 순서를 다시 해 봅니다.

하나님이 창조하셨죠. 창세기

족장 시대 욥의 이야기를 하십니다. 욥기 (여기서는 욥기부터 읽기로 했지요^^)

애굽에서 탈출시키셨어요. 출애굽기

하나님을 예배하는 법만! 모았죠. 레위기

1세대들에게 설교한 말씀이네요. 민수기

2세대들에게 재방송하신 말씀이지요. 신명기

드디어 가나안 땅으로 들어갑니다. 여호수아

헐~자기 마음대로 사네요. 사사기

약속이신 예수님을 기억나게 하려고 다윗의 증조할머니 등장시키십니다. 룻기

짠! 다윗을 등장시키십니다. 사무엘상 · 하

거의 다윗의 노래가 많죠. 시편

솔로몬이 지은 시죠. 잠언, 전도서, 아가서

우상 때문에 남과 북으로 갈라지죠! 우상 때문에 망하는 이야기죠. 열왕기상 · 하

에스라가 아담부터 예수님이 오실 다윗 왕조 중심으로 재기록하시요. 역대상 · 하

하나님만 섬기라고 외치는 12명의 예언자들 소리 들리시죠. 12권의 예언서들

멀밍하고 나 포로로 잡혀갑니다. 다니엘과 에스겔

에스라가 성전 재건의 과정들을 쭈욱 기록하네요. 에스라

학개와 스가랴 예언자가 성전 재건축을 돕고요. 학개, 스가랴

같은 포로 시대에 에스더가 왕후가 되어 돕고요. 에스더

느헤미야가 예루살렘 성벽 재건하고 에스라 초청하여 부흥회 하고요. 느헤미야

하나님께 대드는 사람들에게 약속인 예수님을 소개하며 구약 책은 막을 내립니다. 말라기

반복하면 외우지 않아도 기억이 조금씩 납니다.^^

☑ 창세기(각 권의 모든 내용을 다루지 않았습니다)

인도자는 먼저 창세기 강의를 간략히 다루어줍니다.
그후에 학생이 (복습 차원에서) 창세기를 읽으며 적용해 오도록 합니다.

또 인도자가 창세기 내용에서 더 다루고 싶은 것이 있으면 더 다루어도 됩니다.
성경의 범위에서만 하면 됩니다.

1. 타락

만든 분이 주인이잖아요^^
신이신 하나님이 모든 것을 창조하신 주인입니다.
주인인 하나님이 사람을 손수 낳으셨기에, 우리의 아버지시죠.
헉~ 사람을 낳으셨다고요?
네에~ 비교할 수 없을 정도로 정성껏 낳으셨습니다.
최고급 흙을 가져다가 전능자 신의 손으로 직접 아담과 하와를 지으셨지요.
그리고 온 마음과 온 힘과 모든 정성을 다하여 자신에게 있는 생기를 주셨죠.
하나님은 세상을 자녀인 사람에게 맡기시면서 다스려 달라고 부탁하십니다.
사랑하는 아들~ 딸
선과 악을 알게 하는 나무 열매가 있거든 그것만 나한테 맡겨 줘!
너희는 내가 다 키워주고 돌봐줄게.
선악과만 건들지 마~
왜냐하면 선과 악을 알게 하는 열매를 먹으면, 사람인 네가 정말정말 죽거든~
선악과는 보지도 말고, 가지도 말고, 아빠 말 꼭 명심해!
하나님의 자리가 탐난 한 천사가(사탄) 하와에게 스르륵 다가옵니다.

어쩜~어쩜~ 정말 하나님이 모든 열매 먹지 말래?
응 선악과만^^~우리가 죽을까봐~
어? 안 죽어! 선악과 먹으면 하나님처럼 되는데?
하고는 쓰윽 사라집니다.
뭣이라!!! 안 죽는다고!!!
게다가 내가 하나님처럼 왕이 된다고!!!
와~그럼 내가 왕이었던 거야!!!!
선악과를 쳐다보니, 어쩜! 왕관으로 보입니다.
꿀꺽~ 먹어버립니다. 헉~ 정말 안 죽네!!!
왕의 자리, 아버지의 자리에 앉고 싶으십니까?
창조주보다 피조물인 내가 마음대로 하고 싶은 것이 있습니까?

나의 삶속에서 왕의 자리에 앉아 있는 것 같은 영역이 있는지 생각하도록 합니다.
그리고 학생의 풍선 안에 적어 보고 나누도록 합니다.
인도자는 학생이 나눈 내용을 적고 한 주간 중보 기도합니다.
(학생이 많아 나눔이 어려우면 적고 뜯어서라도 인도자에게 내라고 해주세요.)

여보~ 여보~나 안 죽었어~봐!!! 봐!!!

사실은 우리가 왕이었던 거야!!!

하와는 바락바락 주장하며 아담에게도 하나 건네줍니다.

아담은 아내의 살아 있는 모습과 아내의 말에 선악과를 꿀꺽 먹어버립니다.

아담도 하나님 아버지의 말씀을 듣지 않습니다.

이것이 죄입니다.

하나님 아버지는 사랑하는 아들딸이 죽게 된 것을 심히 아파하십니다.

응급처방 하듯 예수님께서 사람들 대신 벌을 받겠다고 하십니다.

대신 벌을 받은 예수님만 믿으면, 사람은 다시 사는 약속을 받게 됩니다.

하나님 아버지 말씀을 듣지 않는 것이 죄입니다.

하나님의 말씀을 듣지 못하도록 하나님 말씀보다 더 잘 들리는 것이 있습니까?

(인도자는 이 흐름을 본인의 말로 강의하시면 됩니다)

2. 가인과 아벨

아담과 하와는 하나님의 약속을 받고 번성하기 시작합니다.

가인과 아벨을 낳습니다.

아담의 아들 가인과 아벨은 하나님께 예배 드리며 헌금을 드립니다.

그런데 하나님은 아벨의 헌금만 받으십니다.

가인은 화를 내고 하나님은 가인에게 다가오십니다.

화를 내는 가인에게 하나님은 친절하게 찾아와 죄를 다스리라고 다독이시죠.

그런데도 가인은 분노하며 동생 아벨을 쳐 죽여 버립니다.

최초의 살인 사건입니다.

하나님은 살인자 가인에게 반성할 기회를 주시고 싶으셔서 또 다가갑니다.

아벨이 어디 있냐고 물어보십니다.

그런 하나님께 가인은 내가 동생을 지키는 자냐며! 하나님 아버지께 대듭니다.

가인은 찾아오는 하나님 말씀에 대듭니다.

하나님의 말씀을 거부하거나 대적합니까?

나에게도 다스려야 할 부분이 있습니까?

다스리십시오!

(학생용 교재의 풍선 안에 적용을 하거나 해 오도록 합니다.)

하나님의 말씀으로 다스리지 않으면 하나님을 거부하거나 대적하게 됩니다.

하나님은 죽은 아벨 대신 셋을 주십니다.

셋은 하나님을 찾고 하나님을 졸졸 따라 다니며 삽니다.

하나님의 창조 원리대로, 셋을 통해서도 많은 사람들이 태어나게 합니다.

가인 계열은 항상 하나님의 자리에 앉으려고 합니다.

셋 계열은 하나님의 말씀에 순종하려고 합니다.

3. 하나님께 대드는 사람들

가인을 통해서 수많은 사람들이 태어납니다.
가인은 하나님께 대든 사람의 대표성을 지닙니다.
가인을 따라 하는 사람들이 많이 생겨납니다.
가인을 따라 하나님께 대드는 사람들을 네피림이라고 부릅니다.
셋을 통해서도 수많은 사람들이 번성했지요.
그러나 하나님을 잘 따라다니던 사람들이 변합니다.
하나님께 대들던 사람들과 결혼을 해 버렸기 때문입니다.

그 사이에서 태어난 자녀들은 용사(장부)로 태어납니다.
가인=대드는 사람=네피림=용사=장부 ➔ 모두 하나님께 대드는 사람들이죠.

하나님을 아는 사람들이 하나님을 모르는 사람들을 따라 삽니다.
하나님을 모르는 사람들과 결혼하여 따라 살다보니 용사가 태어납니다.
하나님을 모르는 사람에게 하나님 알도록 도와주는 것은 쉬운 일은 아닙니다.
그러나 하나님을 모르는 사람들을 따라 타락하여 사는 것은 매우 쉽습니다.

믿음이 아닌 외모와 재산을 보십니까? 나의 결혼 가치관을 적어 봅시다.
(학생용 교재에 적어 보도록 인도합니다)

4. 하나님께 대드는 사람들로 가득 찬 세상의 타락

어느 날 세상이 하나님께 대드는 사람들로 가득 차 버렸습니다.

5. 하나님께 대드는 사람들의 여러 명칭

후에도 더 많은 명칭들이 등장합니다.(아낙 자손, 블레셋의 골리앗 경우 등등)

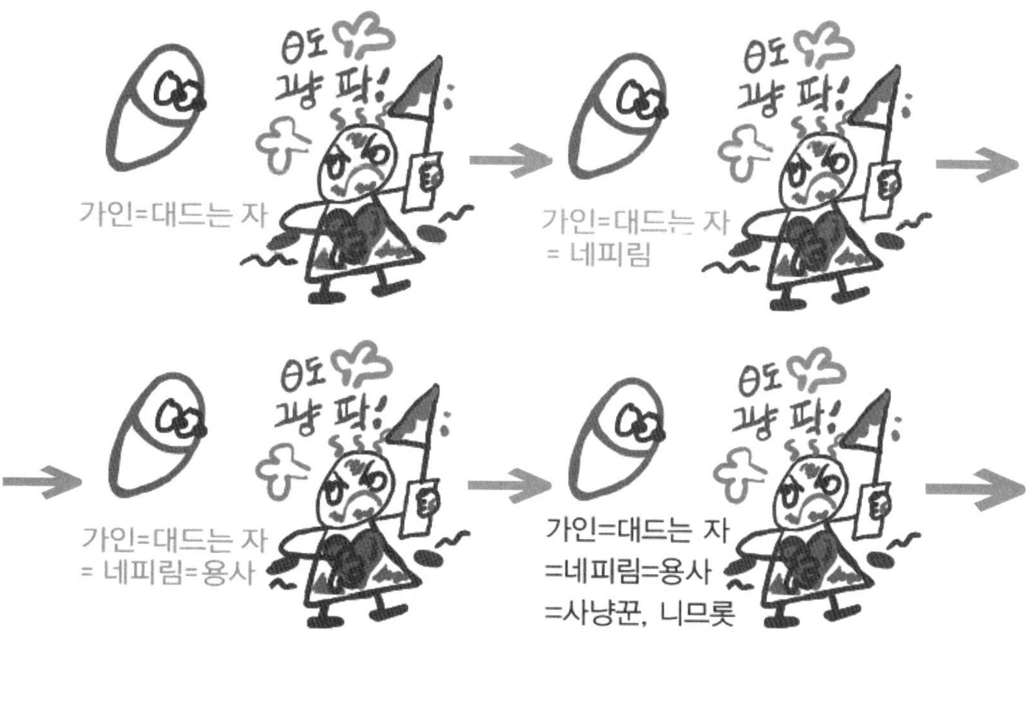

6. 노아 홍수

세상은 하나님께 대드는 것으로 가득 찹니다.
하나님은 셋을 따라 하나님의 약속을 믿고 사는, 노아 한 사람을 겨우 보십니다.
하나님은 노아에게 산꼭대기에 배를 만들라고 하십니다.
노아 가족과 조류와 동물 암수 한 쌍씩 배에 태우게 하십니다.
하나님은 하나님을 대적하는 자들을 홍수로 다 멸하십니다.

그리고 다시 하나님을 믿고 의지하는 노아 가족을 통해 번성하게 하십니다.
노아의 아들 셈, 함, 야벳이 있습니다.
둘째 아들 함은 아버지의 흉을 보고 온 세상에 다 떠들고 다니죠.
그 소식을 들은 형 셈과 동생 야벳은 착하게 일을 해결합니다.
흉을 보고 다닌 함은 형과 동생을 섬기며 배우라는 기회를 받게 됩니다.
그러나 함의 손자 가나안은 그 기회를 받아들이지 못합니다.
함의 손자 가나안은 오히려 하나님께 대듭니다.
가나안은 하나님께 대들며 번성합니다.
그들은 사냥꾼 니므롯이라는 이름으로 등장합니다.

노아 홍수와 함의 손자 가나안을 보며 생각해 보도록 인도자는 강의합니다.
온 세상이 타락합니다.
하나님은 노아를 통해 사람들이 회개할 기회를 주십니다.
그러나 사람들은 거부합니다.
하나님은 노아 가족을 제외하고는 모두 홍수로 죽이십니다.
그러나 그 후에도 타락한 사람들, 가나안에게 기회를 주십니다.
그러나 가나안은 기회를 못마땅하게 여기고 오히려 하나님께 대듭니다.
하나님께서 회개할 기회를 계속 말씀하시는데 듣지 않는 것이 있습니까?
(우리 인도자도 강의 준비하면서 풍선을 채워 보고 있지요!)
노아 홍수를 읽고 하나님께서 나에게 주시는 마음을 적어 봅시다.

7. 바벨탑 사건

가나안과 그를 따르는 사람들이 어떻게 하나님을 대적했을까요?
뭐~ 우리 함 할아버지가 노아 할아버지 좀 무시했다고,
우리 보고 큰아빠 셈네랑 작은 아빠 야벳네를 섬기라고!
아! 누가 실수하래! 노아 할아버지가 술 먹고 잘못해 놓고! 우리보고 섬기라고!
난 그 하나님 법 내 마음에 안 들더라~
야~! 차라리 우리가 나라를 세우고 왕이 되자!
그래 그래 함의 자손 가나안이 왕이 되자! 하면서
하나님을 대적하는 이들은 또다시 똘똘 뭉칩니다.

하나님 아버지를 빼고 똘똘 뭉치는 모임이 있습니까?
하나님 아버지를 기억조차 할 수 없는 모임이 있습니까?
심지어는 하나님 아버지를 부끄러워하게 되는 모임이 있습니까?

그 모임에서 빠져 나오십시오!
계속 있다면 하나님을 대적하게 됩니다.
나와야 할 모임을 적어 보세요.
(학생용 교재 풍선 안에 적도록, 또는 숙제로 해오도록 인도합니다)

하나님과 예수님, 성령님은 모여서 회의를 하십니다.

또 이러다 모든 사람들이 다 악해지고,
영원히 죽겠는 걸~
사람들이 벌받지 않도록 뜻을 못 이루게 언어를 서로 못 알아듣게 하자!~
세 분이 회의 끝에 언어를 확~흩으십니다.

하나님의 말씀을 듣지 않는 삶을 살기 위해, 외국어 공부하시면 큰일납니다.

누구를 위해 공부를 하십니까?
누구를 위해 일을 하십니까?
공부의 목적이 어디에 있습니까?

8. 아브라함

사람들은 자꾸 하나님의 구원 약속을 잊고 하나님께 불순종하고 대적합니다.
하나님은 하나님의 구원 약속을 잊지 않도록 하나님을 전할 계획을 세우십니다.
그래서 하나님의 은혜로 아브라함을 부르실 섭리를 계획하십니다.
아브라함은 유프라테스 강과 티그리스 강 하류인 갈대아 우르에서 살고 있었죠.
먼저 아브라함 아버지 데라는 모든 가족을 하란으로 이민시키자마자 곧 죽네요.
낯선 땅에서 아브라함은 어찌할지 몰라 합니다.

이 때 하나님께서 아브라함을 만나주십니다.
이 때 아브라함은 하나님을 잘 모르는 상태입니다.
하나님께서는 어찌해야 할지 모르는 아브라함을 이끌고 갑니다.
거부하지 않고 끌려가는 아브라함에게 하나님을 믿으라고 하십니다.
믿음은 하나님께 거부하지 않는 것입니다.
하나님께서 이끌어가시는 것에 거부하지 않고 끌려가는 것을 믿음이라고 합니다.
이끌려가다 보니 하나님이 아버지임을 알게 되는 것입니다.

나는 어디쯤 와 있나요? 해당되는 곳 풍선 모두에 동그라미 해 보세요.
(학생용에는 풍선이 그려져 있습니다.)

하나님은 아브라함을 가나안 땅으로 들여보내십니다.

헉! 가나안 동네라면! 함의 자손 가나안!

하나님을 대적하는 악한 자들이 사는 땅!

그렇습니다.

아브라함의 고향 땅 갈대아 우르도 하나님을 대적하는 이들로 우글우글~

타지 외국땅도 하나님을 대적하는 이들로 우글우글~

다시 온 세상은 여기를 가도, 저기를 가도 하나님을 대적하는 환경으로 죄악이 퍼져 있는 상태입니다.

아브라함은 하나님께서 살라고 하신 가나안 땅으로 들어갑니다.

그리고 그 땅 중에서 세겜 땅에서 삽니다.

그런데 흉년이 찾아옵니다.

흉년이 들도록 허락하신 분은 누구실까요?

아브라함은 하나님께 물어 보지 않고 애굽으로 이사 갑니다.

가족들을 굶길까봐 하나님께서 살라고 한 가나안 땅을 떠나갑니다.

하나님께 여쭈어 보지 않고 결정하는 일들이 있나요?

지금 나의 상황에 대하여 하나님께 여쭈어 봅시다.

아브라함이 애굽으로 이사를 합니다.

그런데 애굽 왕이 아내를 마음에 들어합니다.

아브라함은 자신의 안전을 위해서 아내를 누이라고 말합니다.

하나님은 아브라함의 거짓말을 밝히 드러내십니다.

(이후에 아브라함은 다른 왕에게도 반복합니다.)

이상하게도 아브라함의 아내인 것이 들통 나는데 오히려 재물을 얻어 갖고 나옵니다.

하나님께서 그렇게 하신 것입니다.

하나님은 하나님의 자녀를 건들지 못하게 보호하십니다.

아브라함은 벧엘로 돌아옵니다.

그리고 살려주시고 보호해 주신 하나님께 아브라함은 예배를 드립니다.

하나님께서는 나의 실수를 덮어주실 때가 많습니다.

오히려 나의 실수에도 나를 보호해 주실 때가 많습니다.

하나님의 보호하심을 느끼시나요?

아브라함은 보호하심을 깨닫고 하나님께로 돌이키고 예배 드렸습니다.

우리도 하나님의 보호하심을 자주 느끼지요!

그냥 지나치지 말고 하나님께 감사로 표현합시다.

어떻게 하나님께 감사를 표현하냐고요?

하나님께서 좋아하실 일 한 가지를 해 봅시다.

물론 하나님의 덮으심과 보호를 이용하면 큰 코 다치겠지요!

하나님의 덮으심과 보호하심을 느꼈다면 하나님의 사랑으로 들어오세요.

하나님은 아브라함과 사라를 통해 아들을 주시겠다고 약속하십니다.
그 아들을 통해 복음을 전할 나라를 만드시겠다는 약속을 하십니다.
그러나 아브라함이 할아버지 나이가 다 되도록 자녀를 얻지 못합니다.
곧 아브라함은 아내의 말을 듣고 종을 통해 이스마엘을 낳습니다.
그러나 하나님은 약속대로 아브라함과 사라를 통해 아들 이삭을 주십니다.

한편 하나님은 악한 동네 소돔과 고모라 성을 멸망시킬 계획을 아브라함에게 알리십니다.
그곳에 살던 아브라함의 조카 롯과 두 딸은 아브라함의 중보 기도로 살아납니다.
하나님 아버지께 누군가를 위해 기도하십니까?
하나님 아버지는 당신의 기도를 절대로 외면하지 않으십니다.
나의 중보기도는 그 사람을 살릴 수 있습니다.
내가 중보기도 해야 할 사람을 적어 봅시다.

롯은 아브라함의 중보기도로 살아납니다.
롯의 가족은 기적을 맛보고 어떤 모습을 보일까요?
놀라운 장면을 만나게 됩니다.
소돔과 고모라 성을 보고 자란 대로 롯의 두 딸은 아버지에게 술을 먹입니다.
그리고 아버지와 성관계를 하여 저주 받는 모압과 암몬을 낳습니다.
그들은 저주 받는 모압 족속과 암몬 족속이 되지요.

내가 요즘 영향을 받도록 보고 있는 것은 무엇입니까?
보는 것이 배우는 것입니다.
TV, 컴퓨터 게임, 사고 소식 등등 무엇인지 깊이 생각해 봅시다.
하나님 보시기에 선한 것을 보고 배우고 계십니까?
하나님과 상관없는 것을 보고 배우고 계십니까?
하나님과 상관없는 저주받을 것들을 보고 배우고 있는 것은 아닌지 점검합시다.
점검하고 그것들을 끊읍시다.
끊기 위해 하나님 보시기에 선한 것을 보고 배우게 해 달라고 도움을 구합시다.

★ 인도자는 이 모든 내용을 다 다루려고 하지 마세요.
학생들이 집에 가서 성경을 읽으며 적용해 오도록 길잡이만 해주세요.

9. 이삭

엄마들은 자기 자녀가 맞거나 다른 사람에게 욕을 먹으면 앞이 안 보입니다.

그리고 굉장한 힘이 생기지요.

하갈이라는 종에게서 난 아들이 이스마엘입니다.

사라가 낳은 아들이 이삭입니다.

먼저 태어난 이스마엘이 이삭을 놀립니다.

그래서 사라는 하갈과 이스마엘을 뻥~쫓아내버립니다.

이렇게 집안이 어지러운 상태인데 하나님께서는 이삭을 번제로 바치라 하십니다.

번제란 칼로 죽인 후 불에 태워 드리는 제사입니다.

헉~! 하나님께서 어떻게 그런 말도 안 되는 명령을 하실까요?

혹, 하나님께서 사람을 먹는 분인가요?

왜 하나님께서 아버지답지 않은 것을 명령하셨을까요?

아브라함은 입을 디물고 새벽 일찍이 일어나 이삭과 함께 길을 떠납니다.

번제를 드리라고 지정된 산을 향해 걸어갑니다.

이삭의 입장에서 다시 보겠습니다.

이삭은 일찍 깨우는 아버지를 따라 갑니다.

이삭은 아버지와의 여행이라 생각합니다.

이삭은 즐겁게 3일 길을 아버지와 걷습니다.

이것저것 궁금한 것도 여쭈어 봅니다.

하나님이 준비하신단다!라는 답만 듣습니다.

이삭은 기대도 크고 즐겁습니다.

아버지가 번제 드릴 준비를 합니다.

그런데 번제 드릴 동물이 보이지 않습니다.

아버지는 하나님께서 준비하신다며 번제 드릴 준비를 합니다.

나무를 쌓더니 이삭, 자신을 그 위에 묶습니다.

그리고 칼을 들어 죽이려 합니다.

그때 이삭은 급히! 다급히! 멈추게 하시는 하나님 아버지를 만나게 됩니다.

이삭은 하나님 아버지를 만나자 순종의 삶을 사신 아버지를 보고 이해하게 됩니다.

이삭은 준비하신 하나님의 번제물을 두 눈으로 봅니다.

아브라함 아버지를 통해 듣던 하나님을 자신이 경험하게 된 사건입니다.

모태신앙이십니까?

아버지나 어머니에 의해 억지로 끌려다니며 하나님을 믿고 있습니까?

본인이 직접 하나님을 만나셔야 합니다.

내가 이삭이었다면 상처가 될 것 같다고요?

하나님을 만나면 상처로 남지 않습니다.

이삭은 하나님을 만납니다.

후에 이삭의 행동들이 증명합니다.

상처가 아닌 확신을 가지고 살아갑니다.

이삭은 이 사건을 통해 나의 하나님을 아브라함의 하나님이 아닌 이삭의 하나님을 고백합니다.

하나님 중심으로 먼저 순종하면 자녀들이 상처 받습니까?
옛날에 흔하게 있었던 예를 들어 봅니다.
가난한 집에서 목사님 드린다고 한 번도 먹어 보지 못한 음식을 대접하셨나요?
그것을 보고 자녀가 상처를 받았나요?
또는 하나님께 우선순위를 둔다고 하여 기타 일들을 자녀보다 앞서 하셨나요?
그래서 자녀들이 우리 부모님은 나보다 하나님을 더 좋아해! 하며 섭섭해 하나요?
함께 하나님을 만날 수 있도록 나누지 않고 동행하지 않아서입니다.
자녀와 함께 여행길도 걸으며 하나님에 대한 대화를 나누어 보세요.
함께 하나님을 만날 수 있도록 그 과정을 함께 나누며 기도해 보세요.
상처가 아닌 오히려 믿음의 자녀로 쑤욱 성장할 기회가 될 것입니다.
하나님을 만나는 기회를 자녀들에게 주시길 바랍니다.
꼭 혼자 순종하지 말고 자녀들과 나누면서 함께 순종해 보세요.

자녀들이 하나님을 만나도록 부모님들이, 어른들이 도웁시다.
먼저 하나님께 순종하는 모습을 보입시다.
먼저 믿은 사람들이 순종하는 본을 보입시다. 그래야 보고 자랍니다. 이삭은 보고 자랍니다.
상처를 받은 것이 아니라 오히려 하나님을 만나는 기회를 얻는 것입니다.

그래서 이삭은 기도하며 순종하는 사람으로 자랍니다. 이삭은 믿음의 사람으로 자라게 됩니다.
이삭은 언제 어디서나 하나님 아버지를 찾고 만나는 사람이 됩니다.
나는 순종하는 사람입니까?
순종하는 모습을 보이는 사람입니까?
순종의 유산을 자녀에게 물려주는 사람입니까?

이삭은 결혼도 하나님께서 만나게 하는 사람과 결혼합니다.

만날 배우자를 위해 지금부터 기도합시다.

결혼하셨다고요?

그러면 나의 자녀의 배우자를 위해 지금부터 기도합시다.

조건을 위해 기도하는 것이 아닙니다.

하나님께서 짝 지어 주실 배우자를 순탄하게 만나도록 중보기도합시다.

또 이삭은 결혼 후 임신하지 못하는 아내를 위로합니다.

20년 동안 아내를 위해 기도하며 위로합니다.

또 다른 아내도 두지 않습니다.

아내는 남편을 위해, 남편은 아내를 위해 위로하는 기도 내용을 풍선 안에 적어 봅시다.

또 이삭은 아버지의 우물을 빼앗기는데 다투지 않고 이사합니다.

사람들이 또 다른 아버지 우물도 빼앗습니다.

내가 한 번은 참는데 두 번은 못 참는다!라고 생각하고 말할 때가 많지요!

그러나 이삭은 두 번째도 대적하지 않습니다.

하나님께서는 두 번이나 다투지 않고 손해 보며 이사한 이삭에게 복을 주십니다.

이삭의 지경을 쫘악~~~엄청나게 ~~~ 넓혀 주십니다.

다투지도 않고 대적하지도 않는 사람을 하나님은 넓혀 주십니다.

다투는 부분이 있습니까?

대적감이 드는 분야나 사람이 있습니까?

하나님의 말씀을 순종하기 위해서라면 내가 손해 봐야 할 부분이 반드시 있습니다.

하나님께서 갚아주실 것을 믿고 손해 보아야 할 부분들을 적어 봅시다.

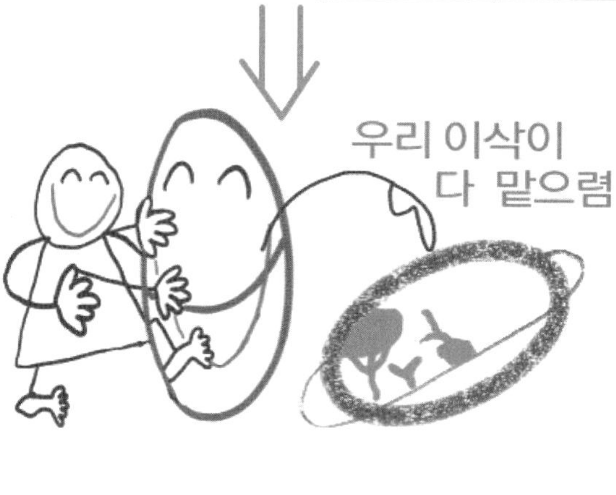

10. 야곱

이삭이 20년 동안 아내를 위해서 기도하고 하나님께 얻은 쌍둥이입니다.

이삭의 나이 60세에 낳은 아들들 형 에서와 동생 야곱입니다.

에서와 야곱의 역사를 들여다보기 전에 반드시 보아야 할 말씀이 있습니다.

뱃속에서부터 두 형제는 싸웁니다. 그런데 하나님의 뜻은 정해져 있습니다.

형이 동생을 섬길 것이라는 말씀입니다. 그런데 야곱은 자신의 노력으로 하나님의 말씀을 이루려고 합니다.

야곱처럼 하나님의 말씀보다는 자신의 노력으로 이루려는 사람들을 지금도 많이 보게 됩니다.

야곱은 뱃속에서부터 형의 발꿈치를 잡고 나옵니다. 안 그래도 되는데…….

야곱은 붉은 죽을 준비해 놓고 배고파하는 에서에게 장자권을 삽니다. 안 그래도 되는데……

에서의 별명은 에돔입니다. 에돔은 붉다라는 뜻입니다.

붉은 죽을 장자권과 바꾼 행동에서 나온 별명입니다.

야곱은 이삭의 죽음을 감지하고 에서처럼 변장하고 장자 축복을 받습니다. 안 그래도 되는데……

이삭이 빨리 죽었을까요? 이삭은 장수합니다.

계산적인 노력을 하지 않아도 하나님의 뜻은 야곱에게 있었습니다.

하나님보다 앞서서 계산하는 습관을 결단하며 버려보세요.

계산하지 않아도 하나님은 당신을 사랑하십니다.

나를 향하신 하나님의 뜻을 믿고 내가 버려야 할 계산기는 무엇이 있을까요?

야곱은 형 에서를 피해 도망갑니다.
그리고 야곱보다 더 계산적인 삼촌 집으로 가서 종살이를 합니다.
야곱은 12아들을 얻게 됩니다.
야곱은 하나님을 알게 됩니다.
자신의 노력이 아닌 하나님의 은혜로 구원을 주시는 하나님을 보게 됩니다.
하나님의 은혜로 구원을 얻은 야곱은 이스라엘이라는 이름을 얻게 됩니다.
이스라엘이라는 민족 이름이지요.
야곱의 12아들들은 이스라엘의 12지파가 됩니다.

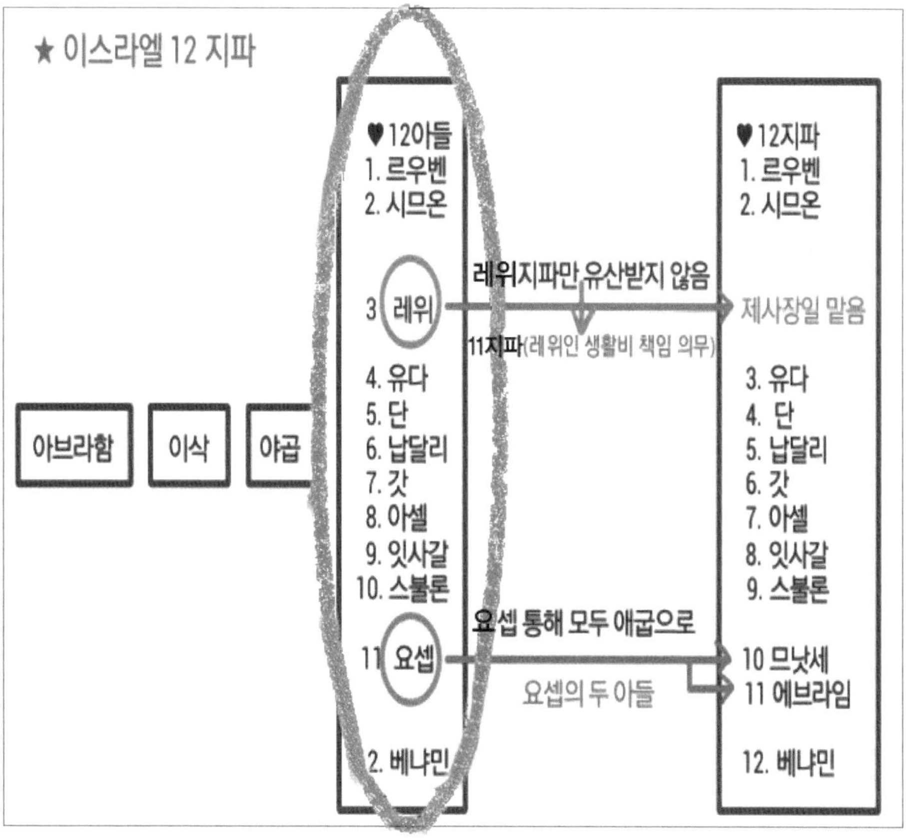

11. 요셉

성경은 야곱의 역사는 이런 이야기다~ 하면서 요셉 이야기를 길게 합니다.
요셉은 야곱의 사랑하는 아내 라헬의 첫아들로 다른 아들들보다 사랑받습니다.
하나님은 요셉에게 사람들이 자기의 곡식 단에 절을 하는 꿈을 꾸게 하십니다.
그 후 하나님은 요셉을 형들의 질투로 노예로 팔려가도록 하십니다.
하나님은 요셉과 함께하셔서 요셉이 있는 곳은 잘되게 하십니다.
하나님이 요셉과 함께하시는 과정 가운데 요셉은 감옥에 갇힙니다.
누명을 받게 하십니다. 그리고 경호대장의 집 감옥에 갇히게 하십니다.
하나님은 경호대장의 감옥에 바로의 신하들이 갇히게 하십니다.
하나님은 요셉에게 바로의 신하들의 앞날을 보여 주십니다.
이 일을 계기로 요셉은 하나님께서 주시는 달란트를 발견하게 되는 걸까요?
2년 후에 하나님은 바로 왕의 앞날에 대해 고민되게 하는 꿈을 꾸게 하십니다.
전에 자신의 앞날을 이야기해 준 요셉을 떠올린 신하는 요셉을 왕에게 이야기 합니다.
요셉은 바로 왕 앞에서 하나님을 고백하며 바로 왕의 꿈과 해야 할 일을 전해 줍니다.
바로 왕은 요셉을 애굽의 총리로 세우게 됩니다.
그리고 심한 흉년으로 식량이 있는 애굽을 찾아와 절을 하는 형제들을 만납니다.
사람들이 와서 절하는 요셉의 꿈이 이루어지고!
여기서 끝!~일까요?

나만 잘되는 것이 하나님의 뜻일까요?
하나님의 뜻은 사람들이 모두 구원을 얻는 것이죠!
나도 잘되고 옆 사람도 잘되어야 합니다.

잘되도록 내가 섬기고 챙겨 주어야 할 사람을 풍선 안에 적어 봅시다.

하나님은 야곱의 역사 이야기라고 하면서 요셉 이야기를 하면서 말씀하고 싶으신 것이 있습니다.

이스라엘 민족을 형성하시는 하나님의 계획을 말하려고 하는 것입니다.

요셉을 총리 되게 하기 위해 7년의 풍년과 7년의 흉년을 준비하신 것이 아닙니다.

하나님의 나라를 전할 이스라엘을 세우기 위한 하나님의 계획 때문입니다.

요셉을 통해 식량을 비축한 애굽으로 야곱의 식구들 70명을 부르십니다.

그리고 250만 명이라는 민족을 애굽에서 만드십니다.

그리고 요셉이 죽고 시간이 흐르면서 야곱의 후손들은 애굽에서 노예로 살게 됩니다.

왜 하나님은 야곱을 통한 민족들을 노예로 살도록 허락하셨을까요?

높이기도 하시고 낮추시기도 하시는 하나님의 목적은 한 가지입니다.

하나님 아버지를 찾기를 원하십니다.

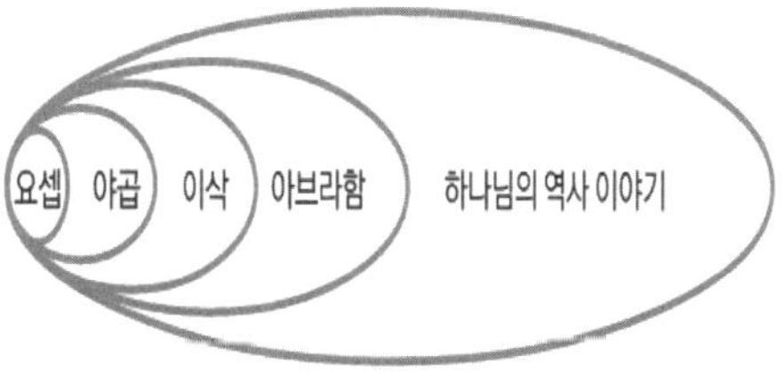

요셉의 이야기는 야곱의 역사입니다.

야곱의 이야기는 이삭의 역사입니다.

이삭의 이야기는 아브라함의 역사입니다.

아브라함의 이야기는 하나님의 역사입니다.

하나님의 역사 이야기는 구원입니다.

요셉이 막내라서 깐죽거리다가 노예로 팔려갔다고 생각하십니까?

하나님의 사람이 세워지는 멋진 모습을 보여 주기 위해서 요셉을 이야기할까요?

아닙니다.

성경은 하나님 아버지께서 모든 사람을 구원하시기 위한 하나님의 역사 이야기입니다.

예수 그리스도를 전해 줄 하나님의 사람들을 세우시는 큰 밑그림입니다.

나와 너를 위한 하나님의 역사 이야기가 성경입니다.

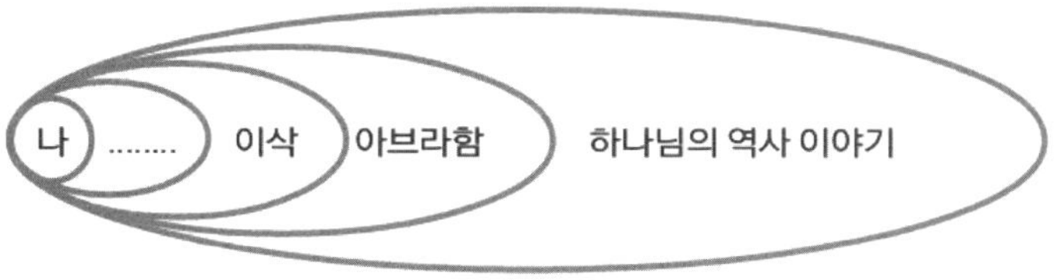

12. 요셉의 두 아들 므낫세와 에브라임

레위 지파가 제사장 직을 맡음으로 12지파가 11지파가 되지요.
하나님은 야곱을 통해 요셉의 두 아들을 레위와 요셉 대신 세우십니다.
레위 지파가 하나님의 일을 하도록 하면서 12지파를 형성해 나가십니다.
이해만 하시면 됩니다.
외우도록 할 필요는 없습니다.^^

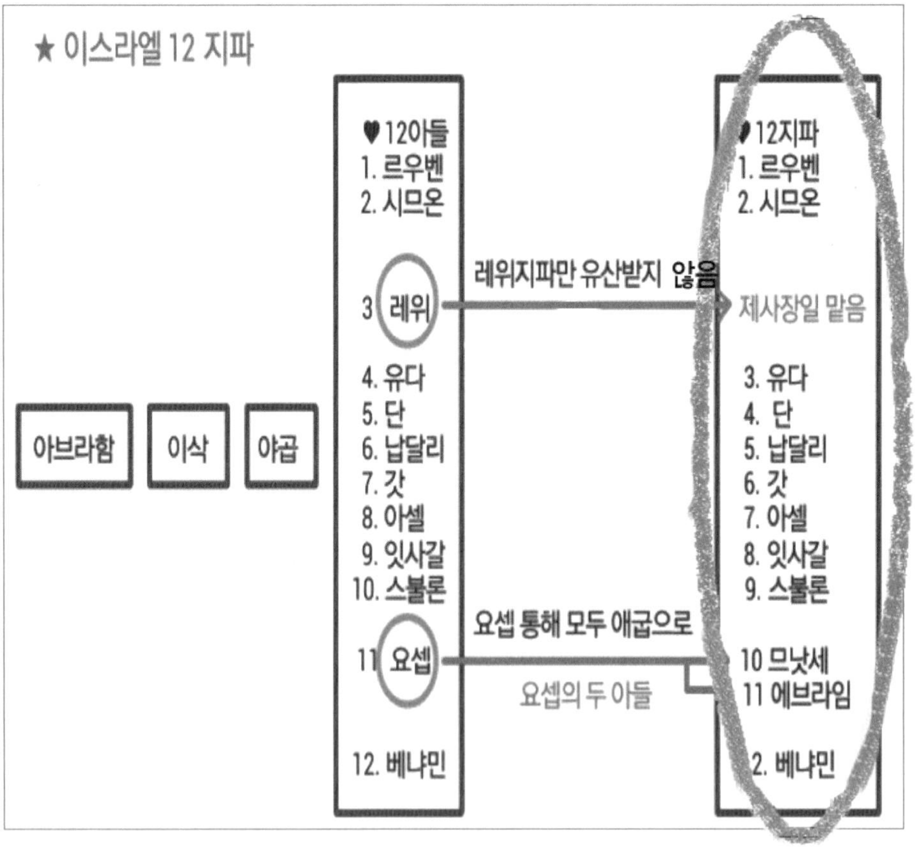

세 번째 시간입니다

♥ 찬송 (성령님의 인도하심 따라 준비하는 것 아시죠)

♥ 기도 (기도는 놀라운 것~^^)

♥ 숙제 점검 (거두셔요^^)

♥ 소식　♥ 간식

♥ 감사 나눔 (창세기 읽고 실천한 한 가지 감사 방향으로 나누세요)

♥ 이번 숙제 (출애굽기와 레위기 읽고 실천 두 가지 해 오세요.)

♥ 구약 읽는 순서 (인도자는 지난주보다 더 짧게 포인트만 언급해 주세요)

★ 숙제 해온 것을 감사한 방향으로 나누도록 한 다음 강의 진행하셔야 합니다.

더욱더 짧아진 구약 읽는 순서를 인도자가 한번 하도록 합니다.
그러나 학생 상황에 따라 하셔야 합니다.
고연령층 어른들께는 짧은 방법은 좋지 않습니다.^^

창조 이야기 창!(족장 욥!)
구출 이야기 출!
법 이야기 레!
1세대 민!
2세대 신!
가나안 땅 수!
자기 맘대로 삿!
예수님 말하려고 다윗 할머니 룻!
다윗 삼!

주로 다윗 노래 시!
솔로몬 잠, 전, 아!
왕들 왕!
에스라가 남유다 왕들만 대!
12권 예언자!
포로시대 다니엘, 에스겔!
성전 재건 에스라, 학개, 스가랴!
왕후 에스더!
성벽 재건 부흥회 느헤미야!
대드는 사람들과 약속 제시 말라기!

너무 짧은가요? 그러면 조금 더 설명하셔도 됩니다.
반복하셔야 술술술~ 쉬워집니다.
그래야 후에 왕들과 예언서 배열(또 배열이 있냐고요? 네^^~)도 어렵지 않답니다.

To 인도자 분들께

하나님께서 주시는 마음으로 담대히 인도하시길 바랍니다.
이 교재는 성경이 아닙니다.^^
그래서 도움이 되는 부분은 인도자의 달란트대로 사용하셔도 되고
어~ 이 부분은 버리고 싶은데 하는 생각이 들면 버리셔도 됩니다.
무엇보다
각 상황에 맞게 성령님께서 인도하시는 부분만 다루시면 됩니다.
성경의 중심인 예수님만 만나도록 하시면 됩니다.^^

From 샬롬을 전하며 강명의 사모 드림

출애굽기

이스라엘 나라가 만들어집니다.

죄의 결과로 죽게 된 사람들을 살리시겠다고 하나님은 약속하십니다.

이 약속을 전하시려고 하나님은 아브라함을 부르십니다.

아브라함의 자손 야곱을 통해 12지파가 될 12아들을 주십니다. 그리고 약 70명의 야곱 식구를 애굽으로 부릅니다. 그들은 12지파를 이루게 됩니다.

12지파는 애굽에서 노예 생활을 하게 됩니다.

하나님은 12지파 중 레위 지파의 자손인 모세를 통해 노예 생활에서 탈출시키십니다.

(바로 이들이 야곱=이스라엘이라는 나라로 불리웁니다.)

처음에 야곱 식구 70명이 애굽으로 들어갑니다.

그 후 장정만 60만 명으로 대략 250만이 되어 애굽을 나오는 그림입니다.

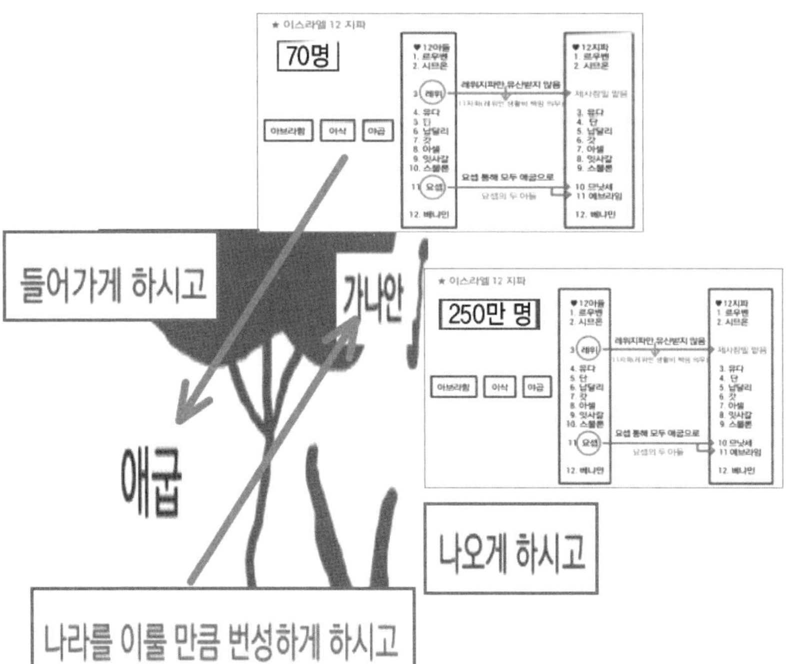

지도를 참고하세요

하얀색은 땅 검정색은 바다입니다.

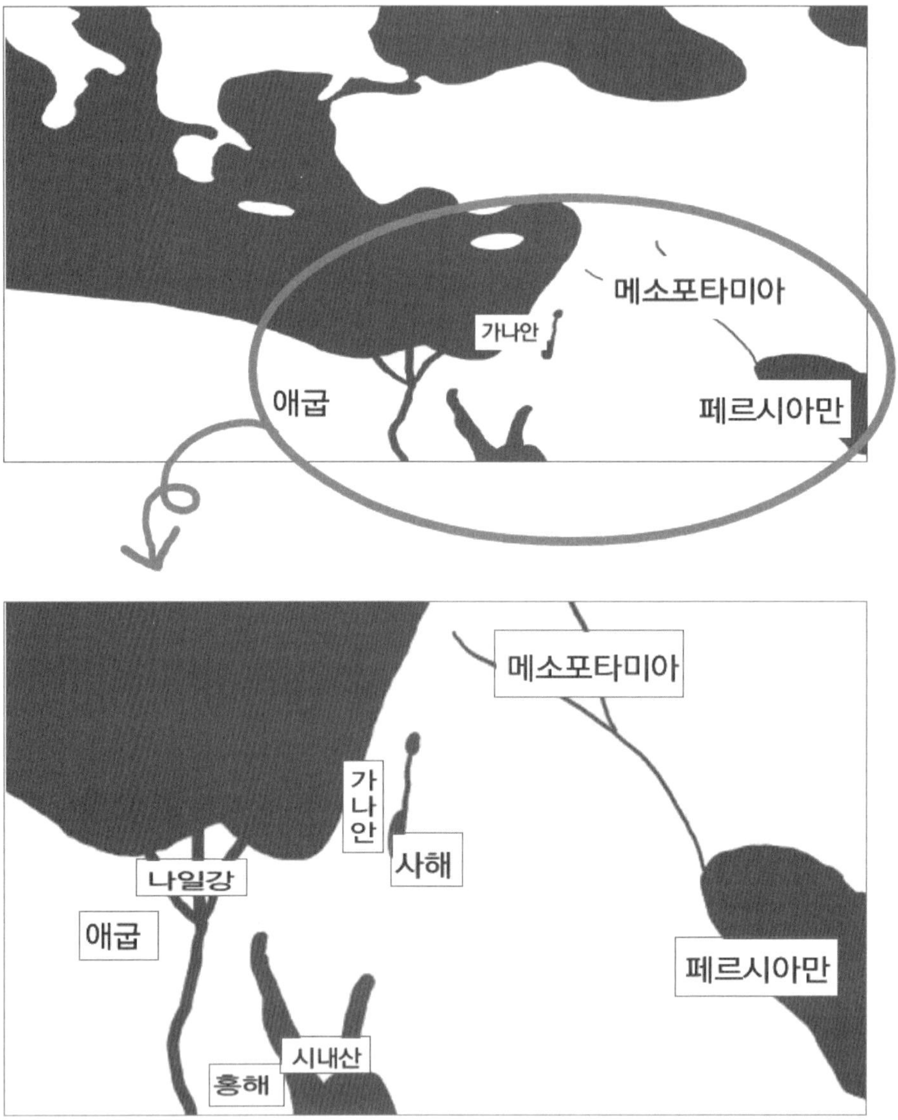

1. 애굽 탈출 과정

하나님은 모세에게 명령을 내리십니다.

애굽(이집트) 왕에게 가라고 하십니다.

가서 아브라함의 자손들을 하나님께 돌려 달라고 말하라고 하십니다.

모세는 애굽(이집트) 왕에게 하나님의 말씀을 전합니다.

애굽(이집트) 왕은 당연히 거절하죠.

하나님을 거절한 애굽(이집트) 왕은 한 가지 한 가지씩 하나님께서 경고하신 사고들을 만납니다.

어느 날은 피가, 어느 날은 개구리가 온 집과 나라에 가득한 사고들을 만납니다.

그러나 애굽 왕은 경고된 사고를 당하면 당할수록 하나님께 더욱 대듭니다.

하나님은 애굽 왕과 애굽 사람들을 위해 여러 징조로 만나 설득하시는 것입니다.

그러나 애굽(이집트) 왕은 완강한 고집으로 안 만나도 될 10가지 재앙을 다 겪습니다.

마지막 재앙으로 어쩔 수 없이 이스라엘 민족을 내보내 줍니다.

생가하면 할수록 분노가 가득찬 애굽 왕은 아브라함 자손들을 모두 죽이러 바다 속으로 쫓아가 들어갑니다.

끝까지 설득하시는 하나님께 대적하더니 애굽 왕과 애굽 군대는 모두 바닷물에 잠겨 죽습니다.

2. 유월절의 의미

유월절은 10가지 재앙 중 장자의 죽음에 관련된 이야기입니다.
하나님은 어린양을 준비하라고 하십니다.

그리고 그 어린양을 잡아 집 문설주에 뿌리고 바르라고 하십니다.
그러면 사람과 동물의 첫째 장자가 죽음을 면하게 될 것이라고 말씀하십니다.

순종하고 어린양을 잡은 이스라엘 백성들은 모두 장자의 죽음을 면합니다.
어린양은 예수님을 상징합니다.
하나님은 유월절을 통해 예수님을 다시 알리시고 설명하십니다.
희생양처럼 예수님은 우리 대신 죽으시고 우리를 살리실 구원자이십니다.
하나님은 그래서 대대로 유월절을 지키라고 하십니다. 유월절을 지킬 때마다 사람들을 구하러 오실 구원자 예수님을 잊지 말라는 것입니다.

다른 그림으로 다시 설명해 봅니다.

유월절을 기념하라고 하나님은 말씀하십니다.

즉, 우리를 구하러 오실 예수님을 잊지 말라고 말씀하십니다.

예수님을 잊지 않기 위해 지켜야 하는 절기가 유월절인 것입니다.

유월절의 주인공은 바로 예수님이십니다.

예수님 없는 유월절은 희생양이 준비되지 않은 집과 같습니다.

죽음을 맞이하는 것이지요.

이 내용은 신약에서도 아주 중요하게 이어지는 부분이 됩니다.

유월절의 의미를 꼭! 알고 가세요.

3. 탈출한 이스라엘

노예로 살던 아브라함의 자손들 12지파는 하나님의 구출로 애굽을 나옵니다.

10가지 재앙에서 안전하게 지켜주심을 경험합니다.

12지파는 이스라엘이라는 이름으로 불리게 됩니다.

이스라엘은 바다 앞에 도착합니다.

쫓아오는 애굽 왕의 군대를 보고 좌절합니다.

바다 앞에서 에고~죽게 생겼네 하며 원망합니다.

하나님은 동풍을 밤새 부셔서 바다를 가르고 갯벌을 마른 땅으로 만드십니다.

이스라엘이 한 사람도 빠짐없이 모두 다 건너자마자, 하나님은 쉬셨습니다.

애굽(이집트)의 군대는 하나님께서 쉬시는 동안에 덤벼들었다가 모두 바닷물에 덮입니다. 이스라엘 민족은 하나님을 찬양하고 기뻐서 춤을 추며 좋아합니다.

이스라엘은 10가지 재앙을 피하는 은혜를 경험한 이들입니다.

그러나 건너온 땅에 쓴 물밖에 없는 것을 알게 됩니다.

백성들은 즉시 하나님을 원망합니다.

재앙으로부터 구원을 맛본 사람들입니다.

재앙을 피한 은혜를 경험한 백성들입니다.

쓴 물만 보고 즉시 하나님을 원망합니다.

그러나 하나님은 쓴 물을 단물로 바꾸어 주십니다.

즉시 하나님을 원망하는 일이 있으십니까?

당신을 사랑하는 아버지십니다.

구원하고 돌봐주셨던 일들을 떠올리십시오!

원망하기 전 한번만 생각해 보고 하나님께 감사하며 도움을 요청해 보세요.

애굽에서 가져온 식량이 다 떨어졌습니다.

이스라엘 백성들은 배고픔을 경험하자 다시 하나님을 원망합니다.

쓴물을 단물로 바꾸어 주신 하나님을 경험한 백성들입니다.

하나님은 매일 음식을 주시며 하나님 아버지를 의지하라고 설득하십니다.

지금 하나님 아버지의 설득을 받고 있는 것이 있습니까?

하나님은 인격적으로 설득하고 계십니다.

우리의 마음 문을 두드리면서요!

강제로 우리 마음을 부수고 들어오지 않으십니다.

어려움과 아픔들을 원망만 하고 있지 마세요.

감사로 바꾸어 주시는 하나님이십니다.

그 하나님 아버지께서 들어오시도록 우리의 마음 문을 감사 고백으로 열어 드리세요.

그러나 또! 아예 물이 없어!~ 하며 사람들은 불평하고 모세와도 대판 싸웁니다.
하나님은 모세에게 말로 명령만 해서 돌덩어리에서 물이 나오게 하라 하십니다.
퍽! 하고 모세가 쳐 버리네요!!! 줄줄줄~물이 나옵니다.
(이 일로 모세는 가나안 땅을 못 들어갑니다.)

물이 없어 힘든 것을 하나님 아버지는 아십니다.
어려운 상황인 것을 하나님 아버지는 아십니다.
그러나 하나님께서 세우신 지도자와 싸우는 것을 하나님 아버지는 싫어하십니다.
가정의 지도자 부모님께 대들지 마십시오!
교회에서의 지도자 목사님, 나라에서의 지도자들과 싸우지 마십시오!
하나님께서 세우셨기 때문입니다.

인도자들만 해당되는 묵상입니다.
학생용 교재에는 없는 내용입니다.
하나님께서 맡기시고 부탁한 사람들과 싸우지 마십시오.
말도 안 되는 상황이어서 충분히 화가 날 것입니다.
그런데 싸우다 보면 하나님의 말씀대로 하지 않게 되는 것 같습니다.
영적인 전쟁을 하나님께서 하시도록 무릎 꿇고 또 꿇고 두 손 들고 기도합시다.

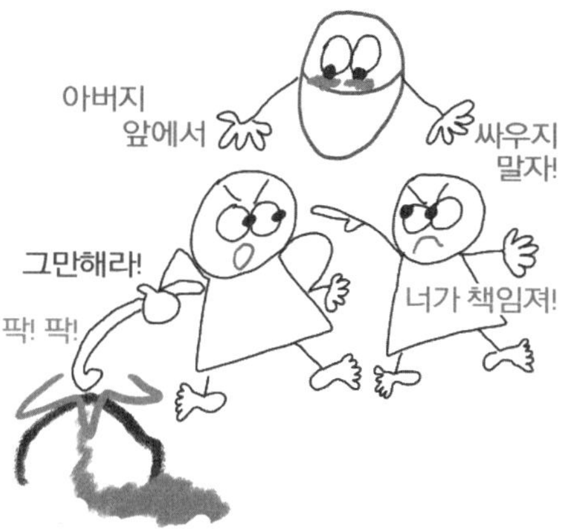

아말렉이라는 나라가 쳐들어옵니다.

이 때 모세의 손이 내려가면 지고, 모세의 손이 올라가면 이깁니다.

하나님은 전쟁이 하나님 손에 달려 있다는 것을 모두에게 알리십니다.

이 모든 일은 출애굽한 후 겨우 3개월 안에 일어난 일들이랍니다.

성경일독을 하면서 엄청난 영적 전쟁이 있을 것입니다.

내가 지금 치르고 있는 전쟁이 무엇입니까?

하나님께서 하시도록 우리는 두 손 들고 기도합시다.

내가 계산하려는 두뇌 회전을 멈추십시요.

내 손과 발이 먼저 해결하려는 행동을 멈추십시오. 먼저 하나님께 무릎 꿇읍시다.

그리고 하나님의 구원을 봅시다.

하나님의 구원하심을 잠잠히 보며 말씀하시는 대로 순종합시다!

잠깐만요!!! 시내 산에 도착하기까지 3개월 동안의 그림입니다.
한 번의 불평은 여러 가지 모습으로 번지고 계속됩니다.

내가 최근 3개월 동안에 자주 하던 불평을 적어 봅시다.
회개의 결단으로 그 불평들을 감사로 바꾸어 적어 봅시다!
성령님의 도움을 구하며 앞으로 불평을 멈추기 위한 결단도 함께 써 봅시다!

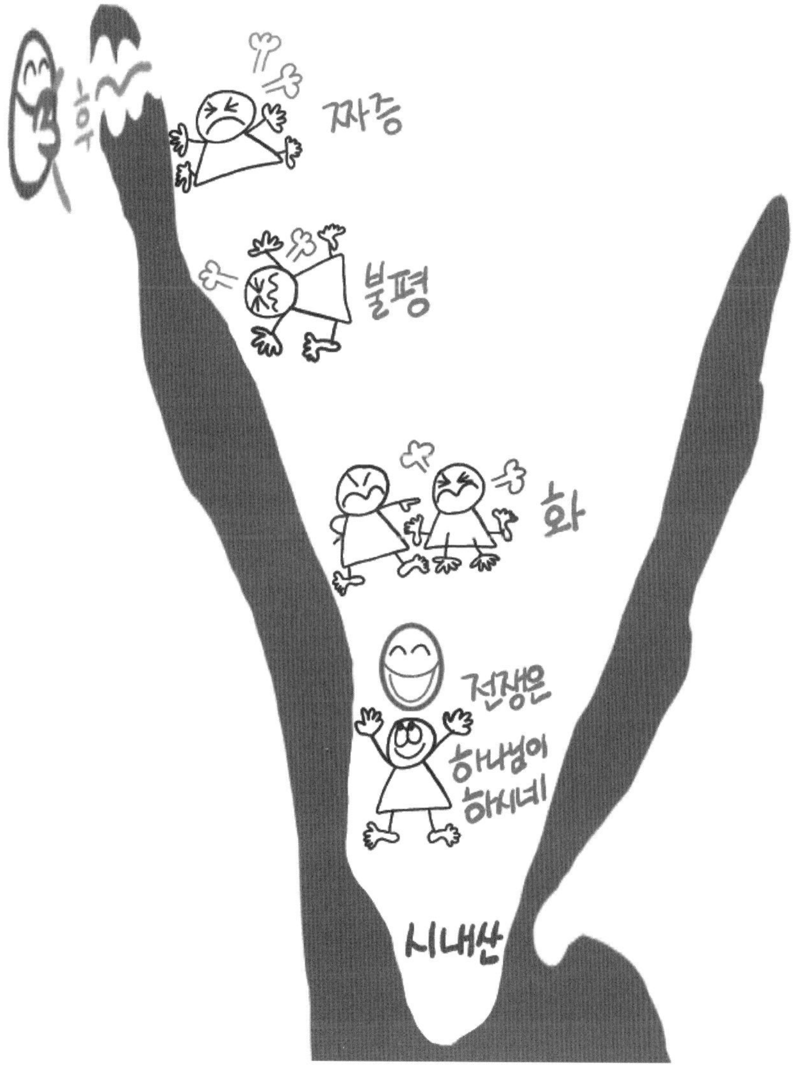

4. 시내 산

시내 산에 도착합니다.
하나님은 시내 산에서 모세를 부르십니다.

– 첫 번째

산에서 불이 활활 타오르고 연기가 가득하며 천둥 번개 소리가 진동합니다.
하나님께서 시내 산에 계신 것을 모든 사람들이 알 수 있도록 나타내신것입니다.
모세야 산에 올라와 볼래~ 네 하고 모세는 올라갑니다.

너희를 내가 나의 백성으로 삼았단다.
이 기쁜 이야기를 내려가서 전해주렴~
네! 하고 모세는 힘차게 내려와 전해 줍니다.

– 두 번째

하나님은 시내 산에서 나타내시며 모세를 다시 부르십니다.
영차영차 올라갔더니 십계명과 생활법들을 알려주십니다.
모세는 내려가서 백성들에게 알려 줍니다.

– 세 번째
하나님은 모세에게 또 올라오라고 말씀하십니다.
아론과 나답과 아비후와 70명의 장로들도 갑니다.
하나님과 함께 밥을 먹습니다.

– 네 번째

모세야 다시 올라와봐~

모세는 수시로 오르락내리락 합니다.

내가 친히 지켜야 할 법들을 돌판에 새겨서 줄게!

그것으로 백성들을 가르치렴~

모세는 아론에게 백성들을 맡기고 부하 여호수아와 함께 산으로 올라갑니다.

하나님은 사람들과 함께 있고 싶어서 하나님이 계실 성막을 설명하십니다.

그리고 친히 쓰신 돌판 두 개를 모세에게 주십니다.

이 과정이 40일이나 걸립니다.

모세가 한 달 넘게 내려오지 않습니다.

그러자 아론과 백성들은 금송아지 우상을 만듭니다.

이것을 보시고 하나님께서 진노하십니다.

모세는 하나님의 진노하심을 겨우 막습니다.

그리고 나서 모세가 산에서 내려와 놀판을 깨뜨려 버립니다.

– 다섯 번째

하나님은 모세에게 명령하십니다.

깨뜨린 돌판 두 개를 직접 준비해 산에 오라고 합니다.

하나님의 말씀, 법들을 다시 기록해 주십니다.

하나님은 자녀인 사람들과 함께 살고 싶어 합니다. 그래서 매일 하나님을 만날 수 있도록 성소에 대하여 알려주시고 지으라고 하십니다. 하나님을 찾는 사람들을 성소에서 만나 주시겠다고 하시는 것입니다.

5. 성막

신이며 죄가 없으신 하나님께서 죄인이 된 피조물인 사람을 만나시려고 합니다.
문제는 하나님은 자녀인 사람을 만나고 싶으신데 죄가 하나님께 올 수 없습니다.

그래서 하나님 아버지는 성막을 지으라고 말씀하십니다.
하나님은 사람들을 성막 안에서 죄를 용서해 주시고 만나고 싶어하십니다.
하나님께서 자녀와 함께 하고 싶으신 것입니다.

성막에서 우리가 보아야 할 부분입니다.

(성막에 대해 깊이 다루고 싶으신 인도자들은 성막에 관한 책 참고하세요.)

사람에게 죄가 있기 때문에 희생제물을 통해서 하나님께 나아갈 수 있었습니다.

희생될 동물(희생제물)이 죄를 대신 가지고 가서 그 사람 대신 죽습니다.

이러한 제물을 드리는 과정과 하나님의 음성을 듣는 것은 성막 안에서 이루어졌습니다.

그 후 예수님께서 오셨습니다.

그리고 예수님 자신이 단 한 번의 완전한 희생제물이 되셨습니다.

그래서 지금은 우리가 예수님을 믿으면 하나님께로 나아갈 수 있습니다.

예수님을 통해서 하나님을 만날 수 있게 되었습니다.

희생제물처럼 예수님께서 나의 죄를 다 가져가시고 대신 죽으시고 살아나셨기 때문입니다.

예수님이 계신 곳이라면 어디든지 하나님의 음성을 들을 수 있게 되었습니다.

예수님은 우리가 하나님의 음성을 듣고 하나님을 경배하도록 공동체로 부르셨습니다.

그래서 교회가 건물이나 사람 수로 평가되어서는 안 됩니다.

예수님의 부르심으로, 예수님의 뜻으로 세워져야 하는 것이 교회입니다.

☑ 레위기

하나님께서 애굽(이집트)를 탈출시키신 후 자세하게 하나님의 법에 대하여 알려주십니다.

그 중에서 성소에서 하나님께 예배드리는 법들만 모아 놓은 책이 레위기입니다.

1. 제사

대표적인 제사법들인 번제, 소제, 화목제, 속건제, 속죄제에 대하여 알려주십니다.

인도자들은 시청각 자료를 사용하여 하나하나의 제사를 설명합니다.

하나의 제사를 설명한 후 간단한 연극을 하도록 합니다.

시청각 자료를 사용하도록 인도자는 다음을 참고하여 준비해 주세요.

소, 양, 염소, 비둘기 등의 아이들 동물 인형이나 종이 그림만 있어도 됩니다.

없으면 없는 대로 동물 이름을 쓴 종이만 있어도 됩니다.

빨간 색종이로 만든 물방울의 피와 죽일! 빵칼! 없으면 맨손으로 팍! 해도 됩니다.

시청각 자료는 쉽게 하면 좋을 것 같습니다.

연극, 시청각 자료 등이 중요한 것이 아니기 때문입니다.

중요한 것은 아~이런 흐름이구나를 알도록 도와드리는 것이 중요하니까요^^

진행 방법은 먼저 시청각 자료를 준비합니다.

하나의 제사를 설명합니다.

인도자와 가위바위보 해서 지신 한 분을 배우로 정하셔서 고백하게 하면 됩니다.

저희 교회에서 했던 예를 한 가지 들어 볼게요.

번제를 설명 드린 후 인도자인 제가 먼저 시범을 보여 드렸죠.

번제에 해당하는 실제로 한 주 동안 지은 죄를 다음과 같이 고백하였습니다.

"하나님 오늘 운전하고 오는데 춤을 추며 제 차 앞으로 끼어드는 오토바이한테 경적을 울리고 에잇 저런 나쁜 놈! 그러다 사고 나면 나만 재수 없어~콱! 그냥! 저런 놈들은 정말! 하면서 욕했습니다.

저는 큰 코 다쳐봐야 한다고 욕한 죄를 지었습니다.

제가 지은 욕으로 살인한 죄를 이 양이 대신 가지고 저 대신 벌을 받고 죽습니다"

하면서 시청각 자료인 양에게 저의 죄를 옮기는 시늉을 하였습니다.

그리고 시청각 자료인 피를 제사장에게 주는 시늉을 했지요.

인도자의 고백으로 예를 들어 보이면 됩니다.

인도자인 제가 죄를 지어서 고백한 거냐고요?

네~

진심이어야 합니다.

그래야 연극 하려고 나오는 분도 실제로 지은 죄를 고백하며 하게 됩니다.

인도자가 마음을 투명하게 보이면 학생들도 투명하게 마음을 엽니다.

번제는 번제대로, 화목제는 화목제대로, 제사에 맞는 연극을 해 봅니다.

은혜와 감동의 고백들이 펼쳐진답니다.

자 그럼 진짜 이제 하나하나씩 들어가 볼까요!

자 제사 지낼 준비 되셨지요!!!

1) 번제

죄를 지은 사람은 수컷의 소, 양, 염소, 비둘기 중에서 제물로 하나를 가져옵니다.
가난한 사람은 비둘기라도 가져오라고 하십니다.
제물은 병, 탈모 등 상처가 없는 최상급이어야 합니다.
죄를 지은 사람이 제물의 머리에 손을 얹고 자기 죄를 제물에게로 옮겨 줍니다.
제물이 대신 죄를 가지고 죽임을 당하는 것이지요.
그 제물의 피를 받아 제사장에게 주고 제사장은 그 피를 제단 둘레에 뿌리죠.
희생제물의 몸을 여러 부분으로 잘라야 합니다.
기름은 기름대로 모아야 합니다. 땀이 줄줄 납니다.
내장은 내장대로 모아야 합니다. 내장에 살이 섞이면 안 되기에 집중해야겠죠.
씻은 내장과 다리를 함께 제단 위에 놓고 제사장들이 태워야 합니다.
열심히 장작을 태우고 불을 지피고 있는 제사장들이 보이나요?
제사장들은 불이 꺼지지 않도록 집중해야 하고 뜨거워야겠네요^^
불로 태워 드리니 화제라고도 하는 이 번제를 하나님은 기쁘게 받으십니다.

예배를 준비하는 사람도 예배를 드리는 사람도 모두 하나님을 만나셔야 합니다.
어떤 다른 것들에 마음을 빼앗길 수 없는 예배이지요!
불이 꺼지지 않도록 해야 하는 예배이지요!
예배 드리며 내 영혼에 진땀이 날 정도인가요?
나는 나의 죄를 고백하며 하나님께 집중하여 예배 드리고 있나요?
점검해 봅시다.

참! 가위바위보로 배우를 선정하셔야지요.
그리고 연극으로 고백해 보셔야지요!

2) 소제

피 없는 제사로 곡식을 드리는 것을 말합니다.
집에서 정성껏 굽고, 삶고, 부친 것을 제사장에게로 가져옵니다.

집에서 정성껏 기도하고 만든 음식은 먹는 사람 마음도 기쁩니다.
그러나 억지로 만든 음식은 먹는 사람도 불편합니다.

소제는 정성이 깃든 제사입니다.
제사장은 한 줌, 또는 한 조각, 또는 얼마 정도를 번제단 위에 놓고 태웁니다.
그리고 남은 음식들은 땅(소득)을 분배 받지 않은 레위인을 위한 몫으로 드립니다. 성막 일에 전념하는 레위인들을 위한 몫으로 줍니다.

레위인처럼 하나님 일에 전념하는 분들이 지금도 계십니다.
하나님의 부르심을 받고 전념하여 순종하는 분들입니다.
이분들을 정성을 다하여 섬깁시다.
이 또한 하나님께서 기뻐받으시는 예배랍니다.
설명이 끝나시면 연극을 해 볼 자례입니다.

3) 화목제

스스로 자원하여 드립니다.
서원한 것을 드리거나 감사한 것을 나누고 싶을 때도 드립니다.
화목제로 드려진 제물은 기름, 콩팥, 간 껍질만 불에 태웁니다.
그리고 내용에 따라 나머지는 제사장의 몫으로 드리거나 모두 나누어 먹습니다.
신나는 축제 분위기겠네요.

혹, 일주일에 한 번씩은 이웃을 초청하여 섬기십니까?
혹, 식사를 나누며 감사를 나누나요?
아~매주 화목제를 드리시네요^^
하나님은 다 함께 기뻐하며 나누는 것을 좋아하십니다.

하나님 아버지께 약속한 일이 생각나세요?
하나님 아버지께 감사한 것이 떠오르세요?
지나치지 마시고 입으로 고백하고 행동으로 섬기시기를 바랍니다.
하나님께서 기뻐 받으시는 화목제입니다.
학생들이 고백 연극 하도록 인도합니다.

4) 속죄제

속죄제는 실수로 죄를 지었다가 깨달았을 때 드리네요.
그런데 속죄제는 드리는 제물이 누가 죄를 지었느냐에 따라 다릅니다.
제사장이냐! 백성이냐! 등에 따라 다릅니다.

5) 속건제

하나님께 드려진 헌금이나 물건들을 잘못 사용하였을 때 드립니다.
또 사람에게 손해를 입혔을 때 드립니다.
그 물건 값에 5분의 1을 더하여 갚고 제물도 가져와서 드리는 제사입니다.
반드시 손해 입힌 것의 5분의 1을 갚으면서 드리는 제사입니다.

하나님께 또는 다른 사람에게 손해를 끼치게 한 일이 있나요?
빚을 졌다면 갚읍시다.
하나님께도 이웃에게도 갚읍시다.
고백 연극 인도하셔야지요!

★ 제사를 통해 보는 레위기의 아주 큰 그림은 예수님이십니다.

우리의 죄를 대신 가져가셔서 죽으실 예수님을 알려주십니다.

2. 제사장 임명

하나님은 아론과 그의 아들들을 제사장으로 세우십니다.
세우는 분은 항상 하나님이십니다. ^^
하나님은 아론과 그의 아들들에게 이렇게 하는 거란다~
하며 하나하나 자세히 성막 일에 대하여 알려 주십니다.
그런데 아론의 아들들 나답과 아비후가!
제사장 일을 하다가 죽습니다.
가르쳐 주었는데도 잊어버려서 혼난 것이 아닙니다.
아 귀찮다 대충 하자! 하며 하나님을 무시하며 일합니다.
벌 받아 죽은 것이 아니라 하나님의 경고를 무시하다 죽은 것입니다.
하나님을 무시하고 내 마음대로 하고 있나요?
죽습니다.

모르는 것은 하나님께서 자세히 알려주십니다.
알려주시는데도 그냥 지나치십니까?
하나님께 여쭈어 볼 수 있는데 물어보지 않습니까?
잊어버려도 하나님께 또 여쭈어 보면 알려 주십니다.
하나님께 궁금한 것을 풍선 안에 적고 여쭈어 보세요.
하나님 아버지는 모른다고 무안 주지 않고 친절하게 알려주는 분이십니다.

3. 하나님 법에 대한 하나님의 자세한 설명

달콤하다~ 안 돼! 널 썩게 하는 사탄이야!

아가, 차는 위험하단다!

어린 아이들에게 엄마는 말합니다.

학교 가는 초등학생에게도 말합니다.

차가 오나 안 오나 살피고 건너야 해~

장가 간 어른에게도 말합니다.

아들아, 조심해서 잘 가렴 하며 안전을 당부합니다.

부모는 비가 오나 눈이 오나, 세월이 흘러도 자녀의 안전을 위해 말하고 말합니다.

하나님 아버지는 출애굽기에서도 레위기에서도 자녀들에게 설명하시고 계속 말씀하십니다.

얘야, 거짓말쟁이 사탄 조심해라~ 귀신 따라 가면 정말 죽게 된단다!~

그러니 귀신과 접선을 갖지 말아라~ 에이 저 귀신 안 불러요! 정말이시죠?

혹 오늘의 운세도 안 보시죠? 점 보러 다니지 않으시죠?

하나님이 확실한 말씀으로 주신 것보다 태몽을 더 떠올리지 않으시죠?

묘 자리? 꿈 자리? 아들, 딸 낳는 방법까지도 말씀보다 귀신을 따라가지 않으시죠?

하나님의 말씀에 없는 이야기들을 넣어 주는 것이 사탄(귀신)의 접선 방법입니다.

아! 나도 모르게, 또는 알면서 하고 있던 귀신 접선과 우상 주파수들을 끊으십시오!

끊어야 할 주파수들을 풍선 안에 적고 성령님의 도움을 구하는 기도를 합시다.

또 하나님은 얘야, 안식일은 거룩히 지켜라~ 말씀하십니다.
아! 일, 공부, 여가 등 할일이 많으시다고요?
이것 때문에 하나님께 예배 못!!! 드리신다고요?
또는 다 끝내 놓고 드리시겠다고요?
예수님께서 우리를 위해 죽으시고 부활하십니다.
그래서 우리는 이제 주님의 날, 주일을 거룩히 지킵니다.
하나님을 경배하고 찬양하는 날이 주일입니다.
주일날 공부하거나 또는 일을 하며 보내십니까?
주일날 운동과 여가를 하며 보내십니까?
하나님은 하지 말라고 하십니다.
사람들은 주일날 공부, 일, 자격증 취득 등을 해도 된다고 합니다.
하나님은 하지 말라고 하십니다.
하지 말라고 하는 하나님 아버지께 도움을 구하며 결단합시다.

주일날 예배를 드릴 수 없는 상황이라고요?
사막 가운데 혼자 있는 상황이라고요?
사막 가운데도 주님은 계십니다.
사막 가운데서도 예배를 드릴 수 있습니다.
말은 바르게 합시다! 못 드리는 것이 아니라
안 드리는 것입니다.
예배보다는 다른 쪽을 선택한 것입니다.
어떤 일들을 다 끝내 놓고 나서 하나님께 드리겠다고요?
하나님은 거지가 아니라 왕이십니다.^^
주일을 지키기 위한 결단을 풍선 안에 적어 보세요!

하나님은 자녀들을 살리기 위해 계속 말씀하십니다.
얘야, 남자끼리 성관계하고 여자끼리 성관계하고 동물과 성관계하면 죽는단다.

헉~ 동물과 어떻게!!!
저 그런 인간 아니에요 하면서 혹 강아지한테
엄마 왔어~아빠 왔어 우리 아기 잘 있었어 하면서 다스려야 할
동물을 인간으로 대하고 계신지요?
하나님 말씀대로 동물은 선하게 다스리는 것입니다.
그래야 동물들도 자기 자리에서 하나님께 영광을 돌릴 수 있습니다.
동물들과 맺은 가족 관계의 호칭부터 끊으십시오!
이 정도는 괜찮지~가 변하여 쳐 죽임을 당할 죄악까지 짓게 됩니다.
하나님은 싫어하십니다.

또 동성 연애자들을 인정하는 묵비권을 행사하고 있지는 않은지 점검해 보세요.
남자는 남자답게 여자는 여자답게 만드셨습니다.
남자인데 여자처럼 되고 싶다고요?
또는 여자인데 남자처럼 되고 싶다고요?
죄입니다. 죄를 짓고 싶다는 표현입니다.
죄는 짓는 것이 아니라 피하는 것입니다.

이외에도 하나님 아버지는 안식일을 지켜야 한다 ~
병에 걸리면 의사보다 하나님을 먼저 의지해라~ 등등
아주 자세히 우리가 살 수 있는 하나님의 말씀들을 이야기해 주십니다.

레위기는 우리가 살 수 있도록 하는 처방전과 같습니다.
우리는 살 수 있도록 처방전을 봐야 합니다.
즉 성경 말씀을 읽어야 합니다.
우리의 영혼과 육이 건강하게 살도록 매일매일 성경 말씀을 읽어야 합니다.
구체적으로 읽을 결단을 풍선 안에 적어 봅시다.

네 번째 시간입니다

♥ 찬송 ♥ 기도 ♥ 숙제 점검 (레위기 읽고 실천 한 가지) ♥ 소식과 간식 확인

♥ 숙제 (민수기, 신명기 읽고 실천 2가지) ♥ 감사 나눔(꼭 하세요!)

☑ 민수기

1. 행군

하나님은 출애굽한 지 1년 후 드디어 가나안 땅으로 들어가라고 하십니다.
그리고 머리털 숫자까지도 다 아시는 하나님께서 인구 조사를 시키십니다.
행군하다가 사람들은 힘이 되어 주는 음식들이 없다고 불평합니다.
또 모세 누나는 지도자 모세의 재혼에 대하여 비방하다가 문둥병에 걸립니다.
하나님은 불평과 비방을 싫어하신다고 말씀하십니다.
내가 비방하는 사람을 적어 봅시다.
그리고 그 사람에 대한 비방을 멈춥시다.
적은 그 사람을 위해 이번 주에 하루에 5초만이라도 그 사람이 잘 되도록 기도합시다.

하나님은 질병에 걸리지 않도록 하는 음식을 매일 주십니다.
그리고 회개하는 사람들의 병도 고쳐주십니다.
회개는 다시 그 죄를 짓지 않도록 방향을 돌이키고 고치는 것입니다.
그러나 우리는 매번 반복하여 죄를 자주 짓습니다.
같은 죄를 반복해 지어서 염치가 없어 회개하기가 어렵습니까?
하나님은 회개하면 용서하시는 아버지십니다.
하나님은 회개한 사람의 전의 죄를 기억도 못하십니다.
너 또 잘못했니? 되물어 보지 않습니다.
용서하신 죄들을 다시 끄집어내고 들추시는 분이 아니십니다.
그러나 회개하지 않으면 물어 보십니다.
또 지어도 또 지어도 계속 하나님께 고백하고 용서를 구합시다.
하나님은 매번 진심으로 우리를 용서하고 사랑하십니다.
하나님 아버지의 사랑을 반복적으로 만나 보세요.
아버지의 변함없는 사랑을 알면 죄를 짓지 않게 될 것입니다.

2. 12명의 정탐꾼

가나안으로 들어가기 위해
하나님은 12지파에서 한 명씩 대표를 뽑아 12명을 정탐꾼으로 보냅니다.
12명은 하나님께서 가라고 하신 땅을 보러 갑니다.
우와~ 젖과 꿀이 흐르고 포도송이 하나를 두 사람이 메고 가는 모습을 봅니다.
그러나 12명이 모두 감격할 때쯤 12명의 눈에 들어오는 것이 있습니다.
하나님께 대드는 사람들이 눈에 들어옵니다.
하나님께 대드는 사람들인 그들은 아낙 자손이라고 불리고 있었습니다.

가인=네피림=장부=용사=특이한 사냥꾼=니므롯=아낙 자손입니다.

홍수가 났던 땅에도 있었던, 애굽 땅에도 있었던! 여기 저기 있던 이들입니다. 이상하지요?
흔히, 하나님을 대적하던 이들을 주욱~ 보아 왔었는데 12명 중 10명은 대성통곡합니다.
10명의 정탐꾼들은 그들을 보고 우린 다 죽었다! 하며 좌절합니다.

10명의 정탐꾼들은 돌아와 백성들에게 전합니다.
헉~우린 다 죽었어!
가나안 땅에 들어갈 수 없어!
아낙 자손들이 있어 하는 부정적인 말을 전합니다.
부정적인 말은 하나님의 말씀과 반대되는 말입니다.

여호수아와 갈렙은 하나님의 약속의 말씀대로 긍정적인 소식을 전합니다.
그러나 사람들은 부정적인 말을 듣고 광야에서 다 죽게 되었다며 통곡을 합니다.
또는 난 다시 애굽으로 돌아갈 거야 하는 사람들도 나타납니다.
하나님이 세운 모세에게 화살을 돌리기도 하고 난리가 납니다.

하나님은 불평하는 사람들이 말한 그대로 들어 주십니다.
하나님은 다 죽었다고 말한 대로 1세대들을 광야에서 살다가 다 죽게 하십니다.
하나님 말씀을 믿던 여호수아와 갈렙만 2세대들과 함께 가나안 땅에 들어가게 합니다.

주변에는 불평하는 사람의 말과 감사하는 사람의 말이 항상 있습니다.
불평하는 사람의 말에 귀를 기울이십니까?
감사하는 사람의 말에 귀를 기울이십니까?
불평하는 사람의 말을 전하고 계십니까?
감사하는 사람의 말을 전하고 계십니까?

요즘 어떤 말을 듣고 계신가요?
또 어떤 마음으로 말을 전달하고 계시나요?
하나님께서 좋아하실 말로 바꾸어 봅시다.

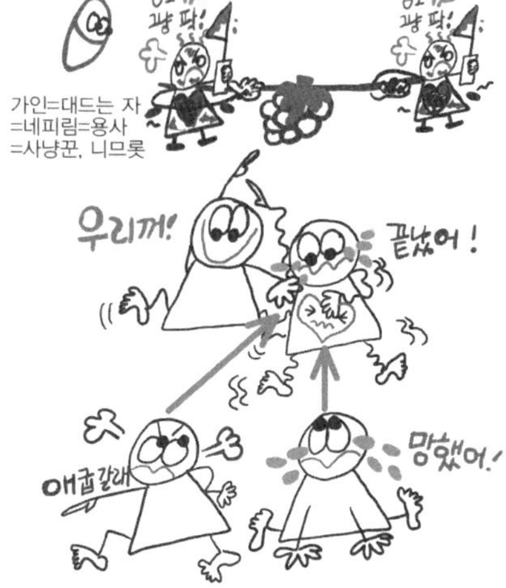

3. 불순종

하나님 아버지는 1세대들을 광야에서 죽도록 내버려 두고 포기하셨냐고요?
아뇨! 광야에서 늘 함께 지내시며 사랑을 듬뿍 주십니다.
변함없이 차근차근 하나님의 말씀을 또 알려주시고 다독이십니다.

잠깐 생각해 볼 것이 있습니다.
우리도 1세대처럼 가나안 땅이 인생의 목적인 것처럼 사나요?
사람의 목적과 하나님의 목적이 다를 때가 많은 것 같습니다.

하나님의 목적은 사랑하는 자녀인 우리와 함께하시는 것이 목적입니다.
슬픈 일이 있습니까?
외롭습니까?
하나님은 언제나 나를 안아 주시는 아버지이십니다. 함께 하시기 때문입니다.

자녀와 함께 사는 것이 아버지의 목적이기 때문입니다.
1세대들은 가나안 땅에 들어가지 못해 허탈해 합니다.
그러나 하나님은 허탈해 하는 1세대들을 변함없이 품으시고 동행하십니다.
하나님을 믿는 생활을 하면서 나의 목적과 하나님의 목적이 같은지 생각합시다.

하나님의 목적과 다른 사람들은 끝까지 허탈해 하며 불평하기 시작합니다.

그들은 광야에서 더 살게 했다며 불평합니다.

그리고 하나님께 대들기 시작합니다.

대드는 사람들에게 불뱀이 다가오고 사람들은 불뱀에 물려 죽어 갑니다.

불뱀에 물려 죽어간다는 것은 사탄을 맞아들이는 행동을 한 결과입니다.

하나님께서 사람들이 너무 미워 죽이려고 불뱀을 보냈다고 생각하십니까!

불뱀은 하나님께 대들고 불평한 사람들을 물어버립니다.

사탄이 사람을 물어버리도록 불평한 사람들이 사탄을 받아들인 결과입니다.

사람들은 자신이 선택해 놓고는 하나님께 벌 받았다고 생각할 때가 많습니다.

물론 하나님은 사랑하는 자녀를 살리기 위해 책망하시는 분은 맞습니다.

그러나 살리기 위한 책망과 죽도록 하는 벌은 개념이 다릅니다.

하나님은 죽도록 벌을 주시는 분이 아닙니다.

오히려 죽는 벌을 막기 위해 설득하시는 분입니다.

하나님은 자녀를 설득하시는 인격적이신 아버지십니다.

그러나 돌이키지 않고 끝까지 하나님께 대드는 사람들은 사탄을 맞아들이는 선택을 합니다.

불뱀에 물려 죽습니다.

성경을 읽으며 불뱀에 물린 자녀들을 살리시려고 하시는 아버지를 만나보십시오.

우리를 사랑하기 때문에 싸매고 고쳐주는 아버지라는 것을 알게 될 것입니다.

하나님은 사람들을 살리셔야 했습니다.
그래서 구리뱀을 만들어 장대 높이 매달아 모두 그것을 보고 살라고 하십니다.
독이 퍼져 마비가 되고 죽어가는 사람에게 바라보기만 하라고 하십니다.
말이 됩니까! 빨리 해독제를 주시든지!
바라본다고 살고!
바라보지 않는다고 죽는다는 것이!
사람의 지식과 지혜로 이해가 되지 않습니다.
그래서 믿으라고 하십니다!
바라보기만 해도 살 수 있습니다.

이처럼 하나님은 예수님을 보내주십니다.
예수님을 믿기만 하면 산다고 말씀하십니다.
믿지 않으면 죽는다고 말씀하십니다.
사람의 지식과 지혜로 이해가 될 수 없는 일이죠!
사람이 이해할 수 없습니다.
그래서 우리를 살리시려고 하나님 아버지는 끊임없이 설득하십니다.
하나님의 설득을 받아들이고 예수님을 믿으세요!

보이시나요?

하나님의 말씀을 믿어야만 우리는 살 수 있습니다.

예수님을 믿어야만 우리는 살 수 있습니다.

2세대들은 가나안 땅으로 가는 길에 암몬 나라와 모압 나라를 지나가야 합니다.
아브라함의 조카 롯이 자기 두 딸과 성관계로 낳은 모압, 암몬 기억나시죠!
어라~우리 삼촌 이스라엘 민족이 오네!
모압 족속은 잔치가 아닌 저주를 하려고 우상을 섬기는 자를 불러 옵니다.
그러나 하나님은 저주를 축복으로 바꾸십니다.

미신이나 무당이 하는 말이 무서우신가요?
저주를 퍼붓는 그 사람을 만드신 하나님이 그의 말을 바꾸십니다.
하나님을 믿고 두려워하지 마세요.
하나님을 믿는 사람들은 알고 있어야 합니다.
하나님을 믿는 사람들에게는 저주의 말이 영향을 주지 못합니다.
오히려 저주한 사람에게로 다시 돌아갑니다.
하나님께서 막으시고 다시 그 저주를 돌리시기 때문입니다.

그래서 하나님을 믿는 사람들은 상대방이 잘되기를 축복해야 합니다.
그 사람이 복을 받아들이지 못하면 그 복은 다시 나에게로 돌아오기 때문입니다.
악을 악으로 갚지 말고 선으로 갚으세요.
사람에게 축복의 말을 해 볼까요!

이 같은 하나님의 보호에도 불구하고 사람들은 우상에게로 갑니다.
브올의 동네에서 우상을 믿는 여자들이 좋아서 따라갑니다.
따라가서 제사도 지내고, 우상의 예배법을 따라 함께 성관계도 갖습니다.

요즈음 나는 누구를 따라 다니고 있나요?
나의 손과 발이 하나님께서 기뻐하실 장소에 있는지 점검해 봅시다.

비느하스 제사장이 가서 이들을 죽이고, 하나님의 진노하심을 겨우 막습니다.
그리고 모세는 요단 강을 건너기 전 마지막 설교를 2세대들에게 하고 죽습니다.
모세가 이곳에서 재방송하듯이 설교(유언)한 내용을 신명기라고 합니다.
그래서 민수기와 신명기 내용이 많이 같습니다.

☑ 신명기

모세는 하나님과 얼굴을 대면하여 창세기 이야기를 듣고 기록합니다.(창세기)

또 하나님의 명령을 받고 아브라함의 자손들을 탈출시킨 과정을 기록합니다.(출애굽기)

또 하나님을 만나는 예배 법들을 자세히 듣고 기록합니다.(레위기)

또 1세대들이 가나안 땅에 왜 못 들어갔는지를 자세히 기록합니다.(민수기)

그리고 모세는 하나님 곁으로 돌아갈 죽음을 앞두게 됩니다.

모세는 2세대들에게 창세기부터 민수기까지의 말씀을 다시 요약 당부합니다.(신명기)

그래서 신명기는 민수기에서 나오는 내용이 또 나와 재방송 같아 보입니다.

대상이 2세대라는 것과 마지막 힘을 다해 전하는 하나님의 말씀입니다.

☑ 여호수아 배경

여호수아 들어가기 전의 가나안의 배경을 잠깐 살펴봅니다.

에덴을 저처럼 하늘나라에 있는 것으로 생각했던 분도 있죠! ^^
티그리스 강 상류와 유프라테스 강 지역 사이에 있다고 추정합니다.
이곳으로부터 하나님을 대적하는 사람들이 온 세상으로 퍼져 나가죠.
아브라함의 동네 갈대아 우르는 티그리스 강과 유프라테스 강 하류 사이에 있죠.
지금은 학생들이 무슨 말인지 하나도 몰라도 됩니다.
반복하여 그림 지도를 설명하다 보면 아~하고 자연스럽게 눈에 들어오기 때문입니다.

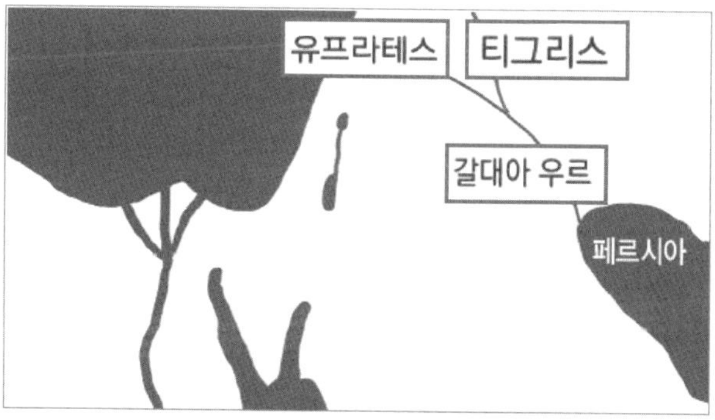

시청각 자료를 사용하여 지명을 붙여가며 발표하도록 하는 것이 좋습니다.
그러면 신약 일독할 때도 지도 보기가 훨씬 쉽고 이해가 됩니다.

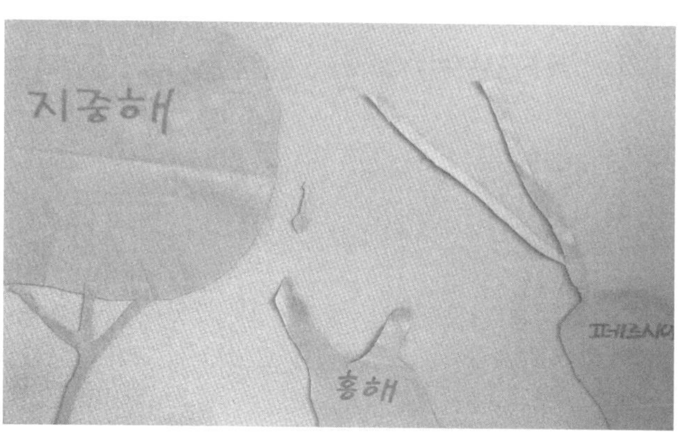

이곳을 중심으로 서남쪽 지역에는 포크 모양의 나일 강 이집트가 있고요.

서북쪽 지역에는 낭만의 도시 유럽이 있고요.

동쪽으로는 인도가 펼쳐지고요.

이스라엘이 들어갈 가나안 땅은 요단 강과 지중해 사이에 있네요.

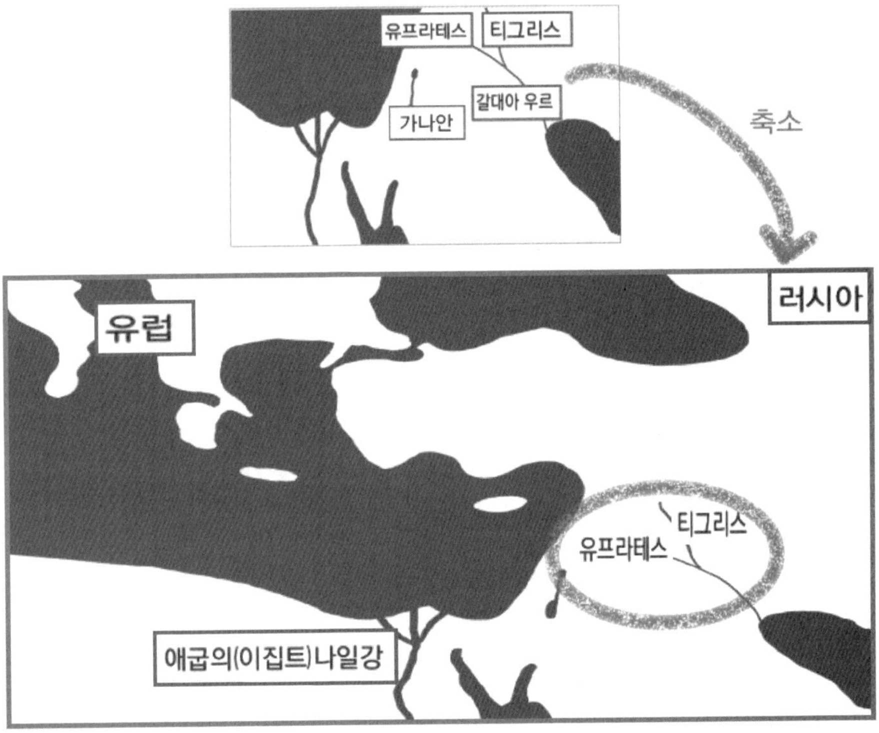

하나님을 대적하여 사는 사람들을 보면 음란 문화와 악함으로 가득 차 있습니다.

음란, 간음은 배우자가 다른 배우자와 성관계를 갖는 것을 말하죠.

사람들이 왕이신 하나님을 떠나고 사탄을 섬기는 것이 음란이요 간음입니다.

사탄은 음란과 간음을 거룩한 종교처럼 보이도록 만들어야 했습니다.

사탄은 태양이 남성을 나타내고, 달이 여성을 나타낸다며 태양과 달을 섬기도록 합니다.

달과 태양을 섬기는 방법으로 사람을 불에 태워 드리게 합니다.

태양과 달을 섬기도록 돕는 제사 일을 하는 신전의 여자들과 성관계를 맺도록 합니다.

이것이 신과 만나는 방법이며 복 받는 방법이라는 사탄의 생각입니다.

요즘 섹시하게 보이고 싶은 초등학생들 많이 있지요.

섹시! 그 정체는 사탄입니다.

하나님은 우상을 섬기는 일을 간음, 음란한 행위라고 표현하십니다.

사탄은 하나님 보시기에 좋았던 세상을 더럽힙니다.
여호수아 들어가기 전 가나안의 문화 배경을 살펴본 이유가 있답니다.
하나님은 사탄에게 동조한 사람들을 멸하라고 명령하십니다.
하나님을 대적한 사람들과는 타협도 하지 말라고 명령하십니다.
하나님을 대적한 사람들은 동물과도 성관계를 갖습니다.
그래서 하나님은 사탄을 따른 모든 것을 죽이라고 말씀하십니다.

현 시점에서 심각하게 생각해 볼 문제가 있습니다.
이 지역은 끊임없이 전쟁이 일어나고 있습니다.
예수님께서 이 세상에 오셔서 사람을 구원하시고 사탄을 이기셨습니다.
이제 믿는 자와 사탄을 따르는 자를 심판하실 날만 남았습니다.
심판 전까지 예수님만 믿고 구원 얻는 복음을 전하라고 말씀하셨습니다.
그런데 복음을 전하지 않고 전쟁을 하는 것은 하나님의 뜻을 대적하는 것입니다.

다시 본문으로 돌아옵니다.
하나님을 대적하는 죄악은 여러 모양의 이름으로 온 세상에 퍼져 나갑니다.

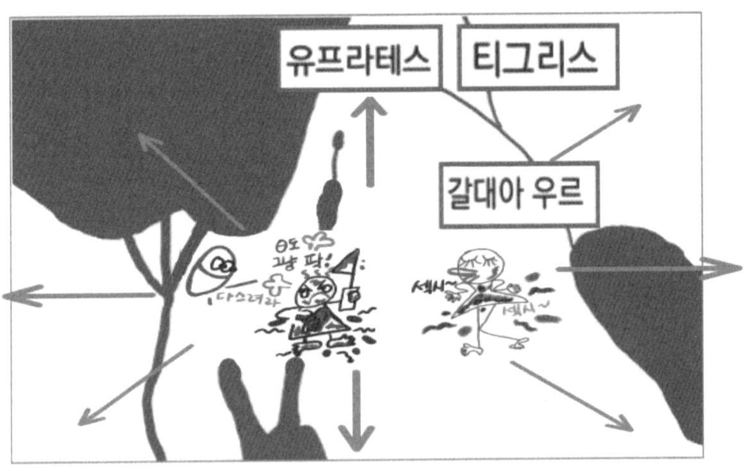

다시 여호수아의 배경으로 돌아옵니다!

가나안 땅에 하나님의 소식이 들어갑니다.
회개하고 하나님을 믿고 따르는 사람이 생깁니다.
어떤 죄를 저질렀어도 하나님께로 돌아오는 사람이라면 하나님은 구원하십니다.

바로 여호수아서에 나오는 기생 라합이 구원을 얻습니다.
기생이란 뜻은 태양과 달을 섬기는 여인을 말합니다.
우상을 섬기면서 우상 예배법인 여러 사람과 성관계를 했다는 뜻도 있답니다.
이러한 가나안 땅의 기생 라합이 하나님의 소식을 듣고 하나님을 믿게 됩니다.
하나님께서는 믿는 라합만이 아니라 가족까지 살려 주십니다.
또 기생 라합을 다윗의 증조할머니의 할머니가 되게 하실 정도로 축복하십니다.

이와 같은 배경을 가지고 다음 시간부터 학생들이 여호수아서를 읽도록 해야 합니다.

하나님은 모든 사람이 하나님 아버지께 돌아와 구원 얻기를 바라십니다.
돌아올 사람들을 구체적으로 인종, 국적을 뛰어넘어 생각해 보고 적어 봅시다.

다섯 번째 시간입니다

♥찬송 ♥기도 ♥숙제 점검 (민수기, 신명기 읽고 실천 2개) ♥소식과 간식 확인
♥이번 숙제 (여호수아, 사사기, 룻기 3권 읽고 실천 3가지) ♥감사 나눔

☑ 여호수아

하나님의 명령대로 여호수아는 모세를 이어 이스라엘의 지도자가 됩니다.
여호수아는 두렵고 떨립니다.
하나님은 여호수아에게 담대하라고 말씀하십니다.
하나님 말씀에만 순종하면 된다는 답을 알려주십니다.
순종만을 붙들고 여호수아는 2세대를 이끌고 가나안 땅으로 들어갑니다.

어! 하나님께서 동풍을 부시는 것이 아니라 흐르던 요단 강물을 멈춰버리시네요.
어! 하나님께서 말씀하신 대로 여리고 성을 돌기만 했는데 와르르 무너지네요.

그러나!!!
다 없애라는 하나님의 말씀에 불순종하는 일들이 생깁니다.
탐나는 물건을 숨겨 전쟁에 지는 사건이 삐요삐요 발생합니다.
살려 달라고 애원하는 기브온 사람들을 노예로 삼는 사건이 삐요삐요 발생하죠.
후에 기브온의 음란 문화로 베냐민 지파가 거의 죽게 되는 사건이 발생하죠.
이스라엘은 하나님 말씀대로 하지 않고 자기가 보기에 괜찮은 대로 타협합니다. 사탄의 문화를 남겨 놓고 후에는 그것을 따르게 됩니다. 타협은 결국 나를 죽이는 올무가 되어버립니다.

나에게 올무 같은 타협은 무엇인지 생각해 봅시다.

학생들이 자신의 올무는 무엇인지 적도록 하고 나누도록 합니다. 나눔을 듣고 그 올무에서 벗어나도록 서로 중보기도하는 시간을 갖도록 인도하면 좋겠습니다.

(중보기도하는 시간을 충분히 가지셔도 됩니다.)

그리고 인도자는 다시 이 기도제목을 가지고 기도하셔야 합니다.

올무에서 스스로 헤어나올 수가 없기 때문입니다.

서로 도와주어야 합니다.

기도로 도와주는 것이 최고의 선물입니다.

상대방을 도울 수 있는 구체적인 방법도 잠잠히 생각해보고 기도합시다.

☑ 사사기

이스라엘 민족은 자신들의 뜻대로 가나안 땅에 사탄의 문화를 남겨 놓고 삽니다.
당연히, 사탄의 문화가 이스라엘의 발목을 확 낚아채 잡아 버립니다.
덫, 올무가 되어 버린 것이지요!
결국, 하나님을 대적하는 사람들을 피해 다니는 신세가 됩니다.
이스라엘 민족은 사탄의 올무에 걸려 울고불고 난리가 납니다.
하나님은 도와주고 싶어 하나님께 순종하는 한 사람을 찾으십니다.
그러나 제대로 된 한 사람의 지도자가 없는 것을 사사기에서 볼 수 있으십니다.
살려 달라고 우는 이스라엘을 돕기 위하여 하나님은 12명의 사사들을 부르시죠.
그러나 12명의 부름받은 사사들은 이리 저리 넘어집니다.

12사사

기록된 12사사의 이름입니다.

옷니엘, 에훗, 삼갈, 드보라, 기드온, 돌라, 야일, 입다, 입산, 엘론, 압돈, 삼손입니다.

사사기를 읽다 보면 다음과 같이 항상 반복되는 배경을 만나게 될 것입니다.

– 하나님을 저버리는 사람들

– 하나님께서 돌아오게 하려고 이웃 나라의 괴롭힘을 당하도록 두시는 일들

– 이웃 나라에 의해 괴롭힘을 당하며 울부짖는 사람들

– 하나님 아버지께서 이를 불쌍히 여기시고 구해 내시려고 사사를 세우시는 일들

– 사사가 있는 동안 평온을 맛보고 다시 하나님을 저버리는 사람들

이와 같은 틀이 반복됩니다.

우리의 모습을 봅니다.

자녀 관계, 부부 관계 등에서 나오는 감정, 갈등만 봐도 반복되는 것을 봅니다.

하나님 아버지는 반복해서 죄를 짓는 자녀들을 반복해서 구해 주십니다.

우리는 반복해서 죄를 짓는 죄인입니다.

그래서 우리는 하나님 아버지의 은혜 없이는 평안할 수가 없습니다.

반복된 죄에서 벗어나고 싶으십니까?

하나님 아버지를 잊어버리지 맙시다!

받은 은혜들, 받은 복을 자꾸 세어 보고 또 기억해 내고 고백합시다.

감사의 연습을 해야 합니다.

그냥 지나치지 마십시오!

또 다시 하나님을 저버리고 하나님 아버지 가슴에 못을 박지 않기 위해서입니다.

몇 명의 사사들의 특징을 살펴봅니다.
인도자들은 여기 기록되지 않은 사사들을 더 다루셔도 됩니다.

1. 드보라

랍비돗의 아내 드보라입니다.
이 때는 이스라엘이 가나안 왕에게 괴롭힘을 당하고 있었을 때입니다.
드보라는 바락이라는 사람에게 가나안 왕을 치라는 하나님의 명령을 전합니다.
바락은 드보라가 함께 가면 가겠다고 합니다.
하나님의 명령이었는데……
하나님께서 함께 가시는데……
바락은 하나님보다 드보라를 의지합니다.
그래서 바락은 가나안 왕을 죽이지 못합니다.
오히려 헤벨의 아내 야엘이 가나안 왕을 죽입니다.
랍비돗의 아내 드보라와 헤벨의 아내 야엘이 주요 인물처럼 등장합니다.
여자를 높이는 글이 아닙니다.
하나님은 여자든, 남자든 하나님의 말씀에 순종하고 의지하는 자를 찾으십니다.
그리고 순종하는 자를 높이십니다.

2. 기드온

기드온 때는 미디안의 공격을 받을 때입니다.
기드온은 포도주 틀 짜는 곳에 몰래 숨어 밀을 타작합니다.
조용히 일을 해야 하는데 천사가 나타납니다.(얼마나 놀랐을까요^^)
기드온은 천사를 대면한 것을 알고 단을 쌓고 예배를 드립니다.
그 단을 여호와 샬롬이라고 이름을 붙입니다.
천사를 대면하여 보고도 살았으니 하나님은 평화이시다!라는 뜻으로 붙입니다.
기드온은 미디안을 치라는 하나님의 명령을 받습니다.
그러나 오히려 기드온이 하나님을 두 번이나 시험합니다.
하나님 아버지는 우리를 인격적으로 대하십니다.
우리를 인격적으로 만나주십니다.
그러나 우리는 수없이 하나님을 시험하지요!
오히려 우리는 하나님을 비인격적으로 만나려고 합니다.
하나님은 시험의 대상이 아니라 도움을 요청해야 하는 우리의 아버지이십니다.
내가 아버지를 인격적으로 대하지 않는 것은 어떤 것이 있는지 적고 반성합시다.

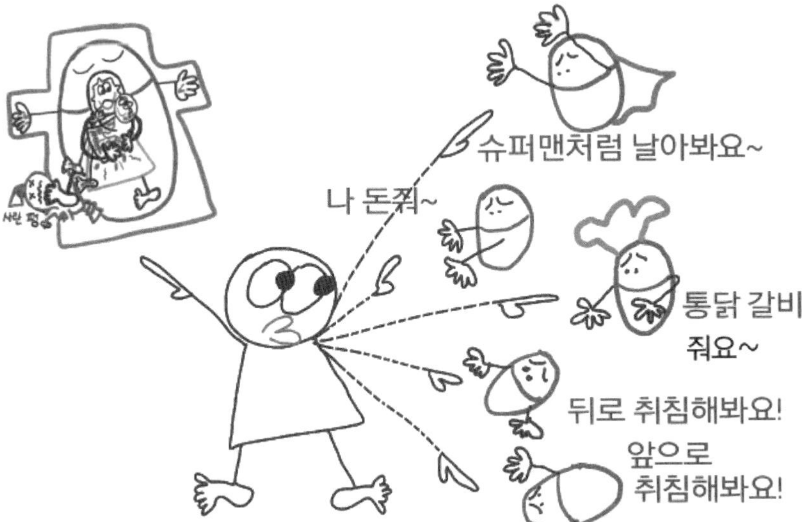

하나님은 하나님의 능력으로 전쟁에서 이기는 것을 보여 줍니다.

군인 3만 3천 명 중에서 300명만을 남기십니다. 그리고 하나님의 은혜로 승리를 거두게 하십니다.

그런데 사람들은 하나님의 승리와 은혜를 잊고 기드온을 왕으로 세우려 합니다.

왕의 자리는 거절하지만 기드온은 그들에게 금을 요구합니다.

그리고 물건(에봇)을 하나 만듭니다.

사람들은 그것을 음란하게 섬기게 되고, 모두에게 올가미가 되고 맙니다.

또 기드온은 여러 아내를 두었습니다.

정식으로 둔 아내에게서 낳은 아들만 70명입니다.

종을 통해 낳은 아들이 이들을 다 죽입니다.

전쟁에서 이기게 하신 분은 하나님이십니다.

그런데 자신이 이긴 것처럼 기드온은 사람들에게 요구합니다.

나도 기드온처럼 사람들에게 무엇인가를 요구하고 있습니까?

사람에게 돈, 한 자리, 인기, 명예, 체면, 인정 등등을 요구하고 싶으십니까?

또는 기드온처럼 바르지 않은 모습을 계속 가지고 있습니까?

당신에게 올가미가 될 수 있습니다.

하나님께 도움을 부탁하십시오!

가장 나에게 필요하고 가장 좋은 것을 아시는 하나님 아버지께서 주실 것입니다.

3. 입다

블레셋과 암몬에게 괴롭힘을 당하는 때입니다.
입다는 하나님께 서원(맹세)을 합니다.
암몬 자손을 이긴 후 나를 맞으러 오는 첫 사람을 번제물로 드리겠다고 합니다.
암몬 자손을 이깁니다.
입다의 딸이 입다를 처음으로 맞이하러 춤추며 나옵니다.
입다는 딸을 번제물로 드립니다.
어떻습니까?
하나님께서 기뻐하실 서원이었겠습니까?
입다는 하나님 아버지를 잘못 알고 있습니다.
하나님은 입다가 그런 서원을 안 해도 이스라엘을 구하실 아버지이십니다.
하나님의 성품과 하나님의 뜻에 맞지 않는 서원을 해 놓고 고민하는 분 있습니까?
하나님의 뜻에 맞는, 하나님의 명령에 대한 서원이라면 지키셔야 합니다.
그러나 하나님 뜻에 어긋난 서원(맹세)이라면 멈추십시오!
서원한 것에서 헤매고 있는 부분이 있다면 서로 나누어 보고 기도합시다.

4. 삼손

이스라엘이 블레셋의 괴롭힘을 당하는 때입니다.
삼손은 출생의 과정부터 기록됩니다.
삼손은 하나님께 바쳐진 사람으로 택함을 받고 자랍니다.
그러나 삼손은 그 택함에서 벗어나는 행동들을 선택합니다.
여자들을 가까이 하고, 술을 가까이 합니다.
그리고 하나님께서 주신 힘을 엉뚱한 곳에 사용합니다.
결국 삼손은 블레셋 사람에게 끌려가게 됩니다.
그리고 죽는 순간 하나님께 간구합니다.
한 번만 더 힘을 주셔서 블레셋 사람들을 물리치게 해달라고 간구합니다.
하나님은 삼손의 기도를 들어주십니다.
그리고 삼손은 블레셋 사람들과 함께 죽습니다.
수많은 장점들을 제대로 사용하지 못합니다.
하나님의 택하심을 올무라고 착각하는 우리의 모습입니다.
하나님께서 주신 달란트를 엉뚱한 곳에 사용하는 모습입니다.
하나님의 택하심과 주신 달란트는 큰 축복입니다.
그 복을 엉뚱한 곳에 사용하고 계십니까?
나에 대한 하나님의 택하심과 달란트에 대한 감사를 적어보고 나누어 봅시다.

자! 이제 성경을 읽으며 사사들을 만나러 들어가 보십시오!

엉망진창인 지도자들의 모습이 더 실감나게 보이실 것입니다.

인도자인 우리도 어떤 모습이 보이는지 점검해 봅시다!

그리고 더 이상의 사사는 기록되지 않습니다.

자기들 마음대로 우상을 만들고 제사장 만드는 이야기가 기록됩니다.

또 남녀노소의 음란 문화로 베냐민 지파가 거의 멸절되는 이야기가 사사기에 나옵니다.

사람들마다 자기의 뜻에 맞는 대로 하였다는 것을 기록하며 끝납니다.

룻기

하나님께서는 자기 생각대로 살던 사사 시대에 룻이라는 여자를 등장시키십니다.
룻은 이스라엘 여인이 아니라 모압 나라의 여인입니다.

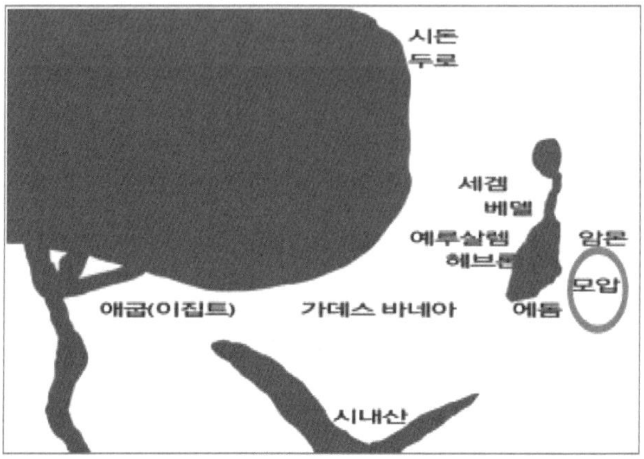

아브라함 조카였던 롯의 두 딸이 소돔과 고모라 성에서 보고 배운 대로 살죠.
그래서 아버지에게 술을 먹이고 성관계를 합니다.
저주받은 족속 모압과 암몬이 여기서 나옵니다.
모압은 이스라엘에게 저주문을 보낸 족속이지요.
이스라엘 사람들은 모압인을 이스라엘 식구로 못 들어오게 정합니다.
그런데 룻이라는 모압 여인이 이스라엘 다윗 왕의 증조할머니가 된 것입니다.

자, 룻기로 들어가 봅시다!
12지파 중 유다 지파는 베들레헴 땅을 분배받습니다.
베들레헴에 사는 유다 지파 사람 엘리멜렉과 나오미는 두 아들을 낳고 잘 삽니다.
그런데 베들레헴에 흉년이 들어서 이사를 가는데 모압 땅으로 갑니다.
모압 땅에서 모압 여인들을 며느리로 삼습니다.
앗! 아들들이 자녀를 낳지도 못하고 다 죽네요.

남편도 죽네요. 과부 3명만 남습니다.
과부로 살아가야 할 나오미는 고향 땅이 그립습니다.
마침 고향에 풍년이 들었다는 소식을 듣고 며느리들을 두고 떠날 결심을 합니다.
며느리들도 재혼하고 생계를 이어 갈 수 있도록 하는 시어머니의 배려이죠.
그런데 그 중의 룻은 어머니를 따라 갑니다.
어머니의 하나님은 이제 나의 하나님이라며 함께 베들레헴으로 갑니다.
룻은 시어머니를 하나님의 말씀으로 섬깁니다.
또 시어머님의 말씀에 순종하여 베들레헴에서 보아스와 결혼을 하게 됩니다.
보아스와 룻 사이에서 오벳이 태어나지요.
그리고 오벳은 이새를 낳고요.
이새는 그 유명한 다윗을 낳습니다.
아하 이제 왜 룻을 등장시키는지 아시겠지요.
유다 지파 다윗 계통을 통해 오실 예수님을 말하려고 룻을 등장시킨 것입니다.
하나님은 이스라엘 사람이든, 저주받은 모압 사람이든 차별하지 않으십니다.
오직 하나님의 약속을 믿고 순종하는 극소수의 사람들을 통해 일하십니다.
이름도 없이 빛도 없이 하나님의 약속을 믿고 순종하는 소수의 사람들!
그들을 통해 하나님은 일하십니다. 내가 그 한 사람인지 묵상해 봅시다.

여섯 번째 시간입니다

♥ 찬송 ♥ 기도 ♥ 숙제 점검 ♥ 소식과 간식 확인 ♥ 감사 나눔
♥ 숙제 (사무엘상 · 하, 잠언, 전도서, 아가서, 시편 읽고 실천 6개)

☑ 사무엘상 · 하

1. 사무엘

엉엉~ 아기 주세요.

임신한 여인만 봐도 눈물이 주르륵 흐르는 한나는 성막에 나와 웁니다.

제사장인 엘리는 한나가 술 먹은 것으로 착각하고 꾸짖습니다.

(제사장 엘리에 대한 부분은 인도자들만 묵상하도록 하겠습니다.)

지도자는 영적인 부분에 예리하고 민감해야 합니다. 그래서 지도자는 기도해야 합니다. 성경 일독 인도하실 때도 같은 적용입니다. 함께 성경을 읽으며 실천해야 합니다. 가르치기만 하면 안 됩니다.

가르치기만 하면 엘리 제사장처럼 둔해집니다.

착각하는 엘리 같은 지도자가 되지 않기를 바라며 기도하는 인도자가 됩시다.

엘리 제사장은 한나의 눈물을 꾸짖습니다.
그러나 하나님은 한나의 눈물의 기도를 들으시고 아기를 주십니다.
하나님은 우리의 작은 신음에도 응답하시는 아버지이십니다.

한나는 하나님과 약속합니다.
아기를 주시면 아기를 하나님께서 맡아 키우도록 하겠다고 약속합니다.
한나는 하나님께 약속한 대로, 사무엘을 하나님께서 키우시도록 맡겨드립니다.
하나님도 약속을 지키십니다.
하나님은 사무엘을 책임지시고 하나님의 방법으로 키우십니다.
사무엘은 하나님의 말씀을 사람들에게 전하는 사람으로 부름을 받습니다.
하나님의 말씀을 전하는 사무엘에게 사람들은 찾아옵니다.
그리고 왕을 세워 달라고 합니다.
왕 좀 하나 세워 달라고 하나님께 말 좀 전해주쇼~
하며 진정한 왕이신 하나님을 사람들은 뻥~차 버립니다.
하나님은 주의 사항을 설명해 주시며 사람들의 요구를 들어주십니다.
선악과 먹으면 죽듯이 내 말을 듣지 않고 우상을 섬기면 멸망한단다~
내 말에 귀를 기울이고 순종하렴~같은 당부를 사무엘을 통해 하십니다.

2. 사울

자신을 부족하다고 생각하던 사울이 왕으로 세워집니다.
자신의 힘을 믿지 않는 사울을 하나님은 높이십니다.
하나님께서 사울을 왕이 되게 하십니다.
그리고 전쟁에서도 일등하게 하십니다.

사울은 사람들의 소리를 듣게 됩니다.
어머~사울 왕 최고라는 소리와 인기 순위 1위에 올라가자 좋아합니다.
자신을 작게 여기던 사울은 자신을 아주 크게 여기기 시작합니다.
결국 하나님보다 자신을 더 크게 여기게 됩니다.

사울은 하나님께서 세워주신 것을 잊어버립니다.
그래서 자신이 올라온 왕의 자리를 자신의 힘으로 지키려고 안간힘을 씁니다.
결국 하나님 말씀대로 하지 않는 일들을 저지릅니다.
하나님의 당부를 무시합니다.
그 결과로 사울은 미치게 됩니다.
그리고 왕의 자리에서 쿵! 떨어지게 됩니다.

혹, 지금 내 자신의 힘으로 여기까지 왔다고 생각하십니까?
그래서 하나님을 밀어내고 있습니까?
그러다 떨어지십니다.

3. 다윗

다윗은 하나님 아빠가 최고로 좋고 자랑스럽습니다.
사자 앞에서도 거인 앞에서도 흥얼흥얼 하나님 아빠만을 노래합니다.
하나님은 너무나 이쁜 자녀 다윗을 왕으로 세우시려고 학교에 보내십니다.
하나님보다 자신이 더 세다고 생각하는 사울 학교로 보내십니다.
다윗은 하나님이 세운 사람들에게 대들지 않는 수업을 받습니다.
사울 피해 바보 흉내 내며 다니는 연극 수업도 받습니다.
가난한 다윗에게 밥 달라고 찾아오는 사람 거절하지 않기 수업도 받습니다.
하나님을 노래하는 음악 수업도 받습니다.
모든 수업을 하나님 보시기에 기쁜 성적으로 졸업하더니 왕이 됩니다.

그런데 실전에서 대형 사고를 쳐 버리네요.
간음하고 거짓말하고 치밀한 계획 아래 살인을 저지르고 태연하게 생활합니다.
나단이라는 사람이 찾아와 콕! 하고 다윗의 죄를 찍어 주네요.
그때 다윗은 사람의 지적이 아닌 하나님 아버지의 지적으로 듣습니다.
다윗은 인정하고 마음을 찢는 회개를 깊이 합니다.

다윗은 회개에 맞는 책망도 받아들입니다.

이것이 회개의 앞면입니다.

다윗처럼 하나님의 사람으로부터

지적을 받으셨습니까?

다윗처럼 잘못하지 않았는데

지적을 받아 상처 되셨습니까?

우리가 죄인인 것은 맞는 이야기입니다.

지적받은 상처로 하나님을 떠나 있다면 다시 하나님께 나아오십시오!

죄인임을 인정하십시오.

그리고 하나님만을 바라보고 나오십시오!

하나님은 나를 받아주시는 아버지십니다.

다윗은 그 후로 다시는 그 죄를 짓지 않습니다. 이것이 회개의 뒷면입니다.

회개의 앞면, 뒷면을 다 하고 계십니까?

회개는 한 번 울며 반성하는 감정으로만 끝나지 않습니다.

다시는 그 죄를 짓지 않으려고 몸부림치는 것이 따라와야 합니다.

나의 영이 울며 나의 육체가 몸부림치며 회개할 부분을 적어 봅시다.

그리고 한 주 동안 한 끼라도 금식하며 회개하도록 성령님의 도우심을 구합시다.

다시는 그 죄를 짓지 않도록 근처에도 가지 말자!

사무엘 상 · 하 책을 통해 몇 가지 비교해 볼게요

1. 하나님께 맞춘 다윗을 볼 수 있습니다

다윗은 하나님이 세운 사람을 대적하면 안 되지!

하며 자신을 죽이려는 사울 왕을 대적하지 않습니다.

하나님의 사람 선지자 나단이 자신의 죄(밧세바 간음사건)를 지적해 줄 때도 인정합니다.

맞는 말이다! 인정한 다윗은 하나님께 용서를 구하고 책망, 대가도 받아들입니다.

대적하지 않고 인정하는 것이 하나님께 순종하는 발걸음입니다.

한 나라의 왕으로서 할 수도 있는 일이지! 하며 다윗은 변명하지 않습니다.

또 다윗은 상처를 입고 지적해 준 하나님의 사람을 떠나지도 않습니다.

다윗은 자신을 지적한 하나님의 사람을 통해 하나님께 순종합니다.

다윗은 하나님 아버지와 교제하며 하나님께 자신을 맞춥니다.

다윗은 이와 같이 잘했을 때나 잘못했을 때나 하나님 아버지를 바라봅니다.

잘했을 때 누가 제일 먼저 떠오릅니까?

잘못했을 때 누가 제일 먼저 떠오릅니까?

다윗의 아들 압살롬이 반역을 일으키게 됩니다.
이때 다윗은 밧세바 강간죄에 대한 대가를 받습니다.
압살롬은 아버지의 후궁들을 대낮에 강간합니다.
다윗의 후궁들이 더럽힘을 당하게 되는 것이죠.
다윗은 지난날 자신의 죄 때문임을 압니다.
다윗은 왕의 자리에서 조용히 물러납니다.
이때 물러나는 다윗을 위로하고 함께 울어주고 도와주는 사람들이 등장합니다.
그러나 반대로 아! 다윗 너 꼴 좋다! 그럴 줄 알았어! 에잇 더러운 놈~
하며 침을 뱉고 저주하는 사람들도 등장합니다.
다윗은 이들의 저주를 반항하지 않고 받아들입니다.
하나님만을 바라보는 다윗을 하나님은 회복시키십니다.
다시 왕으로 돌아올 때 다윗을 저주했던 이들이 다윗에게 용서를 구합니다.
다윗은 하나님께서 허락하신 일이었다며 그들을 용서합니다.

모든 일들을 하나님의 허락하심으로 보십니까?
우연으로 보십니까?
하나님의 허락하심으로 본다면 화병이 생기지 않을 것입니다.

2. 사람에게 맞춘 사울과 군인과 미갈을 다윗과 비교하며 살펴보겠습니다

사람의 인기를 한 몸에 받아야지 하며 일등, 사람의 말에 초점을 둔 사울은 미쳐버리죠.

우리 주변에 너무나 많은 사울을 봅니다.

다수의 연예인은 말할 것도 없고요 동네 꼬마 아이까지 모두 일등이 되고 싶어 합니다. 하나님을 잃어버린 일등의 결과는 사울입니다. 나는 어느 부분에서 하나님을 잃어버리고 헤매고 있는지 점검합시다.

사람에게 맞추다가 죽은 군인 이야기도 나옵니다.

다윗이 상을 줄 것이라고 생각하고 자기가 죽였다고 다윗에게 거짓말을 합니다. 다윗에게 아부하다 오히려 죽음을 맞이합니다.

에고~ 에고~ 사람에게 맞추면 잘 되는 일이 없네요.

내가 누구의 눈치를 보고 있는지 점검해 봅시다.

다윗은 항상 하나님 아버지 하며 하나님을 최고로 자랑스러워합니다.

아버지 어디로 갈까요?

아버지 어떻게 할까요?

아빠~아빠~하며 어린 아이처럼 졸졸졸 따라다닙니다.

아 네 가라고요~ 가고

아 네 멈추라고요~ 하면 멈추는 다윗은 늘 하나님 아버지를 순종하며 기뻐합니다.

그래서 하나님의 법궤가 예루살렘으로 들어올 때 춤을 춥니다.

다윗은 하나님 아버지를 기뻐하며 춤을 추는 것이지 자기 감정에 노취된 것은 아닙니다.

우리도 다윗처럼 하나님을 보고 기뻐하나요?

아니면 음악에 또는 자기 감정에 도취되어 흥이 나나요?

하나님만을 높이는 이와 같은 다윗과 다르게 하나님을 비웃는 인물이 등장합니다.

사울의 딸이며 다윗의 아내가 되었던 미갈입니다.

하나님의 언약궤가 예루살렘으로 돌아오자 다윗은 기뻐하며 춤을 춥니다.

이 때 미갈은 남편 다윗을 비웃습니다.

바보 아냐~! 체통도 없나~ 애들도 아니고 뭐야 창피하게!

그 결과로 홀로 외롭게 지내게 됩니다.

하나님의 사람들을 비웃는 일이 있습니까?

그것은 하나님을 비웃는 것이라고 성경은 말합니다.

비웃는 사람들은 외롭게 삽니다.

비웃는 마음을 격려하고 돕는 마음으로 바꾸어 달라고 성령님께 기도합시다.

다윗 이야기를 마무리합니다.

교재에는 없지만 다윗에 대해 더 나누고 싶은 것은 성경의 범위 안에서 나누세요.

☑ 시편(1~50편)

시편을 50편씩 나누어 읽도록 하였습니다.
인도하시는 분의 판단에 의해 한번에 다 하셔도 됩니다.
모세, 다윗, 솔로몬 등등의 여러 사람들이 하나님을 노래한 시입니다.
그러나 거의 대부분 다윗의 시가 많아 시편 하면 다윗을 떠올립니다.
시편을 읽으며 나도 하나님과 만났던 일들을 떠올리며 시 한 편씩 지어 볼까요.
저는 학생들이 지어 온 시들을 보며 깜짝 놀랐습니다.
제 2의 시편집이 나온 줄 알았습니다.^^

☑ 잠언 · 전도서 · 아가서

열왕기상 초반에 언급된 솔로몬을 통해 기록하신 잠언 · 전도서 · 아가서를 살펴봅시다.

1. 솔로몬

여보~우리 아들 솔로몬을 왕으로 세워 주신다고 약속하셨죠.

그런데 지금 아도니야가 스스로 자기가 왕이라며 축제를 열었어요.

다윗은 밧세바를 통해 낳은 아들 솔로몬을 왕으로 세웁니다.

솔로몬은 다윗을 보고 배운 대로 왕이신 하나님께 기도합니다.

그리고 다윗 때 하나님께 허락 받았던 성소를 이제는 건물로 짓습니다.

하나님이 임재하시는 성전으로 예루살렘에다가 뚝딱뚝딱 7년 동안 짓습니다.

그리고 솔로몬은 궁전을 13년 동안 짓습니다.

그러면서 솔로몬은 1,000명의 아내들을 둡니다. 그리고 1,000명의 아내들을 보기 시작합니다.

결국 1,000명의 아내들은 솔로몬의 마음을 우상에게로 돌려놓습니다.

내 마음을 성경 일독에서 다른 것으로 돌려놓도록 하는 것은 무엇이 있습니까?

아침 드라마, 저녁 드라마 등의 영상들, 잠 등등입니까?

어떤 것들이 있는지 적어 보고 나의 마음을 빼앗기지 않도록 유혹을 피합시다.

하나님은 솔로몬에게 여러 번 나타나 설득하십니다.
그러나 솔로몬은 마음을 우상에게 빼앗긴 채 젊은 세월들을 보냅니다.
하나님은 솔로몬에게 너의 아들 때에 나라를 나누겠다고 하십니다.
하나님은 유다와 베냐민 지파만 다윗 왕의 아들인 솔로몬에게 남기십니다.
그리고 10지파는 모두 솔로몬의 부하 여로보암에게 넘겨주십니다.
하나님은 다윗을 생각하시어 솔로몬 때 나누지 않습니다.
그래서 솔로몬의 아들 르호보암 때에 이스라엘이 남과 북으로 갈라지게 됩니다.

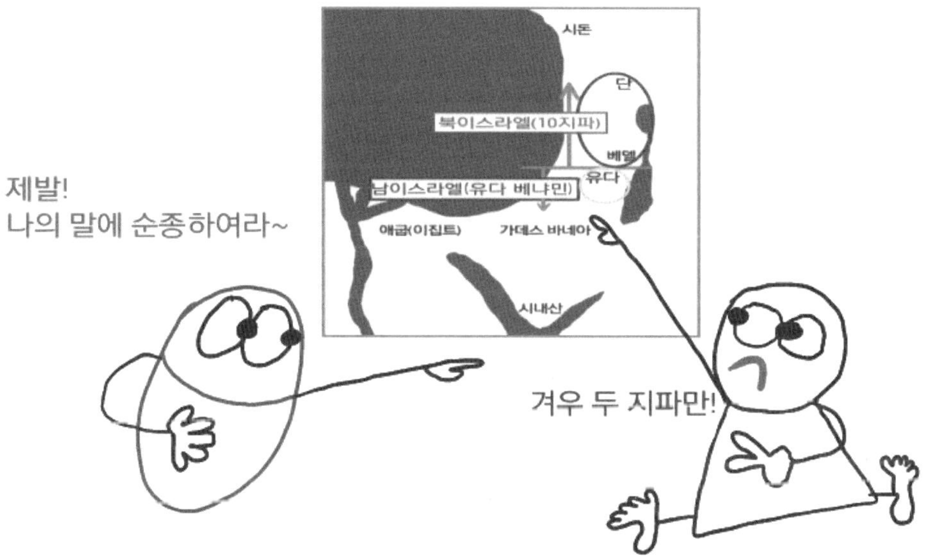

10지파가 있는 북쪽을 북이스라엘이라고 합니다.
다윗의 지파인 유다와 베냐민 지파만이 있는 남쪽을 남유다라고 표현합니다.
북쪽은 솔로몬의 부하였던 여로보암이 10지파를 다스리게 됩니다.
남쪽은 솔로몬의 아들 르호보암이 2지파를 다스리게 됩니다.

2. 솔로몬이 남긴 잠언, 전도서, 아가서

솔로몬은 젊은 시절을 우상에게 다 주고 늙어서 하나님께 돌아왔을까요? 하나님께서 솔로몬을 통해 세 권의 책(잠언, 전도서, 아가서)을 남기십니다. 남기게 하신 내용에 답이 있는 것 같습니다. 열왕기상의 솔로몬을 공부하다가 솔로몬이 남긴 세 책으로 잠깐 들어가 봅니다.

1) 잠언

아들아~ 아들아~
아빠 말 명심하고 듣거라.
여자를 조심해라.
오직 여호와를 경외하는 것이 지혜의 근본이란다.
오직 여호와를 경외하는 여자가 아름다운 여자란다.
오직 여호와를 경외하는 사람만이 지혜롭게 산단다.
아들아~ 부디 잊지 말고 마음판에 새기거라.
솔로몬은 자신처럼 실수하지 말고 하나님을 경외하라고 강조합니다.

풍선에 오직 여호와를 ~(무엇)하는 것이 ~(무엇)이다! 라고 적어 봅시다. 학생들의 놀라운 고백들이 펼쳐진답니다.

예) 오직 여호와를 아빠라고 부르는 것이 행복의 힘이다.

2) 전도서

얘들아~
내가 금은보화랑도 놀아봤는데
내가 1,000명의 여자랑도 놀아보고
모든 우상들도 섬겨보고
내가 이 세상의 최고 인기와 명예도 누려보았는데…….

한 놈
속아 넘어갔고

다 헛되고 헛되더라.

하나님만을 두려워하고 높여드리는 것만이 인생에서 가장 보람되더라.

이 진리를 이 세월 다 보내고 깨닫다니! 흑흑흑!

너는 젊었을 때 하루라도 속히 심판하시는 하나님만을 경외하거라.

그 명령들을 지키거라.

하나님께 조금 더 있다 오시려고 합니까?

그때는 후회가 따릅니다.

후회보다는 기쁘게 하나님 아버지께 달려오십시오!

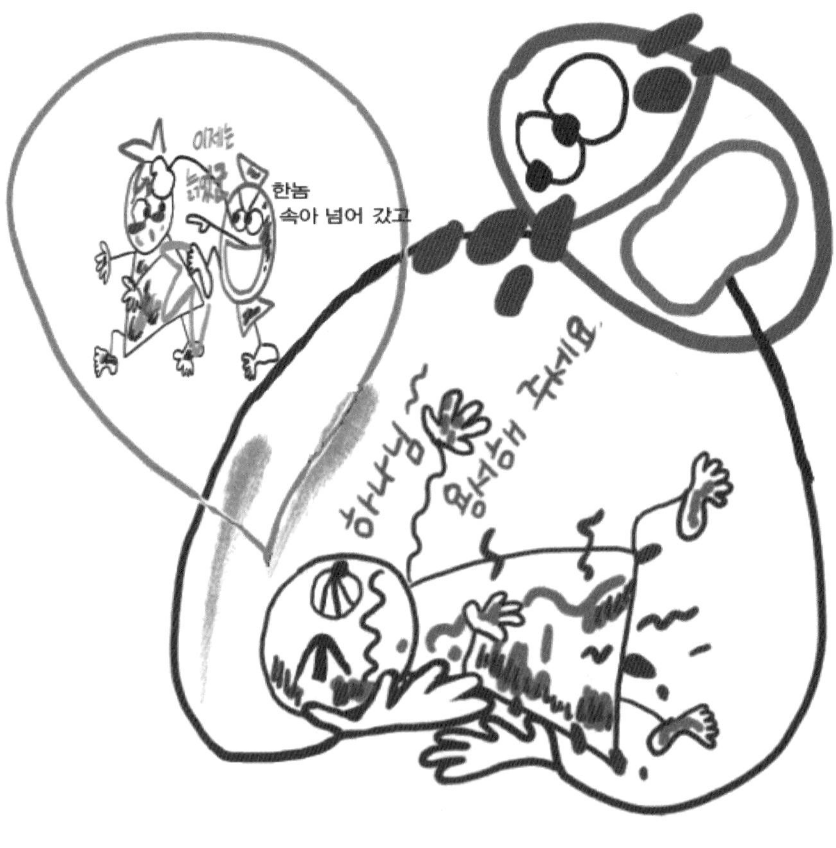

3) 아가서

사과 같은 내 얼굴 예쁘기도 하지요~.

내 얼굴을 사과같이 예쁘다고 비유해서 노래한 것처럼 아가서는 비유입니다.

왕자 같은 사람이 모든 것을 다 포기하고,

죽음의 한계까지 뛰어넘으며 시골의 노예 같은 여자를 사랑한다는

비유를 들어 간절하고 애달픈 사랑 이야기를 아가서는 기록합니다.

하나님은 솔로몬을 통해 왜 이런 글을 기록하게 하셨을까요?

우리에게 향한 하나님의 사랑을 이 모양, 저 모양으로 표현하신 것입니다.

하나님은 솔로몬을 통해 하나님과 우리의 관계를 비유를 들어 설명합니다.

나와 하나님의 관계를 노래든, 시든 그림이든 표현해 볼까요!

하나님과 아직 서먹한 관계여도, 잘 몰라도 나의 심정을 ♥안에 표현해 볼까요!

아빠! 엄마!를 말하려고 하는 아기들은 너무나 사랑스럽고 이쁩니다.

이와 같이 하나님 아버지는 나의 서투른 고백도 심히 기뻐하십니다.

학생용 교재 ♥안에 그림 없는 빈 공간이니 표현해 보도록 합니다.

솔로몬은 이와 같이 잠언, 전도서, 아가서 세 편의 유언 같은 글들을 남깁니다.

일곱 번째 시간입니다

♥ 찬양 ♥ 기도 ♥ 숙제 점검 ♥ 소식과 간식 확인

♥ 감사 나눔 ♥ 이번 숙제 (열왕기상 · 하, 시편 51–100편까지 읽고 실천 3가지)

☑ 북이스라엘이 생기게 된 배경과 북이스라엘 왕들 이야기

이 교재에서는 남유다의 왕들 이야기는 다음 시간에 하였습니다.

그러나 열왕기상 · 하를 읽다보면 남유다 왕들 이야기도 나옵니다.

그래서 남왕국 왕들 이야기도 함께 강의하셔도 됩니다.

우상을 섬겨 남과 북으로 갈라졌습니다.

북이스라엘과 남유다로 갈라지게 됩니다.

북왕국과 남왕국의 왕들을 살펴보기 전에, 갈라지게 된 배경 다시 복습합니다.

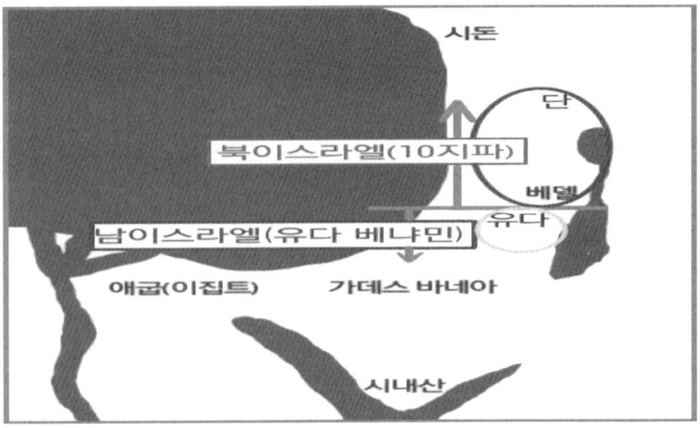

솔로몬은 성전 짓는 데 7년, 궁전 짓는 데 13년 모두 20년 동안 건축을 합니다.

솔로몬은 1,000명의 아내들에게 마음을 빼앗겨 우상

을 섬기게 됩니다.

하나님의 설득에도 불구하고 1,000명의 아내가 요구하는 우상 집들도 짓습니다.

하나님은 말씀하셨던 대로 나라를 나뉘게 하시는 벌을 주십니다.

다윗을 생각하여 솔로몬의 아들 때에 진행하십니다.

북쪽 10지파와 남쪽 2지파의 모습입니다.

솔로몬의 부하로 건물 짓는 책임자 여로보암이 있었습니다.

솔로몬 때 백성들은 20년이 넘도록 건축을 하느라 힘이 들었습니다.

그런데 이번에는 1,000명의 여자들의 우상 집까지 짓느라 백성들은 힘이 듭니다.

불평하는 백성들의 마음을 여로보암은 눈치채고 눈 녹이듯이 사로잡습니다.

솔로몬이 죽고 나서 솔로몬의 아들 르호보암이 왕이 됩니다.

혈기가 왕성한 젊은 르호보암 왕은 경륜이 많은 신하들의 충고를 멸시합니다.

젊은 신하들의 이야기만 듣고 르호보암은 백성들에게 으름장을 놓습니다.

등골이 휜다고 불평들이 많다던데~!

나는 우리 아빠 솔로몬보다 더 세게 정치할 왕이다!

지금도 힘든데 더 등골을 휘게 하겠다는 소리에 백성들이 가만히 있겠습니까!

백성들의 마음을 사로잡았던 여로보암을 찾아가 왕으로 세웁니다.

하나님은 이 모든 것을 허락하십니다.

하나님을 버리고 우상을 섬긴 솔로몬과 백성들에게 내리셨던 죄의 결과입니다.

하나님 말씀대로 12지파 중 10지파가 여로보암을 따릅니다.

이와 같은 배경에서 여로보암은 북쪽에서 왕이 된 것입니다.

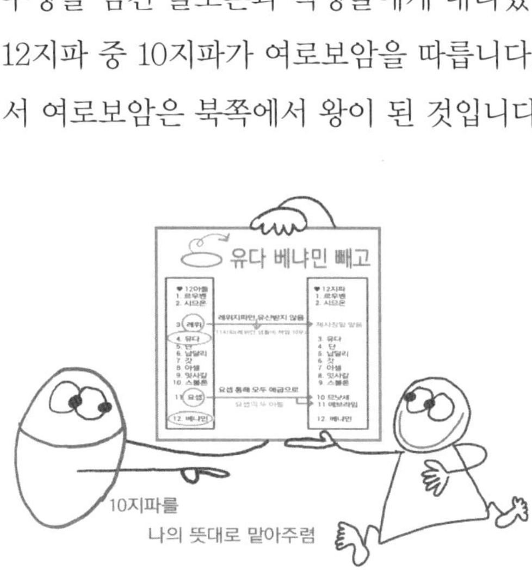

1. 자! 그럼 북이스라엘 왕들 이야기를 먼저 펼쳐 봅니다

너무 복잡하게 왕들의 이름을 기억하지 않으셔도 됩니다.
중요한 한 가지 흐름만 기억하시면 됩니다.
우상을 섬겨 망했다더라~ 이것만 기억하도록 인도하시면 됩니다.
한~두 명의 왕 이름만 살펴보시면 됩니다.

성전은 남쪽 유다 예루살렘 지역에 지어져 있습니다.
여로보암은 남쪽으로 가서 예배를 드리지 못하도록 금송아지 두 개를 만듭니다.
금송아지가 앞으로 너희를 인도하는 하나님이다!라고 선포합니다.
그리고 단과 벧엘이라는 동네에 하나씩 둡니다.
하나님을 금송아지로 확! 바꿔 버린 것이지요.

야~너 내가 돈 줄게 제사장 해! 하면서 제자장도 자기 마음대로 뽑아 세웁니다.
또 우상을 섬길 집 산당도 짓습니다.

하나님 말씀이 아닌 나의 마음대로 하고 싶으신 것들이 있습니까?
심지어 상상까지도 하나님 말씀과 어긋나게 하는 경우가 우리는 많습니다.
예를 들어 나쁜 상상, 백마 탄 왕자님과 결혼하는 상상, 외계인 상상 등 많지요!
교회, 가정, 직장 등에서 나의 마음대로 하는 것들이 무엇이 있는지 점검합시다.

여전히 내가 왕인 것처럼 하는 행동들이 무엇이 있는지 적도록 합니다.
그것들을 버릴 수 있도록 하나님의 도움을 구하며 다 같이 나누고 기도합시다.

여로보암은 하나님의 말씀을 따르지 않고 우상을 섬기도록 합니다.

이 같은 일들을 하는 왕들 앞에 '여로보암의 길로 갔다'라는 수식어가 붙습니다. 나의 이름 앞에는 어떤 수식어가 붙길 원하십니까?

고집 참 세다?

뒤끝 작렬이네!

한 번 폭발하면 무서워~ 등등의 안 좋은 수식어들을 피하길 바랍니다.

하나님의 칭찬이 붙는 수식어가 붙길 바랍니다.

내가 듣고 싶은! 하나님 보시기에 예쁜 수식어들을 적어 볼까요!

인도자는 적은 것을 고백하는 시간을 가져보도록 인도합니다.

분위기가 꽃밭처럼 아름답고 환해집니다.

여로보암의 아들(나답)이 왕이 됩니다.
(   )는 너무 신경 쓰지 마시고 쓰윽 다음 왕~ 다음 왕이구나 하며 지나가세요.
'여로보암의 길로 갔다'는 수식어만 보시면!
'아~하나님의 말씀을 따르지 않고 우상을 섬겼구나!' 읽으시면 됩니다.

부하(바아사)가 배반하여 왕(나답)을 죽이고, 여로보암의 길로 갑니다.
그 아들(엘라)이 2년 동안 왕이 되지만 부하(시므이)가 배반합니다.
왕이 된 시므이도 군지휘관(오므리)의 공격에 7일 동안만 살다 죽습니다.
모두 여로보암의 길로 갔기 때문입니다.
군지휘관 오므리의 아들이 왕이 됩니다.
자 기억하실 이름이 등장했네요.
오므리의 아들 아합입니다.

부패하고 부패하면 빵 터지죠.
배 속에 가스가 차고 차면 뽕이 아니라 팡! 하고 고약한 방귀가 터져 나옵니다.
아합은 여로보암의 길로 가는 왕 중에서도 아주 악한 왕입니다
하나님께 순간순간 토해 내셔야 합니다.
아합 왕이 나타나기까지 죄악을 쌓아 두면 큰일납니다.
내가 하나님께 고백하며 토해내야 할 것을 적어 봅시다.

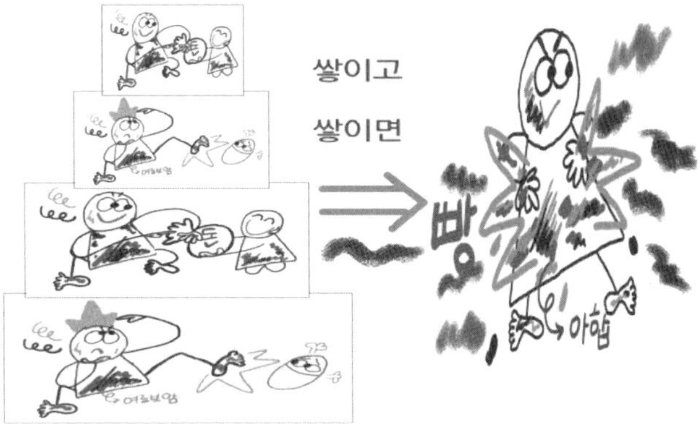

아합 왕은 바알을 섬기는 이세벨과 결혼합니다.

이세벨은 태양을 섬기는 자입니다.

이세벨은 태양을 섬기는 바알 집들을 만듭니다.

아합은 다른 왕들처럼 우상을 섬기는 나라 딸과 결혼하고 우상집도 만들어 준 것입니다.

그런데 왜 아합 왕을 더욱 제일 악한 왕이라고 할까요?

아합의 아내 이세벨은 하나님을 섬기는 자들을 다 죽이고 싶어합니다.

아합이 아내의 이 뜻을 따른 것입니다.

아합은 아내 말에 찬성하고 하나님을 섬기는 자들을 모조리 다 죽이러 다닙니다.

이세벨의 모습 속에 보이는 그림이 있습니다.

하나님을 믿는 자들을 전멸시키려는 베일에 가려진 사탄의 모습이 속에 보입니다.

아무리 아내가 이뻐도 하나님의 말씀과 어긋난 것을 말하면 따라가지 마세요.

아무리 수억, 수백 억을 준다 해도 하나님의 말씀과 어긋난 것은 하지 마세요.

일독하며 꼭! 내게 주신 내가 붙들어야 할 하나님의 말씀을 적어 볼까요!

심지어 이세벨은 남유다의 하나님을 섬기는 자들까지 모두 없앨 계획입니다.
어떤 방법으로요?
아합과 이세벨의 사이에서 태어난 자기 딸 아달랴를 남유다로 시집 보냅니다.

이세벨은 예단으로 바알 우상을 함께 보냅니다.
아달랴는 어머니 이세벨의 생각을 가지고 남유다로 들어갑니다.
후에 아달랴는 시아버지, 남편의 자리를 차지하려고 왕자들을 죽인답니다.
헉~ 이런 며느리 들어올까봐 무서우시지요.

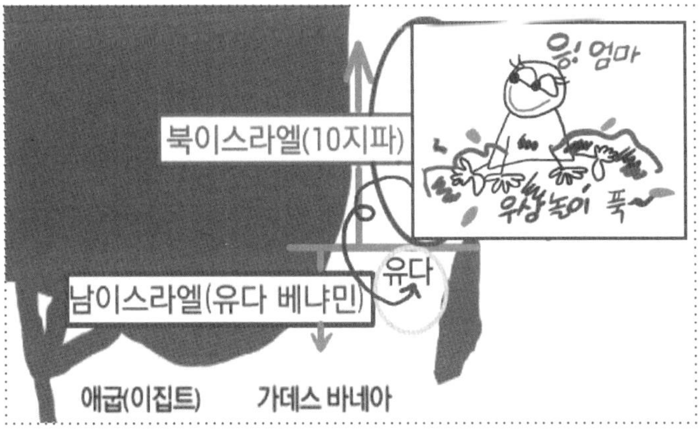

보화로 만들어진 예단을 가져온다고 해도 우상을 계속 섬기겠다는 며느리는 거절하세요.

아합은 전쟁에서 어떤 군인이 무심코 던진 화살에 맞아 죽습니다.
아합의 아들(아하시야)이 왕이 되지만 후계자 없이 여로보암의 길로 갑니다.
아합의 다른 아들(여호람=요람)이 왕이 되지만 여로보암의 길로 갑니다.
곧 이세벨이 우상을 섬긴 집들은 화장실로 바뀌게 됩니다.
요즈음 화장실은 너무나 세련되어서 옛날 변소를 생각하세요!

우상 집들을 변소로 바꾼 예후의 이름을 두 번째로 기억하시면 됩니다.
하나님은 악한 아합 집을 모두 전멸시키라고 군대장관 예후에게 명령하십니다.
예후는 순종합니다.
이세벨, 아합의 아들, 아합의 외손주 다 죽입니다.
아달랴 쪽에서 보면 엄마, 오빠, 아들이 죽은 것입니다.
이런 상황에서 아달랴는 남쪽에서 자신이 왕이 되려고 남은 왕자들을 죽입니다.
다시 예후 이야기로 돌아옵니다.
예후는 바알을 섬기는 자들을 다 죽입니다.
또 바알의 집들을 헐고 변소를 만듭니다.

하나님은 순종한 예후를 왕으로 세우십니다.
그리고 4대까지 이어질 것을 일단 약속하십니다.

그 후에도 하나님 뜻대로 하면 계속 이어진다고 하십니다. 그리고 끝까지 하나님을 섬기면 계속 축복하시겠다고 말씀하십니다.

그러나 예후는 전심으로 하나님을 따르지 않고 다시 여로보암의 길로 갑니다.

하나님은 4대를 약속하셨기에 이 약속을 지키십니다.

이 후 이야기는 여로보암의 길로 갔구나! 정도만 기억하시면 됩니다.

예후의 아들이 이어서 왕이 되지만 여로보암의 길로 갑니다. 1대 끝!

예후의 아들의 아들이 왕이 되지만 여로보암의 길로 갑니다. 2대 끝!

예후의 아들의 아들의 아들 여로보암 2세가 왕이 됩니다. 3대 끝!

어! 여로보암! 북이스라엘의 첫 번째 왕 이름이랑 같네?

그래서 헷갈리지 마시라고 여로보암 2세라고 합니다.

이름도 같더니 삶도 같습니다. 여로보암의 길로 갑니다.

예후의 아들의 아들의 아들의 아들 스가랴가 드디어 마지막 4대 왕이 됩니다.

여섯 달만 왕이 되고 끝납니다. 4대 끝!

모두 여로보암의 길로 갑니다.

우리는 여로보암의 길로 가던 것을 끊어주는 세대가 되어야 합니다.

우리 집이 하나님의 말씀을 반복해서 거역하는 부분이 있습니까?

내 때에 끊어야 합니다.

무엇인지 점검해 봅시다.

드디어 하나님의 약속 4대가 끝났으니 반역이 다시 시작됩니다.

부하(살룸)가 반역하여 예후 4대를 쳐 죽입니다.

그러나 그 부하는 한 달 동안 왕으로 지냅니다.

다른 부하가(므나헴) 아이 밴 부녀를 가를 정도로 반역해 와서 왕이 됩니다.

여로보암의 길에서 평생 떠나지 않을 정도로 악합니다.

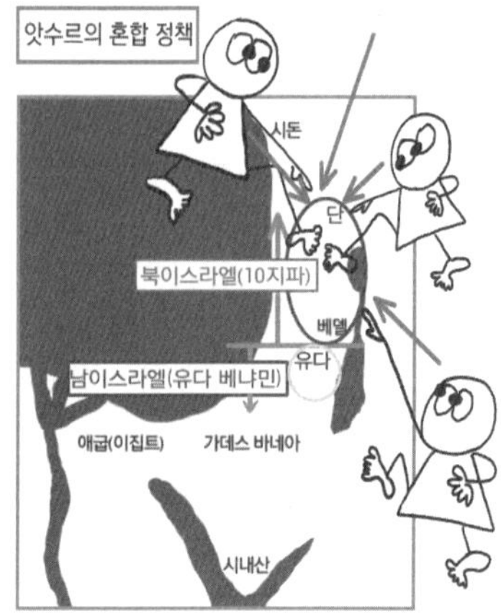

그의 아들 브가히야가 여로보암의 길로 갑니다.

부하장관(베가)이 반역하고 여로보암의 길로 갑니다.

마지막으로 호세아가 여로보암의 길로 갑니다.

북이스라엘은 앗수르라는 나라에 의하여 완전히 멸망당합니다.

앗수르는 북이스라엘 땅에 여러 나라 사람들이 이주해 와서 살게 합니다.

앗수르는 섞어버리는 혼혈정책을 쓰는 것입니다.

하나님의 말씀을 떠나면 반드시 망합니다.

지금 사망의 길에 있습니까?

생명의 길, 하나님 말씀 안에 있습니까?

북이스라엘의 역사는
여로보암의 길과 반역을 반복하다 멸망합니다.

그러면 구약재배열 한 것처럼 구약 왕들도 배열해 보도록 하겠습니다.
배열을 위해서 인도자는 짧게 다시 한 번 왕들을 요약해 주시면 좋겠습니다.
짧게 해 주셔야 합니다.

북왕국(많은 왕들을 생략한 것입니다.)

여로보암(단과 벧엘에 우상)
아합과 이세벨
예후

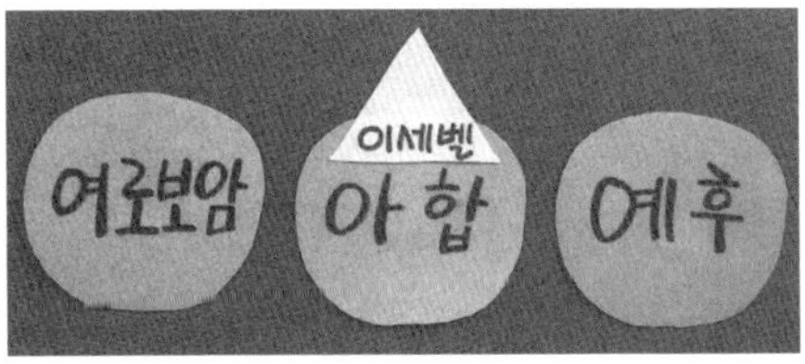

나머지 왕들도 여로보암의 길로 가다 멸망 그리고 앗수르의 혼합정책 끝!

발표합니다. 조금 쉬우시죠? 어렵다고요? ^^ 그래도 가위바위보는 합니다.^^
이 교재는 성경을 한 번 읽고, 한 번이라도 말씀을 실천하는 데 맞추었습니다.
더 깊은 내용을 인도하고 싶은 분은 서점에 나온 귀한 책들을 참고하세요.

그림으로 다시 정리합니다.
북왕국의 왕은 이 정도만 기억하셔도 됩니다.
모두 여로보암의 길로 가고 우상 섬겨 망했구나의 흐름을 아시면 됩니다.

여로보암
↓
아합과 이세벨
↓
예후
↓
망함

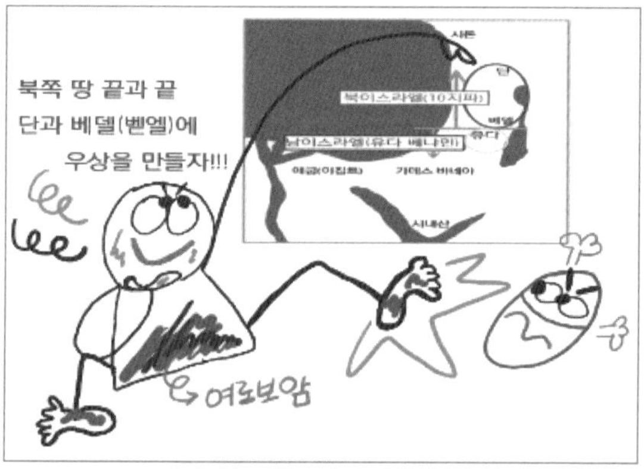

☑ 시편(51~100편)

시편을 50편씩 나누어서 읽도록 하였습니다.

인도하시는 분의 판단에 의해 한번에 다 하셔도 됩니다.

모세, 다윗, 솔로몬 등등의 여러 사람들이 하나님을 노래한 시입니다. 시편을 읽으며 나도 하나님과 만났던 일들을 떠올리며 시 한 편씩 지어 볼까요.

여덟 번째 시간입니다

- ♥ 찬양
- ♥ 기도
- ♥ 숙제 점검
- ♥ 소식과 간식 확인
- ♥ 감사 나눔
- ♥ 숙제 (역대상 · 하, 시편 100–150편까지 읽고 실천 3가지)

구약 읽는 순서도 다시 알려주시며 북왕국 흐름 몇 왕만 발표하도록 합니다.

☑ 이제 유다 지파인 다윗 계열의 남유다 왕들 펼쳐 보겠습니다

남유다도 북이스라엘과 마찬가지로 결국 우상숭배로 다 멸망합니다.
결국은 북이스라엘과 다를 바가 없지요.
그런데 북이스라엘과 다른 관점을 하나 더 언급합니다.
남유다는 다윗의 자손들이 이어서 왕이 됩니다.
이 초점 아래 왕들을 기록합니다.
조금이라도 성전 중심의 개혁을 한 왕은 조금 선한 다윗의 자손으로 기록됩니다.
성전 중심의 개혁을 하지 않은 왕들은 다윗의 자손이라는 것만 기록합니다.
중요한 것은 다윗의 자손들이라는 것입니다.
다윗 계보를 통해 후에 오실 진정한 왕! 약속의 예수님을 말하려는 것입니다.
자 그럼 이러한 관점을 가지시고 남쪽 왕들 이야기를 펼쳐 볼까요.

1. 남유다로 불리게 된 배경

하나님은 다윗에게 다윗의 자손들이 이어서 왕이 되도록 약속하셨습니다.
그러나 다윗의 자손들이 하나님을 떠나면 멸망시키겠다고 말씀하셨습니다.
바로 다윗의 아들 솔로몬이 1,000명의 아내들에게 빠져 우상을 섬기게 됩니다.
하나님은 돌이키기를 바라며 우상을 섬긴 죄의 결과로 나라를 나뉘게 하십니다.
유다 지파와 소수의 베냐민 지파만 남고 이들이 남유다를 형성합니다.
인도자는 남유다 왕들을 하실 때도 모두 다 하거나 외우게 하실 필요도 없습니다.
중요한 것은 진정한 왕 예수님이 오신다는 것에 초점을 두시면 됩니다.
학생 분들에게는 ( ) 신경 쓰지 마시고 주욱 읽어 나가게 해 주세요.

2. 남왕국 왕들

다윗과 솔로몬은 아시겠지요.
솔로몬의 아들 르호보암 때에 나라가 나뉘지요.
르호보암은 더 강하게 다스리겠다고 큰소리쳤다가 백성들 마음을 잃습니다.
르호보암의 아들(아비야)은 북이스라엘 왕(여로보암)과 싸웁니다.
네가 감히 하나님을 믿지 않고 금송아지도 만들고 우상 집들인 산당도 만들어!
게다가 하나님의 제사장과 레위인들을 내쫓아! 에잇 나쁜 사람 같으니라고~
에잇~내 창 검을 받아라~ 창! 창! 하며 크게 혼내주고 땅도 몇 개 찾아옵니다.
그러나 착한 왕이라는 칭찬은 듣지 못합니다.
내가! 내가! 하며 이룬 일을 중요하게 여기십니까?
하나님 앞에서 내가 이룬 업적은 그렇게 중요하지 않습니다.
하나님의 뜻대로 산 것이 중요합니다.

그(아비야)의 아들(아사)이 왕이 됩니다.
산당들을 빠샤~부수어 버립니다.
우상을 만든 태후의 자리를 폐위시키죠.
처음에는 하나님께 정성을 다합니다.
그러나 위급함이 오자 하나님을 떠납니다.
사람인 이웃 아람 왕을 의지합니다.
그리고 매우 위독한 병이 듭니다.
그때도 하나님보다 의사를 의지하다 죽습니다.

하나님보다 먼저 더 의지하는 것들이 우리에게 있습니다.
하나님의 도움을 먼저 떠올리고 의지하는 습관을 가집시다.
먼저 하나님께 구합시다.
그리고 하나님께서 만나게 하시는 의사 선생님의 도움을 받도록 합시다.
그러면 그 의사 선생님의 판단과 손도 하나님께서 섭리하십니다.

그(아사)의 아들 여호사밧이 왕이 됩니다.
처음에는 금식하고, 하나님의 말씀을 백성들이 알도록 가르칩니다.
그러나 악한 자 북이스라엘의 아합 왕과 사돈을 맺으면서 멈춥니다.
아~ 그 유명한 북이스라엘의 사돈 관계 이야기~ 기억나시죠.
아합과 이세벨의 딸 아달랴를 며느리로 받아들인 남유다 왕입니다.
이 일로 우상 집들인 산당들을 철거도 못하게 됩니다.
오히려 자기 집안 궁전으로 우상을 가지고 들어오도록 허락하는 왕이 됩니다.
이뿐만이 아닙니다.
며느리 아달랴는 후에 왕자들을 죽이고 자신이 왕의 자리에 앉습니다.

하나님께서 보내시는 며느리를 맞이하도록 지금부터 기도합시다.
하나님께서 만나게 하시는 사위를 맞이하도록 지금부터 기도합시다.

(피 바람을 일으킬 며느리인지도 모르고 받아들이는 그림입니다.)

여호사밧의 아들 여호람이 왕이 됩니다.
바로 아달랴와 결혼한 왕 여호람이지요.
아달랴는 남편 이름도 여호람, 친정 북이스라엘의 오빠 이름도 여호람이네요.
중요하지 않습니다.^^
남유다 여호람은 아버지인 여호사밧이 죽자, 동생들을 모두 죽입니다.
또 아달랴 말대로 우상 집, 산당들을 짓더니 곧 창자에 병이 들어 죽습니다.

나에게 하나님 말씀보다 더 크게 영향력을 행사하도록 하는 사람이 있습니까?

그 사람이나 사탄은 우리를 죽이지도 못하고 살리지도 못합니다.
그러나 하나님은 우리를 죽이기도 하시고 살리기도 하십니다.
또 우리를 지옥에 보내기도 하시고 우리를 천국에 보내실 수 있는 분입니다.
하나님의 말씀이 더 크게 영향력을 행사하도록 성령님의 도움을 구합시다.

여호람과 아달랴 사이에 태어난 아들 아하시야가 왕이 됩니다.

북이스라엘 아합의 아들 이름도 여호람입니다.
북이스라엘 여호람은 아하시야에게는 외삼촌인 것이죠.
창자에 병이 들어 죽은 아빠 이름도 여호람
북이스라엘 왕 외삼촌 이름도 여호람
조금 헷갈리죠^^ 그래서 이름은 그냥 크게 신경 쓰지 마세요.

아빠 여호람은 창자에 병들어 먼저 죽었고요.
외삼촌 여호람이 부상당했다는 소식을 듣고 아하시야는 병문안 갑니다.
그때 예후가 북이스라엘의 왕으로 부름을 받습니다.
예후는 북쪽 왕 여호람과 남쪽 왕 아하시야 둘 다 죽여 버립니다.
그리고 이세벨도 죽입니다.

경악할 일은 아달랴는 아들이 죽었다는 소식을 듣자 왕자들을 다 죽입니다.
친오빠와 아들, 심지어는 엄마 이세벨도 동시에 예후에 의해 죽습니다.
한 사람만 죽었다는 소식을 들어도 기절할 지경입니다.
가족 세 명이 죽었는데 아달랴는 자신이 왕이 될 계획을 진행해 나갑니다.
이런 여인은 사탄을 섬기는 여인만이 가능한 일입니다.

사탄은 속이는 영입니다.
죽은 사람이 마치 귀신으로 나타난 것처럼 속이기도 합니다.
이러한 사탄, 귀신을 따르는 사람을 우리 힘으로 물리칠 수가 없습니다.
오직 죽음을 이기시고 부활하신 예수님의 이름으로 기도하고 물리치십시오!

다윗의 자손을 이어서 왕이 되게 하시겠다는 약속은?
약속을 지키시는 하나님은 이 가운데 요아스 왕자 한 명을 살려 놓습니다.

요아스는 7살에 왕이 되어 아달랴를 죽이고 왕이 됩니다. 7살이요?
하나님 보시기에 정직하도록 제사장 여호야다가 요아스를 돕습니다.
요아스는 성전 중심으로 배우며 순종합니다.
그러나 여호야다가 죽은 후 요아스는 우상을 섬기는 사람들의 말을 듣게 됩니다.
은혜를 원수로 갚네요!
하나님의 은혜를 입고도 하나님의 말씀대로 살지 않으십니까?
하나님의 말씀대로 살지 않는 것이 은혜를 원수로 갚는 행위입니다.
요아스는 하나님의 징벌을 받고 죽습니다.

요아스의 아들(아마샤)은 하나님 보시기에 정직하려고 노력합니다.
그러나 사랑하는 온전한 마음으로는 하지 않습니다.
사랑 없는 노력은 결국 하나님을 떠나 버리게 됩니다.
하나님과 멀어지기 시작하셨나요?
언제부터 온전한 마음으로 하지 않고 의무감으로 하고 있는지 점검해 봅시다.

아마샤의 아들 웃시야가 왕이 됩니다.
웃시야는 예언자(스가랴)의 도움을 받습니다.
그래서 하나님 앞에 정직하게 행합니다.
하나님의 복으로 강성해지기까지 합니다.
그러나 곧 마음이 교만해집니다.
자신이 할 일이 아닌 것에 끼어듭니다.
배추 놔라~ 감 놔라~ 간섭합니다.
결국에는 하나님의 일까지 자신이 해 버립니다.
(여기 스가랴는 포로 귀환하여 성전 재건을 격려한 스가랴 아니에요)

바로 제사장이 할 일을 자기가 해 버립니다.
제사장이 할 일을 함부로 이래라 저래라 하면서 간섭합니다.
목사님들이 하는 일들을 못마땅하다고 자신이 해 버리면 정말 안 됩니다.
무서운 일은 하나님은 웃시야에게 나병, 한센병을 주십니다.
하나의 병을 주시는데 나병을 주십니다.
나병으로 죽어 왕실의 묘실에도 못 들어갑니다.
나쁜 목사님들에 대해서 못마땅하다고요!
저도 못마땅합니다.
그러나 다윗처럼 하나님께 맡깁시다!
우리보다 더 무서운 분은 하나님이십니다.

웃시야의 아들 요담입니다.
요담! 어디서 들어본 이름 같으세요.
우와~
북이스라엘의 악한 왕 아합의 아들 여호람을 요담이라고도 불렀지요.
북이스라엘의 요담(=여호람)은 악한 왕입니다.
그러나 남유다이 요담은 신한 왕이라고 쓰윽 읽고 지나가세요.
왜 자꾸 쓰윽 읽으라고 하냐고요?
왕의 이름과 사건들을 하나하나 파헤치려다 구약의 주제를 놓치실까봐~^^
선한 왕 남유다 요담 왕에 대하여서는
업적이나 행한 일들은 자세히 기록되어 있지 않습니다.
선한 왕이었다는 것만 있습니다.
이름도 없이 빛도 없이 잘했다는 칭찬만이라도 하나님께 들으면 좋겠습니다.
성전 중심으로 하나님의 약속을 붙잡은 왕인 것은 확실한 듯합니다.

헉~ 그런데 요담의 아들 아하스는 우상 집들을 만듭니다. 산당들을 세웁니다.
게다가 자신의 아들을 태워 바치는 제사를 드립니다.
아하스는 무서운 책망을 받습니다.
그러나 아하스는 책망을 받을수록 더욱 범죄합니다.
하나님 아버지는 자녀를 사랑하셔서 돌아오라고 책망을 주시는 것입니다.
어른들께 책망을 받을 때 나의 태도는 어떤가요?
하나님께 책망을 받을 의 나의 태도는 어떤가요?

하나님의 훈계로 징벌을 받는 때든지! 연단으로 고난 받는 때든지!
우연한 사고라고 하여 지나치거나, 마음을 더 굳게 닫지 맙시다.
하나님 앞에 무릎 꿇어야 합니다.

지나치지 맙시다!
마음을 굳게 닫지 맙시다!
하나님 아버지는 기다리십니다.
밤을 새며 계속 기다리십니다.
책망을 받았을지라도 용서하시고 사랑하시는 하나님 아버지께로 돌아오십시오!

아하스의 아들 히스기야는 하나님 보시기에 정직하게 행합니다.
이사야와 함께 대성통곡하며 기도하는 두 겹 줄 기도회를 합니다.
두~세 사람이 합심하여 기도할 때 하나님은 더욱 응답하십니다.
기도를 들으시고 선하게 이끌어 주십니다.
히스기야는 이사야 예언자와 합심하여 기도합니다.

성전을 향하여 대성통곡하며 기도하기도 합니다.
그래서 히스기야는 하나님의 선하신 은혜를 크게 봅니다.
기적도 체험합니다.
히스기야 왕은 병이 낫고 15년을 더 사는 기적도 얻습니다.
그러나 체험 후에 교만해져서 큰 죄를 범합니다.
다시 회개하고 이사야 선지자와 함께 협력하여 성전 중심의 개혁을 이룹니다.
혹 히스기야 왕처럼 병이 낫고 더 살기를 기도하고 계십니까?
네! 하십시오~!
그러나 하루를 더 살도록만 허락하셨다고 해도 감사합시다.
하루를 더 살도록 하시는 데는 하나님의 목적이 있습니다.
오늘 남은 하루를 살도록 허락하신 하나님의 은혜에 어떻게 살지 결단합시다.

히스기야의 아들 므낫세는 심히 까붑니다.
성전에다가 우상을 위한 단도 만들고 까붑니다.
성전 마당에서 우상에게 예배까지 드리며 까붑니다.
교회까지 들어와서 어지럽히는 까불이 이단들!
끌려가십니다!!!
므낫세는 쇠사슬에 묶여 바벨론으로 끌려갑니다.
므낫세는 끌려가면서 하나님께 크게 반성합니다.
하나님께 구해 달라고 기도합니다.
하나님은 므낫세의 기도를 들어주십니다.
하나님의 책망을 받고 끌려가는 중이십니까?
하나님 아버지는 사랑하는 자녀를 위해 책망하신 것입니다.
풀어 주시는 하나님 아버지께 의지하고 회개합시다.
하나님은 책망하시다가도 싸매고 위로하시는 아버지이십니다.

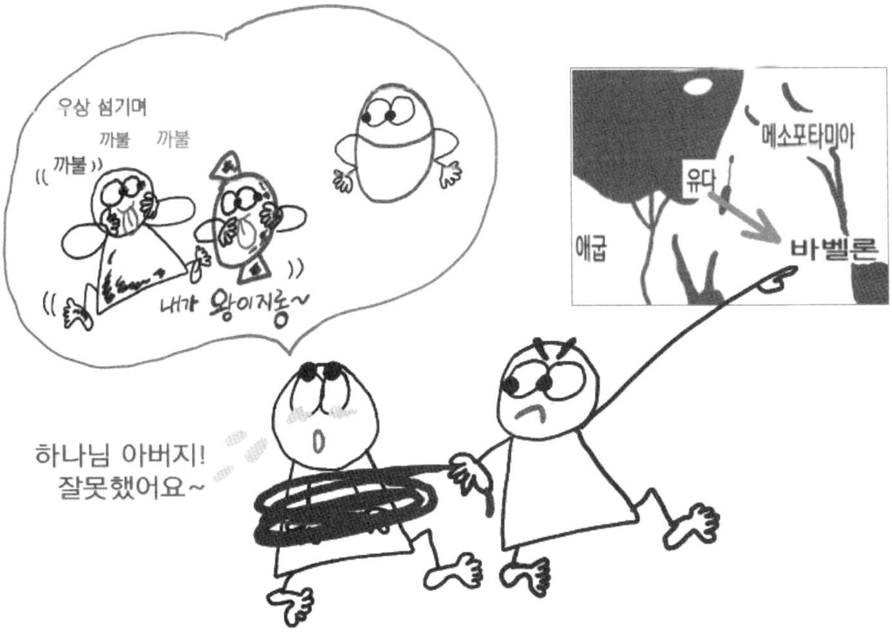

므낫세의 아들 아몬이 왕이 됩니다.
아몬은 아버지 므낫세가 새겨 놓았던 우상을 믿습니다.
문제는 하나님께서 설득하시지만, 돌이키지 않는다는 것입니다.
아몬은 하나님의 사랑의 매를 맞아도 더 이를 악물고 악해집니다.

결국 아몬은 신하에게 죽임을 당합니다.
반역이지요.
드디어 다윗의 자손들이 이어 왕이 되지 못하게 되는 비극을 맞는 건가요?
하나님은 한번 하신 약속을 끝까지 지키십니다.
하나님은 반역을 일으킨 자가 왕이 되지 못하게 하십니다.
하나님께서는 반역을 일으킨 자를 백성들이 죽이도록 허락하십니다.
그리고 다윗의 자손이 이어 왕이 되게 하십니다.
하나님은 약속을 지키시는 분이십니다.

아몬의 아들 요시야가 왕이 됩니다.

요시야가 왕이 되었을 나이는 초등학생 1학년 8살입니다.

초등학교 1학년이 왕이 되었으니 딱지 안 사준다고 울 나이지요.

그런데 8살에 왕이 된 요시야는 12살 때 우상을 부숴버립니다.

직접 가서 부숴버리며 청소년기의 힘을 우상 부수는 데 사용하네요.

그리고 18살 고등학생 때는 성전을 정리합니다.

그래서 레위인은 레위 일만 하도록 합니다.

하나님의 일을 순종하기에는 아직 어리다고 생각하고 사십니까?

그런데 요시야는 어떻게 이런 일을 할 수 있을까요?

주위에 믿음의 사람들을 주셨습니다.

아합처럼 죽이러 다니지 않고 요시야 왕은 믿음의 사람들의 조언을 잘 듣고 순종합니다.

우리도 지금부터라도 믿음의 사람들의 조언을 잘 듣고 하나님께 순종합시다.

요시야 왕 때 하나 더 기억해야 할 그림이 있습니다.

드디어 바벨론의 침공이 시작됩니다.

3. 요시야 왕 때 바벨론의 공격 배경을 살펴보아야 합니다

(학생용 교재에는 바벨론 공격 배경 내용이 생략되어 있습니다.)

애굽과 바벨론이 서로 싸우려고 하는데 남유다 땅을 통과하려고 합니다.
요시야는 막으려고 갑니다.
애굽 왕은 하나님이 그러는데 바벨론이랑 싸우라고 했어 그러니 너는 빠져!
그러나 요시야는 듣지 않고 막으러 가다가 애굽 군의 활에 맞아 죽습니다.
이 사건을 예레미야 선지자가 요시야의 죽음을 슬퍼하며 시를 짓고 기록합니다.
예레미야애가에 기록되어 있답니다.

요시야의 아들(여호아하스)이 이어서 왕이 됩니다.
그런데 애굽이 바벨론과 전쟁을 무승부로 마치고 돌아가면서 폐위시킵니다.
그리고 다시 요시야의 다른 아들(엘리야김=여호야김)을 왕으로 세웁니다.
그리고 폐위시킨 왕(여호아하스)을 잡아가면서 조공을 애굽에 바치게 합니다.

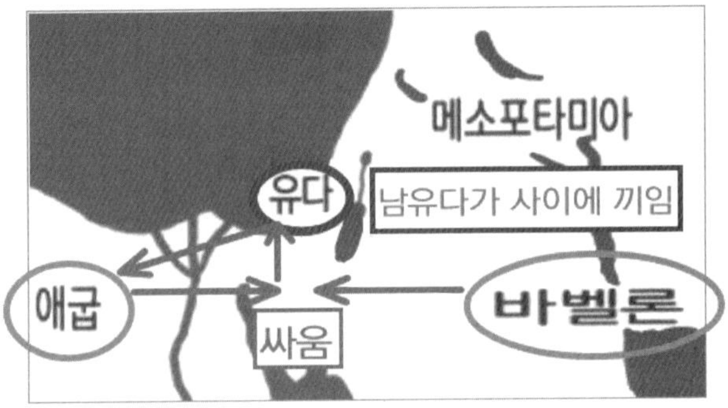

엘리야김(=여호야김) 왕은 하나님 보시기에 악한 길로 갑니다.
그래서 바벨론의 1차 침공을 받는 벌을 받게 됩니다.
바벨론 왕은 엘리야김(=여호야김) 왕을 쇠사슬로 묶고 포로로 잡아갑니다.
이때 다니엘도 잡혀갑니다.
바벨론으로 잡혀가는 1차 포로들 중 다니엘이 이 때 끌려간 것입니다.
바벨론은 엘리야김의 아들 여호야긴을 왕으로 세워 놓습니다.
애굽 말고 바벨론한테 조공 바치며 잘해라 하며 어깨를 툭툭 치고 갑니다.
여호야긴도 여호와 보시기에 악을 행하면서 애굽을 의지합니다.

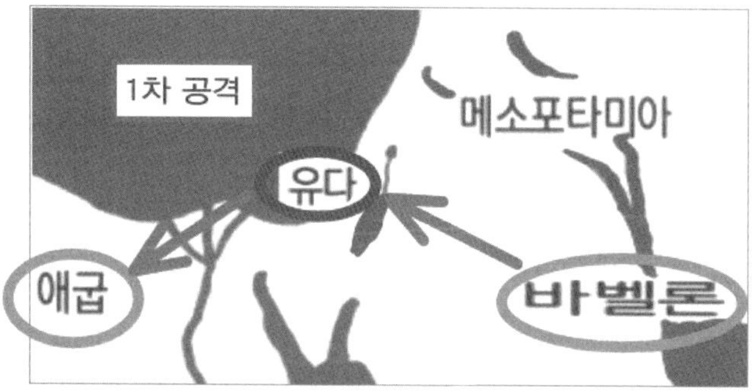

하나님은 바벨론을 사용하셔서 책망을 하십니다.
그래서 하나님의 허락하에 바벨론이 2차 침공을 하게 되는 것입니다.

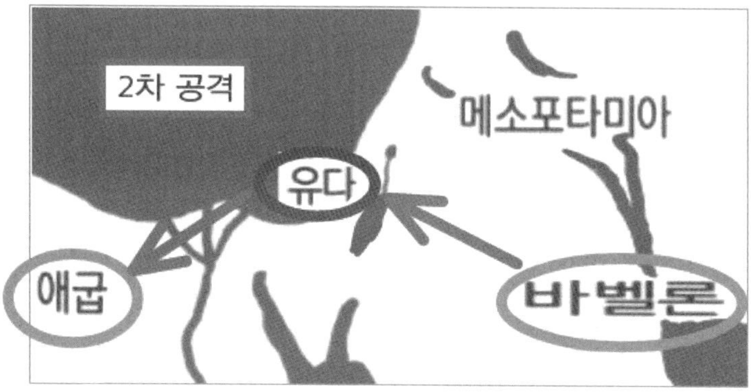

내 말 잘들으랬더니 애굽을 섬겨! 하면서 왕(여호야긴)을 폐위시킵니다.
숙부인 요시야의 아들 시드기야를 왕으로 세워놓습니다.
그리고 여호야긴과 함께 2차 포로들을 데려갑니다.
이 때 에스겔이 2차 포로로 끌려가는 것입니다.
에스겔을 기억하시면 됩니다.
즉, 1차 침공 후 1차 포로로는 다니엘을 기억하시면 됩니다.
2차 침공 후 2차 포로로는 에스겔을 기억하시면 됩니다.

시드기야는 목을 곧게 하고 마음을 완악하게 하여 하나님의 전을 더럽힙니다.
하나님의 말씀을 멸시하며 하나님의 사람들을 욕합니다.
하나님은 바벨론을 사용하셔서 3차 침공을 통해 남유다를 멸망시키십니다.

바벨론의 3차 공격 후 남유다는 멸망합니다.
그리고 포로로 잡아갑니다.
남유다 땅은 황폐해집니다.
70년 동안 휑하니~황폐해집니다.
이후부터는 포로시대라고 합니다.

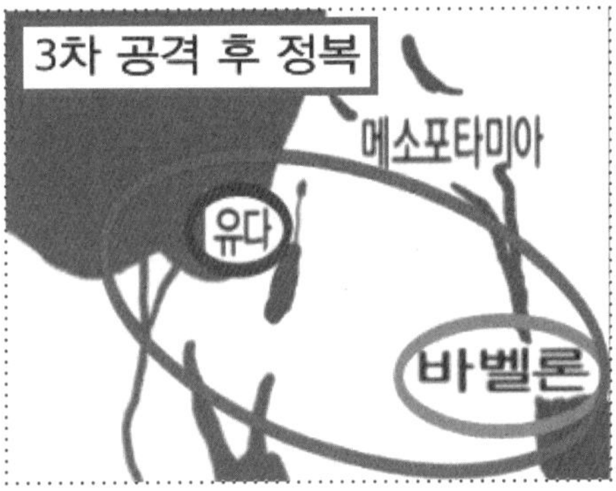

남유다 왕들의 이야기가 여기서 끝납니다.
남유다 왕들의 이야기를 살펴보았습니다.
생각나게 하는 왕이 누구인지 나누어 보도록 합니다.
그리고 생각나게 하는 결단을 나누어 보도록 합니다.

팀끼리 짧게 나누어 볼까요!

남유다 왕들 배열

남왕국 왕들은 너무 많죠!
그래서 저는 남왕국 왕들의 배열 발표나 달달 외우는 강의는 하지 않았습니다.
오히려 마음에 와 닿은 왕들을 고백하며 나누기만 했습니다.
나는 어떠한 사람이 되어야 하는지를 묵상하도록 했습니다.
그리고 하나님 앞에서 결단한 한 가지를 지키는 숙제를 하도록 하였습니다.

참고하세요!
어떠한 이유가 있어서 배열을 해야겠다는 인도자들은 북왕국 왕처럼 만드세요.
모든 왕을 달달달 외우는 것은 불필요합니다.
흐름을 통해 주제를 아는 것이 중요합니다.
간단하게 몇 명의 왕만 요약해서 해보세요.
예를 들어 보인 시청각 사진입니다.
다르게 하셔도 됩니다.

결국 바벨론에게 망하지요.

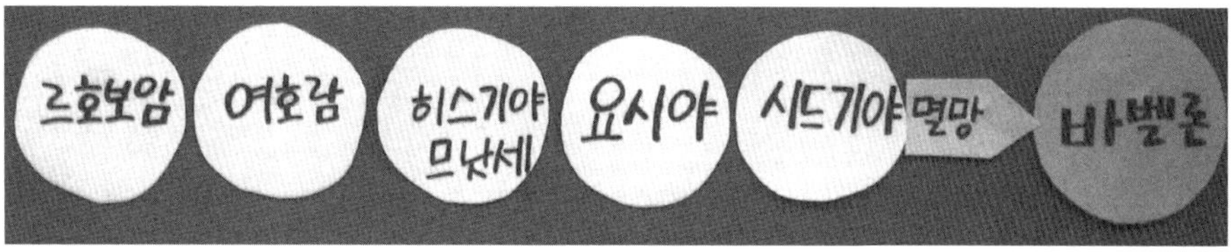

시편(101편~150편)

모세, 다윗, 솔로몬 등등의 여러 사람들이 하나님을 노래한 시입니다. 시편을 읽으며 나도 하나님과 만났던 일들을 떠올리며 시 한 편씩 지어 볼까요.

아홉 번째 시간입니다

♥ 찬양 ♥ 기도 ♥ 숙제 점검 ♥ 소식과 간식 확인

♥ 감사 나눔 ♥ 숙제 (요엘, 오바댜, 호세아, 아모스, 요나 읽고 5개 실천) ♥구약 일독 순서

♥ 북왕국 배열 ♥ 이제부터는 남유다 왕들 배열도 적당히 합니다.

구약 일독 순서도 간단히 언급해주세요!
그리고 북왕국 배열도 간단히 요약해 인도해주세요!

여로보암(단과 벧엘에 우상)
아합과 이세벨
예후
반역과 여로보암의 길들로
앗수르에게 멸망! 끝! 쉽지요. ^^

남왕국 배열 요약해 볼게요!
남왕국 순서는 지키며 마음에 와 닿은 왕들로 하셔도 됩니다.

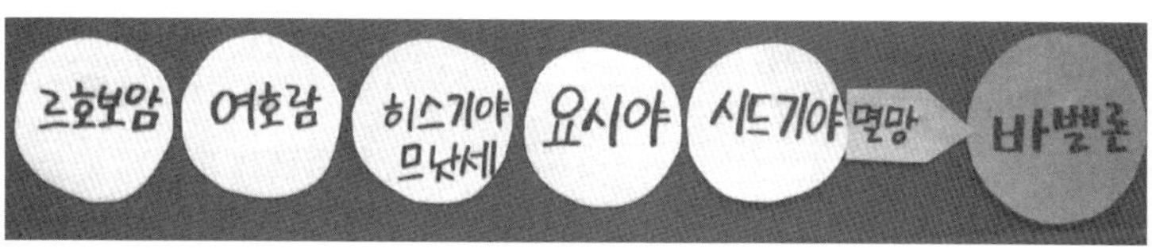

예언서

1. 예언서 배열

왕들의 배열을 보았습니다.
이 시간에는 왕들 사이사이에 있었던 예언자들을 배열해 보도록 하겠습니다.
예언자들이 기록한 책을 예언서라고 합니다.

예언서들을 세 부류로 나눕니다.

1) 북왕국과 남왕국 멸망 전 예언서
북왕국 멸망 전까지 오바댜, 요엘, 호세아, 아모스, 요나 예언자들이 있습니다.
가위바위보! 발표합니다.
네! 여기까지만 시청각 자료 사용하여 발표하도록 합니다.

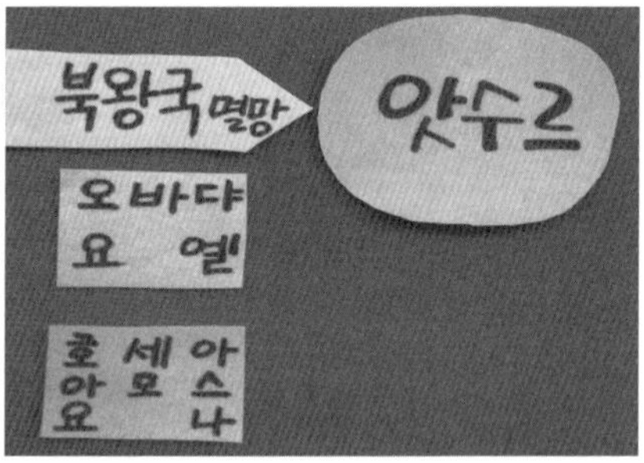

남왕국은 일단 바벨론에게 망하는데요.
망하는 과정이 생략되어 있는 시청각 그림을 먼저 보도록 합니다.
이사야, 미가, 나훔, 예레미야, 스바냐, 하박국 예언자가 있습니다.
예레미야는 예레미야와 예레미야애가 두 권을 기록합니다.
가위바위보!를 해서든지 게임을 해서든지 재미있게 발표하도록 합니다.

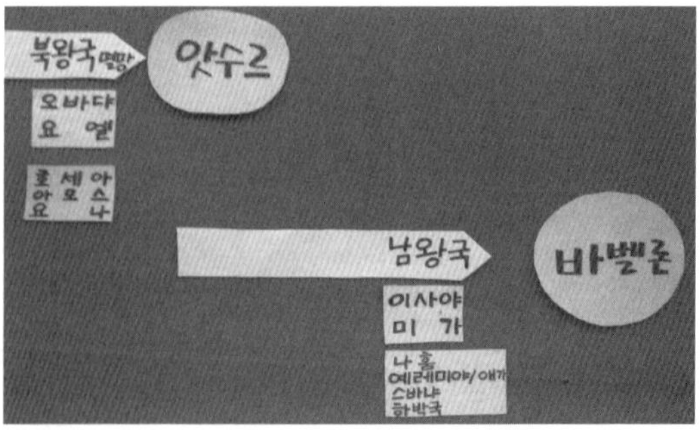

2) 포로 시절 예언서

이제 남왕국이 망하는 과정을 자세히 보실까요!
망하는 과정 중에 1차, 2차 포로로 끌려갑니다.
그리고 3차 공격에 의해 남왕국인 남유다는 망합니다.
이 때 1차, 2차 때 쓴 예언서가 포로 시절의 예언서가 됩니다.

1차 때 다니엘(단)과 2차 때 에스겔(겔) 예언자가 있습니다.
3차 때 망합니다.
발표합니다.

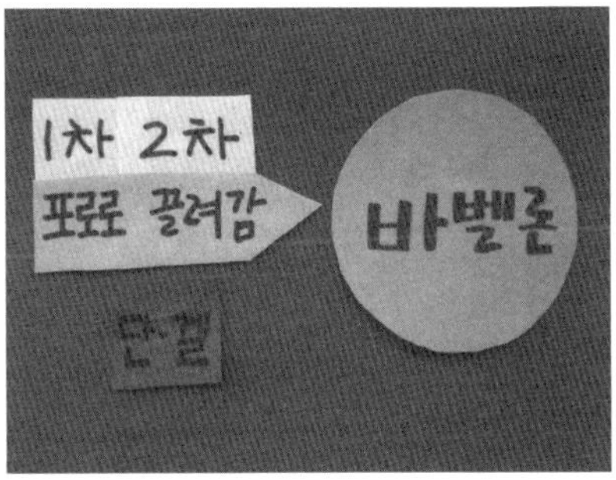

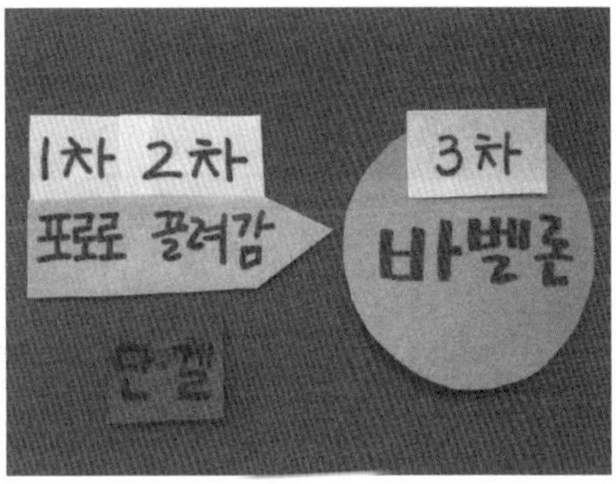

북왕국 때부터 망해서 포로로 끌려가기까지의 시청각 그림입니다.
발표합니다.

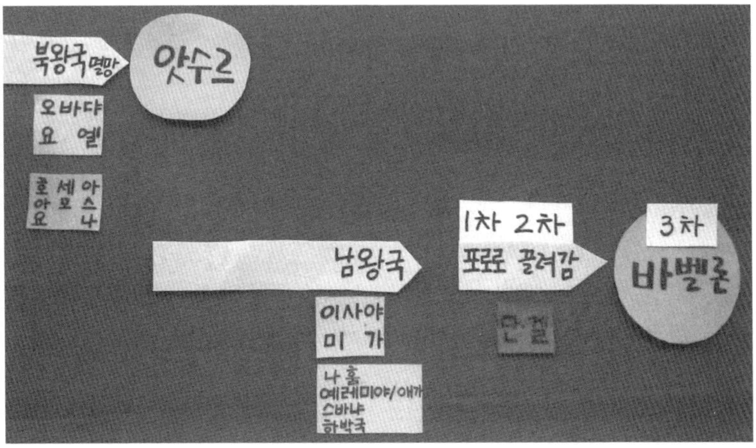

바사(페르시아)의 등장

하나님의 말씀대로 페르시아, 즉 바사가 등장합니다.

그리고 하나님의 말씀대로 바벨론을 꿀꺽하지요.

그리고 바사는 하나님의 말씀대로 남유다인들을 돌려보내주는 정책을 펼칩니다.

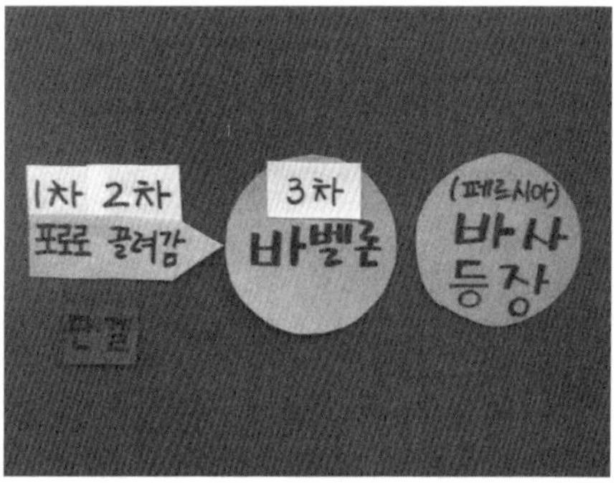

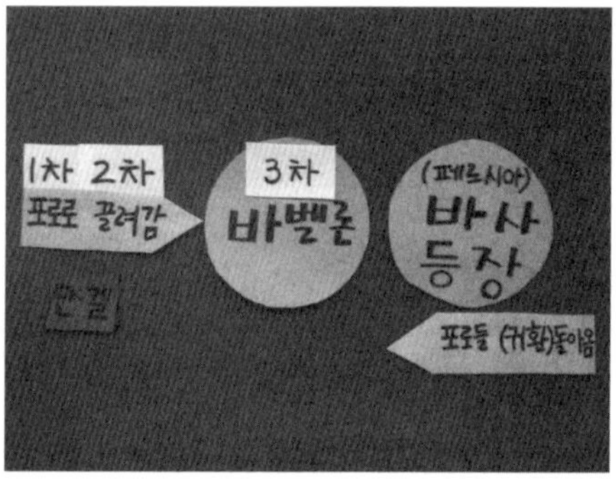

3) 포로 귀환 시절의 예언서

여전히 포로이지만 예루살렘으로 돌아가도 좋다는 귀환 명령이 내려집니다.

귀환하여 기록한 예언서가 나타납니다.

학개, 스가랴, 말라기 예언자들입니다.

놀라운 것은 하나님을 예배하도록 귀환 명령을 받습니다.

발표하도록 합니다!^^

하면 좋습니다.

예언서 17권의 전체 그림입니다.

먼저 멸망(북왕국과 남왕국) 전에 쓴 12권입니다.

북왕국 멸망 전 예언서 5권 + 남왕국 멸망, 포로로 끌려가기 전 7권 = 12권

포로로 끌려가면서 쓴 2권

바사 시대에 여전히 포로이지만 예루살렘으로 귀환하면서 쓴 3권

12권+ 2권+ 3권은 모두 17권입니다.

(참고로 예레미야 예언자가 예레미야와 예레미야애가 2권을 썼습니다.)

발표합니다!!!

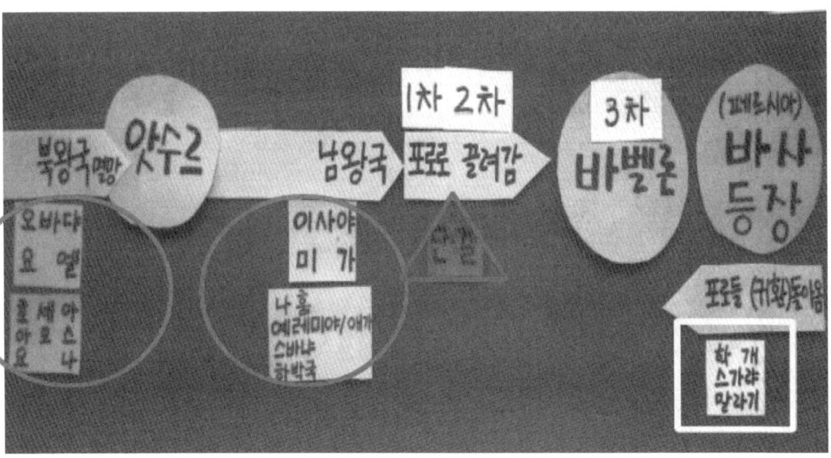

2. 멸망 전 예언서 - 요엘과 오바댜 예언서의 배경

예언서 배열을 해 보았습니다.
지금부터는 멸망 전 왕들과 함께 했던 예언서를 살펴보도록 하겠습니다.

요엘 예언자와 오바댜 예언자를 소개합니다.
이 때의 왕은 남유다 여호람 왕 때쯤 전후 배경입니다.
남유다 여호람 왕은 장인 잘못 만난 사람입니다.
북이스라엘 악한 아합 왕이 장인이 됩니다.
그래서 아합의 딸인 아달랴가 시집옵니다.
아내 아달랴 말만 듣다가 창자에 병이 들어 죽은 왕입니다.
그 때 전후 배경이구나 하시면 됩니다.
이 시대의 왕과 백성에게 전해지는 말씀으로 요엘과 오바댜가 등장합니다.

요엘은 시기가 크게 차이가 납니다.
여기서는 오바댜와 함께 이곳에서 읽는 것으로 하겠습니다.
인도자의 상황에 따라 다른 곳에서 읽으셔도 됩니다.

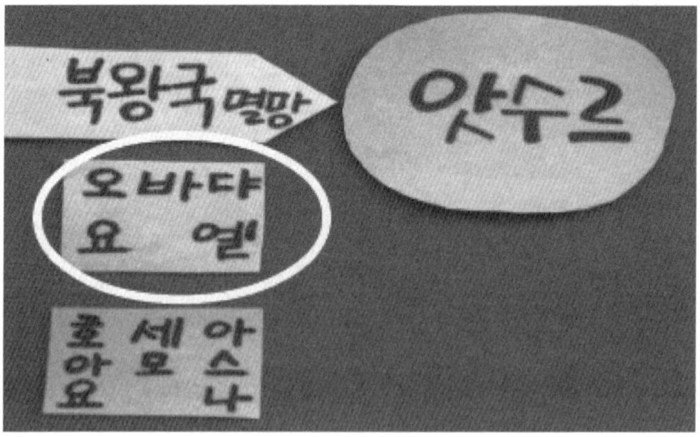

요엘

하나님은 우상을 섬기는 악함을 본받지 말라고 하십니다.
제발 이제라도 우상을 버리고 나에게 돌아오라!고 절규하십니다.

아~ 참! 순종하는 것은 싫고, 그렇다고 벌 받는 것도 싫고
그래서 건성으로 답하고 행동합니다.
네에~ 네에~(건성 건성으루) 내가 잘못했다고 칩시다.
제가 배상금으로 십일조 도둑질한 것 드릴 테니 쌤쌤합시다!
벌 주지 마시고요~
이번 사업 잘 되서 건물 하나 구입하게 축복 좀 많이 해 주시고요 ~
아! 제가 바빠도 너무 바쁘지만, 봉사도 조금 할게요.

나의 모습은 어떤가요?

하나님은 마음을 찢는! 슬픈 통증을 느끼며! 진심으로 만나자고 제안하십니다.
콧날이 시큰해지고 가슴에 징이 울리듯 찡한 그 마음으로 만나자고 하십니다.

하나님 아버지는 마음을 원하십니다.
옥체가 높으신 전지전능하신 등의 거창한 수식어들 다 빼고 만나자고 하십니다.
진심으로 하나님 아버지~하고 이름만 불러달라고 하십니다.
진심으로 속삭여만 줘도 구원하시겠다고 하십니다.

그러지 마라
왕이신 하나님 아빠 말 좀 들어라!
마음으로 회개하고 돌아와라.
선악과 먹으면 반드시 죽듯이 형식으로만 보여 주면 심판이 주어진다.
왕인 내가(예수님) 직접 가서 마음을 보여 줄 테니 제발 돌아오렴!

오바댜

창세기에 나오던 이삭과 리브가 사이에서 태어난 두 쌍둥이가 있었죠.

에서와 야곱!

형 에서의 족속은 에돔이 됩니다.

동생 야곱의 족속이 이스라엘이 되고요.

에돔과 이스라엘은 형제의 나라들입니다.

그런데 에돔이 우상을 섬기는 나라와 손을 잡고 형제 이스라엘을 발로 뻥 ~차버립니다.

에돔에게 하나님은 말씀하십니다.

내가 야곱 족속을 약속을 전할 이스라엘 나라로 만든 것인데

내가 너에게 복된 소식을 전하도록 만든 너의 동생 이스라엘을 발로 뻥~차다니!

너 또한 행한 대로 멸망할 것이라고 말씀하십니다.

내가 한 욕, 복수, 저주 등은 그대로 나에게 돌아옵니다.

내가 끊어야 할 욕 등을 성령님의 도움을 구하며 끊읍시다.

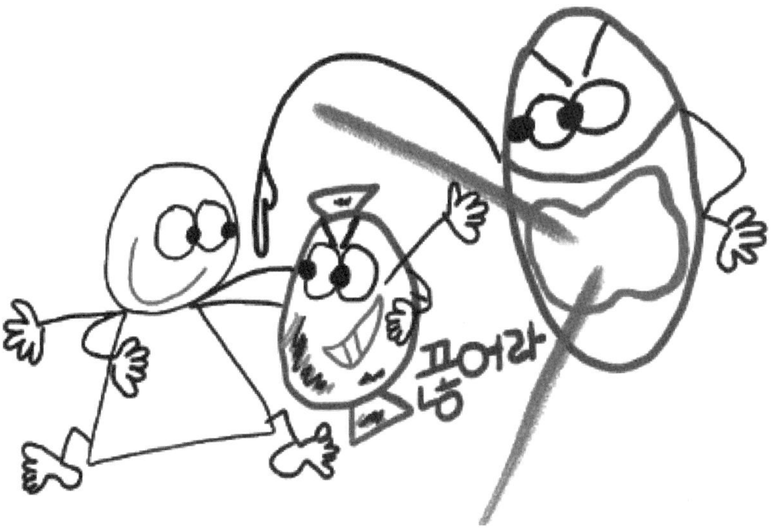

그러지 마라.
왕이신 하나님 아빠의 말을 들어라.
서로 사이좋게 지내거라.
선악과 먹으면 반드시 죽듯이 싸우면 심판이 주어진단다.
왕인 내가(예수님) 직접 가서 내가 고난을 받아야겠구나!
형제가 잘 되도록 돕는 모습을 보여 주어야겠구나!

또한 형제가 잘 되도록 내가 도와야 할 것이 무엇인지 적어 봅시다.
형제, 이웃이 잘 되도록 내게 주시는 하나님의 말씀을 적어 보아도 좋겠습니다.

3. 멸망 전 예언서 - 호세아, 아모스, 요나 예언서의 배경

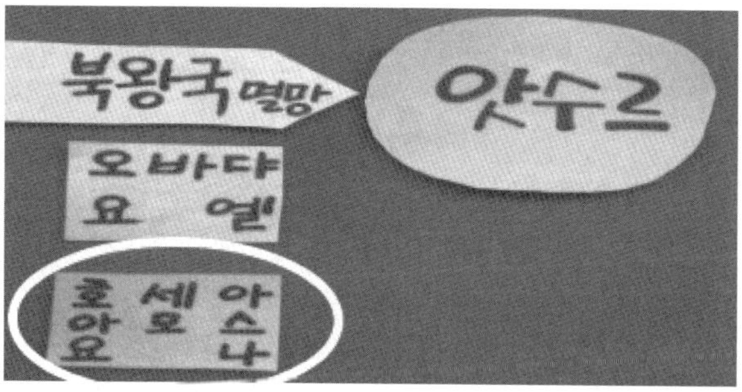

배경은 남유다(웃시야, 요담, 아하스) 히스기야 왕 전후입니다.

북이스라엘은 예후 왕 후손 여로보암 전후로 생각하시면 됩니다.

혹 예후 기억나세요?

잘 기억이 안 나신다고요?

헷갈리신다고요?

괜찮아요!

중요하지 않습니다.

예후는 하나님의 기름 부음을 받습니다.

예후는 우상을 빋고 하나님 믿는 자들을 다 죽이려 했던 아합 집을 처단합니다.

예후는 순종하고 4대까지 왕위를 얻는 약속을 받았지요.

물론 계속 하나님 뜻대로 순종 잘 하면 계속 대를 이어 왕이 되게 하신다고 하셨습니다.

그러나 불순종의 길로 들어갑니다.

1대, 2대, 3대, 4대 모두 여로보암의 길로 갑니다.

그래서 아합 처단할 때 처음에 받았던 약속 4대까지만 복을 받고 끝납니다.

3대째인 여로보암 2세 때 전후로 아모스, 호세아, 요나 예언자가 등장합니다.

여로보암 2세 때 북이스라엘이 가장 부유하고 부강할 때의 배경을 갖습니다.

☑ 호세아

하나님은 호세아에게 어긋난 길로 갈 끼가 다분한 여인 고멜과 결혼하라고 합니다.

호세아는 순종하고 결혼합니다.

하나님은 아이들 이름도 너는 내 자식(백성) 아니다, 불쌍하지도 않다라는 뜻을 지닌 이름을 지어주라고 합니다.

아름다운 여인 고멜은 곧 끼가 발동합니다.

다른 남자를 좋아해 떠납니다.

그리고 그 남자에게 실컷 얻어맞고는 옛날 남편이 좋았는데 하며 후회합니다.

그때 이리 저리 자신을 찾아다니던 남편 호세아를 만납니다.

호세아는 아내를 용서해 주고 이제 나만 사랑하라고 말합니다.

고멜은 감동을 받고 어느 정도 살다가 다시 끼가 발동합니다.

은혜를 잊으면 착각 현상이 나타납니다.

더 나을 것 같은 다른 남자를 찾아 또 떠납니다.

호세아는 아내에게 돌아오라고 말합니다.

말도 안 되는 관계입니다.

하나님은 호세아를 통해 말도 안 되는 관계를 우리와 하고 계신다고 표현하십니다.

고멜은 우리를 표현합니다.

우상들을 마음에 두었다가 하나님을 두었다가 왔다 갔다 하는 우리입니다.

하나님은 그런 우리를 사랑해서 살리시려고 이리저리 끝까지 찾아다니십니다.

하나님은 끝까지 찾아다니시며 돌아오라고 호세아를 통해 말씀하십니다.

그러지 마라.

너만을 사랑하는 왕이신 하나님 아빠의 말 좀 들어라.

피리리~ 바람 피지 말고 돌아와라!

선악과 먹으면 반드시 죽듯이 자꾸 우상 섬기면 심판이 주어진다!

거짓 신들을 지옥에 보낼 수 있는 왕인 내가(예수님) 직접 가서 프러포즈 할 테니 내 사랑만 받아주렴~.

바람! 외도! 우리 교회 목사님이 많이 맘에 안 드신다고요!
목사님은 봐줄만 한데 사모님이 조금 맘에 안 드신다고요!
그래서 다른 교회 목사님이나 사모님이나 영발 있는 분을 만나러 다니신다고요?
고멜과 같이 피리리~영적 바람을 피시는 것입니다.
교회에서 허락한 교육을 받기 위한 모임 외에는 자꾸 다른 집 드나들지 마세요.
하나님께서는 질서의 하나님이십니다.
이단이나 우상을 좋아하는 목사님이 아니고 하나님만을 바라보는 목사님이라면!
단점이 보여도 다른 교회 목사님을 넘겨다보시지 말고 목사님 장점을 보십시오!
아래의 글은 인도자들 교재에만 있습니다. 생각해 봅시다!
다른 교회 성도님들은 예의도 있고 잘 섬겨주는 것 같고 참 좋으십니까?
우리 교회 성도들을 보면 앞이 깜깜하다며 다른 교회 교인들과 자주 만나십니까?
목사님! 사모님! 피리리~영적 바람 피시는 것입니다.
바람 피실 시간에 일 분이라도 더 자기에게 맡겨 주신 성도를 위해 기도하세요.
하나님을 안 믿는 분이 하나님을 믿도록 해 달라고 중보기도를 더 하세요.
하나님께서 맡기신 일 외에 자꾸 다른 집 자녀나 일들을 넘보지 마세요.
다 천국에서 만날 텐데 ^^ 서로 떳떳하셔야지요! ^^

아모스

성전에서 찬양소리가 나네요.
아멘소리도 나고
앗 그런데 하나님께서 귀를 막고 인상을 팍! 쓰시며 괴로워하고 계시네요.
왜요?
하나님을 믿는다는 사람들이 신발 하나 값만 주고 사람을 팔아 버립니다.
사람이 신발 값보다 못한 상황입니다.
여자들은 우유에 목욕하고 사치를 부립니다.
돈을 받고 의인을 죽여버립니다.
그리고 교회에 와서 은혜가 풍성한 하나님은~ 하면서 할렐루야 찬양을 합니다.
아멘! 아멘! 하며 기도합니다.
하나님은 토할 것 같고 괴롭다고 하십니다.
하나님께서 그 위선에 급체하신 것 같습니다.

회개하지 않으면 벌을 주고 회개하면 회복하시겠다고 말씀하십니다.
내가 하나님을 역겹게 하며 예배드리는 것이 있는지 점검해 봅시다.

그러지 마라~.

왕이신 하나님 아빠의 말 좀 들어라~.

정직하고 선하게 살아라!

선악과 먹으면 반드시 죽듯이 정의롭게 살지 않으면 심판이 주어진다!

왕인 내가(예수님) 직접 가서 하나님 말씀대로 사는 모습을 보여 주어야겠구나!

요나

내 하나님이거든!
넌 내가 싫어하는 사람이거든!
그래서 너하고 천국에서 같이 살기 싫거든!
넌 지옥에나 가라!
이 입장이 요나입니다.
요나는 앗수르에 가서 복음을 전하라는 명령을 받습니다.
자기 나라 북이스라엘을 괴롭히는 앗수르에 가서 전하라는 것입니다.
이 당시 앗수르는 산 채로 사람을 죽여 버릴 정도로 극악한 나라였습니다.
실제로 후에 앗수르에 의해 북이스라엘은 망합니다.

와~요나가 힘들었겠죠!
이 느낌 잘 아시죠!
일본은 너무너무 얄밉죠!
하나님 땅인데 자꾸 독도를 자기네 땅이래요. -.-
또 일본 말고도 우리 엄마와 우리 식구 욕한 친척은 죽어도 다시 안 볼 거죠~

아이고 배은망덕한 놈들 같으니~ 너 그럼 못써! 두고 보자! 하는 말 해 보셨나요?
자신의 관점에서 배은망덕하다고 말하는 사람이 많습니다.
하나님의 관점과 하나님의 입장에서는 서로 용서받아야 할 같은 입장입니다.
사람은 다 자신만의 관점으로 볼 때가 많습니다.
그런 우리에게 하나님은 요나를 통해 말씀하십니다.
네가 경멸하는 그 원수 있잖아! 맞아~그렇게 좌우를 분별할 줄도 몰라~
그런데 그 어리석고 악한 그들이 불쌍한 내 자식들이야~
모두 경멸하며 가까이 가지 않는 나의 불쌍한 자녀들이야~
요나야 아버지인 나 좀 알려줘라~ 너는 나를 아는 은혜를 입었잖니!

내가 너에게 꼭 부탁하는 거야~
이것이 요나를 통해 우리에게 보여주시는 하나님 아버지의 마음입니다.
사람인 요나의 관점에서는 앗수르는 원수입니다.
하나님의 관점에서는 둘도 없이 소중한 하나님의 자녀입니다.

그러지 마라~
왕이신 하나님 아빠의 부탁 좀 들어줄래!
(안타까워 쩔쩔매시며) 하나님이 왕이라는 복된 소식 좀 전해주라~
그런데 전해주는 사람이 없구나.
네가 좀 전해 주렴. 선악과 먹으면 죽듯이 내 말 안 들으면 심판 받는다고!
급하다 급해, 왕인 내가 (예수님) 가서 외쳐야겠다.
같이 외쳐주지 않겠니?

내가 싫어하는 사람에 대해서도 어떻게 하길 원하시는지 아시겠지요!

열 번째 시간입니다

♥ 찬송 ♥ 기도 ♥ 숙제 점검 ♥ 소식과 간식 확인

♥ 이번 숙제 (이사야, 미가, 나훔, 예레미야, 예레미야 애가, 스바냐, 하박국 읽고 실천 7가지)

♥ 감사 나눔

북이스라엘이 망합니다.

그러면 이제부터 남쪽 왕들이 배경이 되겠네요.

남유다 히스기야 왕 전후로 이사야와 미가 예언자가 등장합니다.

히스기야 왕 기억나시나요?

이사야 선지자와 함께 성전을 향해 대성통곡하며 두 겹 줄 기도회 하던 왕이죠!

히스기야 왕 때 이사야와 미가 예언자를 통해 하신 말씀입니다.

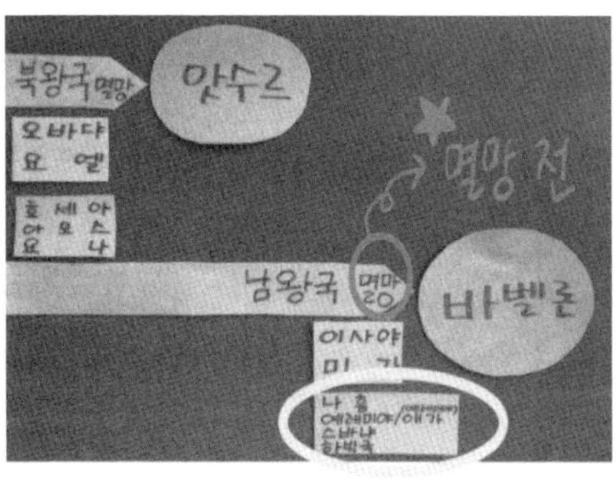

이사야

하나님은 이사야를 통해 아주 구체적으로 예수님을 소개합니다.

초라한 외모, 왜소한 모습으로 예수님이 오신다고 설명합니다.

머리 뒤에서 후광이 비치고, 백마 탄 잘생긴 왕자 같은 모습이 아니라고 하십니다.

또 남자를 알지 못하는 사람인 처녀를 통해서 오신다고 미리 말씀해 주십니다.

그리고 우리 대신 벌을 받으러 오신다고 알려 주십니다.

레위기에 나오는 제물처럼 예수님이 대신 희생양이 되신다고 알려 주십니다.

우리의 죄를 다 가지고 죽으신다는 것을 자세히 알려 주십니다.

그러나 많은 사람들이 예수님께 침을 뱉고 때리고 비웃으며 거부할 것까지 알리십니다.

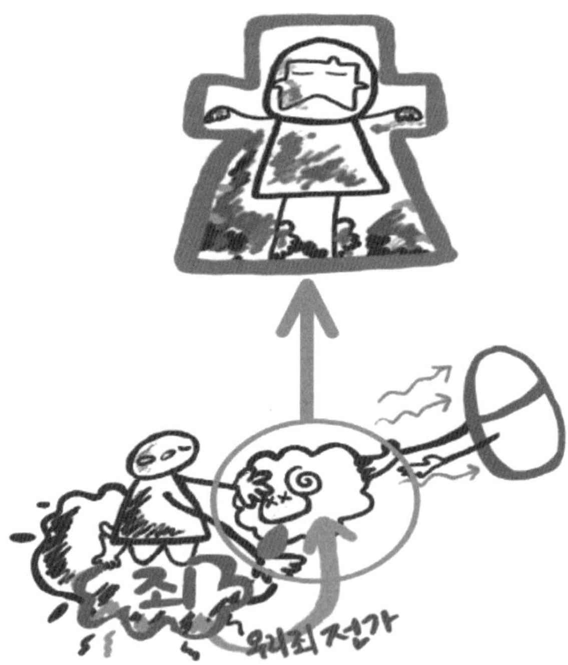

☑ 미가

지도자들이 행패까지 부리네요.
뇌물을 받고 사람이 원하는 설교를 합니다.
뇌물을 받고 재판을 해 줍니다.
희망이 없어 보이는 시대입니다.
하나님은 희망이 없어 보이는 시대에 희망이신 예수님을 말씀하십니다.
하나님은 미가를 통해 예수님이 베들레헴에서 태어나신다고 알려 주십니다.
하나님은 소망을 갖고 하나님의 뜻대로 순종하며 살라고 말씀하십니다.
하나님과 동행하며 살라고 말씀하십니다.

그러지 마라
사랑하고 공의롭게 행하거라!
부패한 사람은 망한다.
선악과 먹으면 죽듯이 내 말을 듣고 순종하거라!
내가 직접 사랑과 공의로운 모습을 보여 주러 가야겠구나!

하나님과 동행한 사람들의 발자국은 다릅니다.

인상을 찌푸리게 하는 발 냄새가 아니라 예수님의 향기가 납습니다.

요즘 나에게 나는 예수님의 향기에는 어떤 향기가 있는지 자신 있게 적어 봅시다.

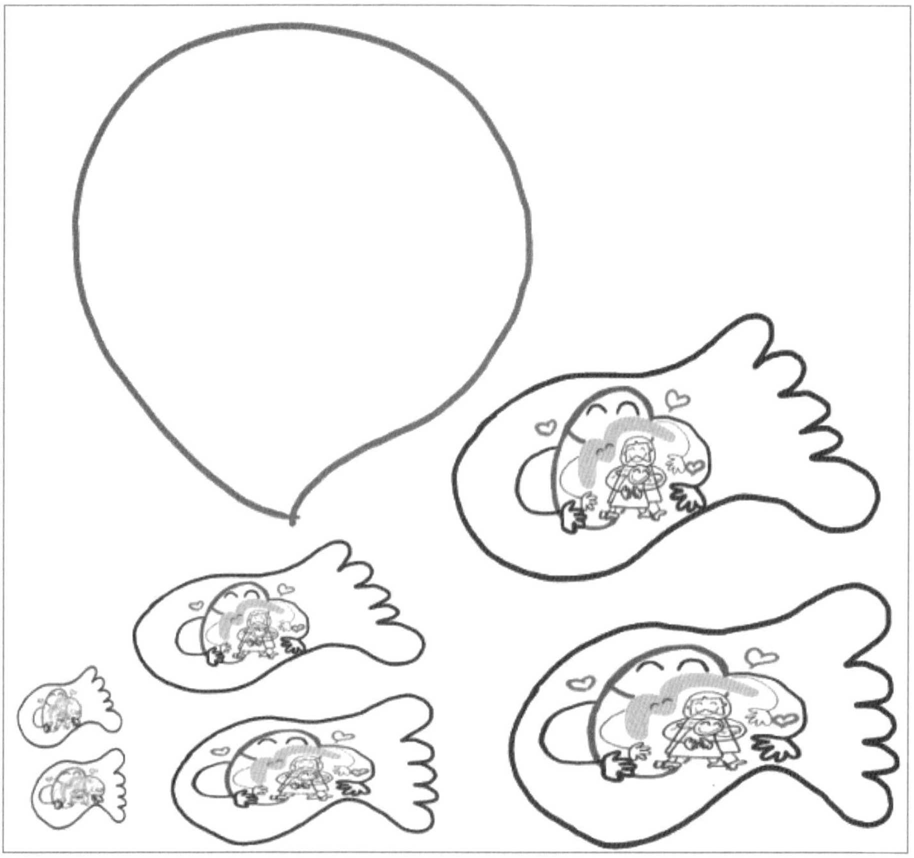

4. 멸망 전 예언서 - 나훔, 예레미야(애가), 스바냐, 하박국 예언서의 배경

아직 남왕국이 멸망하지 않고 남아 있는 상태에서 멸망 전 예언자들입니다.

요시야 왕 전후로 나훔, 예레미야, 스바냐, 하박국입니다.
요시야 왕 기억나시죠?
8세 때부터 하나님을 찾기 시작한 신동이요
12세 때 우상을 직접 없앤 소년입니다.
18세 때 율법책을 가르치고 유월절을 지키는 등 성전 수리에 앞장섰구요.
요시야 때의 전후 배경입니다.
이 때 하나님은 나훔, 예레미야, 스바냐, 하박국 예언자를 통하여 말씀하십니다.

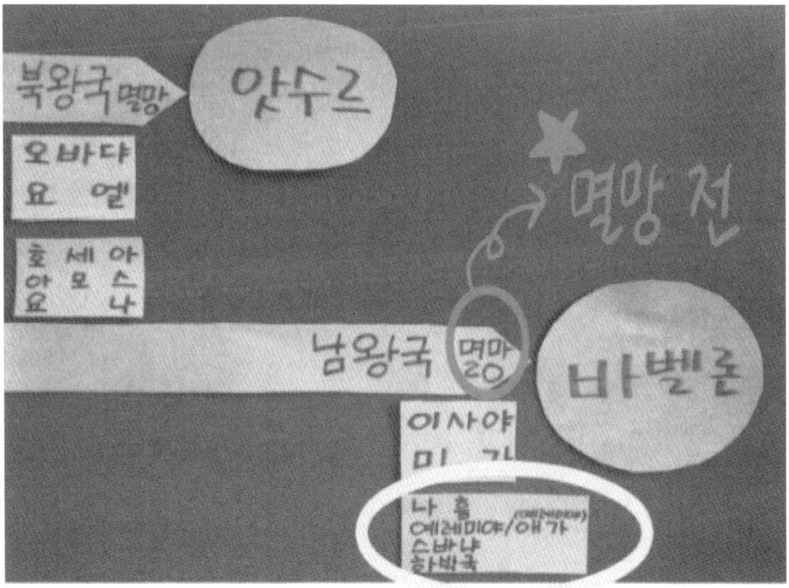

☑ 나눔

앗수르에 대한 이야기입니다.
오래전에 북이스라엘은 앗수르에 의해 멸망당했었죠.
앗수르는 하나님과 우상을 혼합시키는 정책을 펼치지요.
북이스라엘을 멸망시킨 앗수르가 심판을 받아 곧 바벨론에게 멸망할 예언입니다.

상대방을 험담하거나 공격하고 계십니까?
그대로 당한다고 말씀하십니다.
악을 선으로 바꾸는 하나님의 멋진 사람이 되어 보십시오!

그러지 마라~!
네가 행한 대로 다시 받는단다.
악을 악으로 갚지 말고 선하게 대하거라!
선악과 먹으면 죽듯이 내 말을 듣고 순종하여라!
내가 직접 가서 악으로 갚지 않고 죽기까지 선으로 대하는 모습을 보여 주마!

예레미야

예레미야는 우상 때문에 고생하는 사람들을 보며 웁니다.
우상숭배로 바벨론에게 멸망당할 남유다를 생각하니 눈물이 앞을 가립니다.
포로로 끌려갈 남유다를 생각하니 또 눈물이 납니다.
예레미야는 하나님 대신 울며울며 하나님의 말씀을 전합니다.
포로로 끌려가 70년 동안 살다 다시 온다고 하나님 말씀을 전합니다.
푸로로 끌러갈 때 하나님께서노 함께 가신다고 전합니다.
그러니 거기서도 하나님을 바라보고 하나님 말씀에 순종하라고 전합니다.
하나님께서는 반드시 회복시키십니다.
어디든지 나와 함께 가시는 하나님 아버지가 느껴지십니까?
항상 함께하시는 하나님 아버지를 기억하세요.

☑ 예레미야 애가

예레미야는 남유다가 망하는 모습을 생각합니다.

하나님의 말씀을 듣지 않더니 결국은 성전이 무너지고 도시가 무너질 것을 봅니다.

예레미야는 남유다의 멸망을 뼈저리게 아파합니다.

하나님의 말씀을 순종하지 않고 멸망의 길로 스스로 걸어간 죄를 아파합니다.

울며 아파하는 예레미야에게 하나님은 말씀하십니다.

심히 통곡하는 예레미야에게 하나님은 보이십니다.

바로 하나님의 구원하심이 끝나지 않았다는 것을 보여 주십니다.

하나님의 구원 약속은 지켜집니다.

모든 것이 끝났다고 생각할 때 우리는 좌절합니다.

좌절하는 자녀인 우리에게 하나님은 변함없는 하나님의 구원을 보이십니다.

실망하지 말고 하나님의 약속을 기억하고 믿으세요.

하나님의 약속에 소망을 두는 사람은 하나님의 구원과 도우심을 만납니다.

모든 것이 끝났다고 생각할 때 우리는 좌절합니다.

그러나 하나님은 끝까지 나를 안으시고 위로하시고 달래주십니다.

☑ 스바냐

하나님을 안 믿자니 지옥은 싫습니다.
하나님을 믿자니 너무 손해 보는 것도 많아 보이고, 자유가 없는 것 같습니다.
그래서 하나님도 믿고 나에게 도움을 주는 것 같은 우상 귀신도 믿습니다.
두 가지를 다 믿는 사람들에게 스바냐를 통해서 경고하는 하나님 말씀입니다.
스바냐는 우상을 버리고 주님만 섬기라고 하나님의 말씀을 전합니다.

내가 버리지 못하고 있는 우상들을 성경 일독을 하며 버립시다.
휴지통에 팍!!!

그러지 마라.
나는 사랑하는 나의 자녀들밖에 없다!
나의 자녀들이 우상도 아버지라 부르고 하나님도 아버지라고 부를 수 없다.
하나님을 믿는 사람들이 우상도 믿고 하나님도 믿을 수 없단다.
선악과 먹으면 죽듯이 오직 하나님만 의지하고 행복하게 살아라.
내가 직접 가서 나의 사랑을 보여 주고 구원해 주어야겠구나!

사탄은 하나님을 대적하려고 우상들을 거짓으로 만들었습니다.
하나님을 믿는 사람들이 우상을 가지고 있다는 것은 무슨 뜻일까요?
사탄의 뜻에 동의하는 것입니다.
휴지통에 버린 우상들을 다시 주워 오거나 새로 사십니까?

내게 있는 우상이 무엇인지 깨닫고 제거해 달라고 하나님께 도움을 요청합시다.

하박국

어디 계셔요?

왜 가만히 보고만 계셔요?

고난받는 믿음의 사람들에 대하여 질문하는 하박국에게 하나님은 말씀하십니다.

바벨론을 심판하시겠다고 말씀합니다.

그리고 심판 가운데서도 오직 하나님을 믿는 사람들은 산다고 말씀하십니다.

그러지 마라.

나 여호와 하나님은 오직 나를 의지하는 자를 반드시 높이고 구원한다.

선악과 먹으면 죽듯이 나의 말을 믿고 순종하여라.

내가 직접 가서 나를 의지하는 자들을 구원하고 높여 주어야겠구나!

고난이 있으십니까?

고난 가운데 하나님을 믿는 믿음을 놓치지 마세요.

하나님의 자녀들은 하나님을 믿음으로 고난을 이겨낼 수 있기 때문입니다.

열한 번째 시간입니다

♥ 찬송 ♥ 기도 ♥ 숙제 점검 ♥ 소식과 간식 확인

♥ 감사 나눔 ♥ 숙제 (다니엘, 에스겔 읽고 실천 2가지)

5. 포로 시대 예언서-다니엘, 에스겔 예언서 배경

배경을 복습합니다. (인도자 교재에만 있습니다.)
바벨론과 애굽이 서로 남유다를 차지하려고 싸웁니다.
이때 요시야 왕이 죽습니다.
백성들은 요시야의 아들 중 동생이었던 여호아하스를 왕으로 삼습니다.
애굽 왕 바로는 바벨론과 무승부를 하고 애굽으로 돌아갑니다.
돌아가는 길에 남유다에 들러서 여호아하스를 폐위시킵니다.
그리고 형이었던 여호야김을 왕으로 세웁니다.
여호야김, 내 말 잘 듣고 조공 잘 바쳐라 하고 볼모로 동생을 데려갑니다.
바벨론 쪽에서 남유다를 보니 애굽을 의지하는 것을 봅니다.
그래서 1차 침공을 합니다.
애굽이랑 친하게 지냈다 이거지! 하며 여호야김을 폐위시킵니다.
그의 아들 여호야긴을 세워놓고 1차 포로들, 다니엘을 포함하여 데려갑니다.
그런데도 또 애굽을 의지합니다.
바벨론은 2차 침공하여 여호야긴을 폐위시킵니다.
그리고 바벨론은 시드기야(요시야 왕 아들)를 왕으로 세워 놓습니다.
2차로 에스겔을 포함하여 포로들을 또 끌고 갑니다.
에스겔이 이 때 끌려간 것입니다. 다니엘은 에스겔의 포로 선배네요.

그리고 여전히 애굽 의지하는 남유다를 바벨론은 3차 공격하여 멸망시킵니다.
포로 배경 그림 기억나지요^^
애굽과 바벨론 사이에 있는 남유다입니다.

애굽이 바벨론과 싸우고 돌아가는 길에 유다에 들려 유다 왕을 폐위시킵니다.
유다는 애굽에 조공을 바치며 애굽의 말을 듣게 됩니다.

바벨론이 남유다가 애굽 의지하는 것을 보고 공격을 하기 시작합니다.
1차 공격으로 다니엘을 포함하여 포로들을 끌고 갑니다.

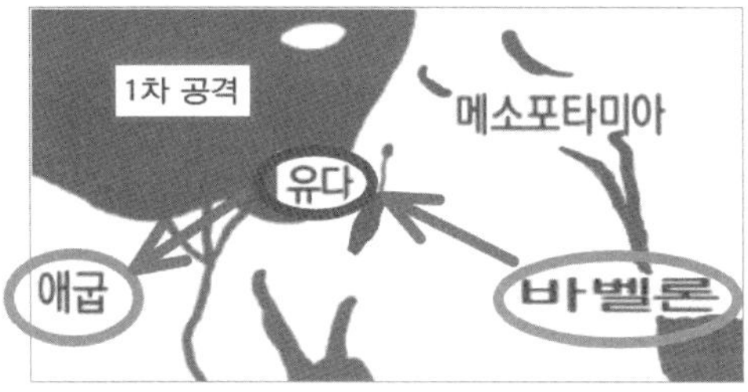

바벨론은 여전히 애굽을 의지하는 남유다를 2차 공격합니다.
그리고 에스겔을 포함한 포로들을 또 끌고 갑니다.

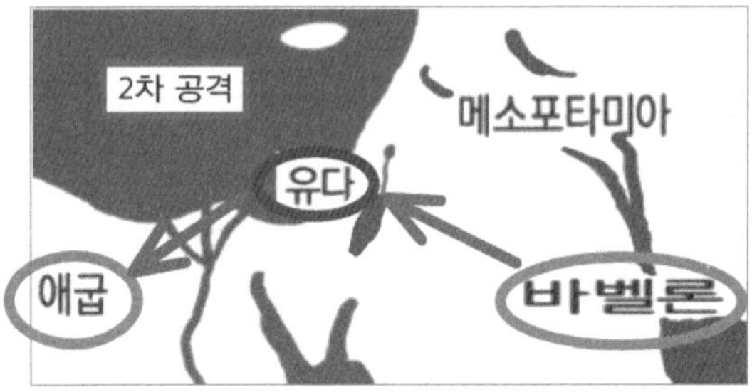

바벨론의 3차 공격 후 완전히 남유다는 나라가 망합니다.
예루살렘 성전은 무너지고 남유다 땅은 폐허가 됩니다.

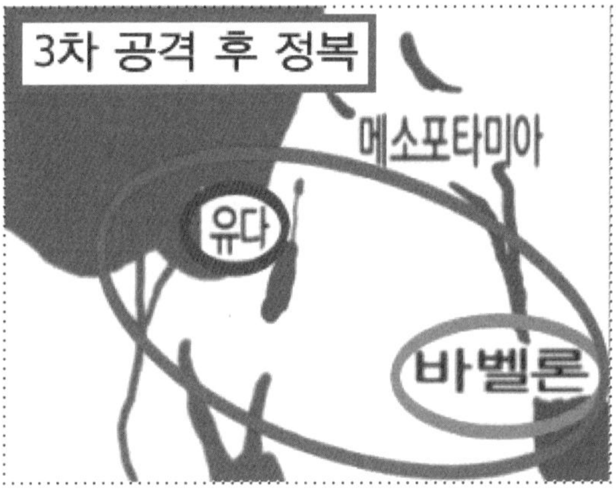

발표합니다.

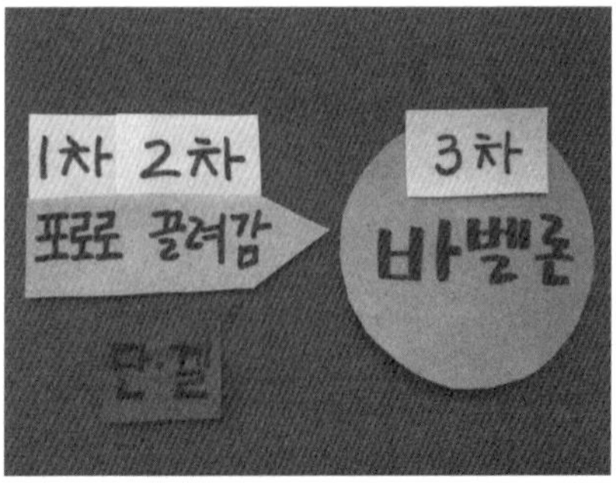

다니엘

바벨론은 남유다 1차 공격의 승리로 왕을 폐위시킵니다.
그리고 다니엘 등을 포함한 10대 귀족들을 잡아갑니다.
바벨론 식으로 재교육을 시킵니다.
소년 다니엘과 친구들은 재교육을 받지만 신앙과는 타협하지 않습니다.
소년 다니엘은 우상에게 드려진 음식을 먹지 않고 하나님께 뜻을 정하고 삽니다.
하나님은 멋진 다니엘을 바벨론 총리로 세워주십니다.
왕이 여러 번 바뀌게 됩니다.
그럼에도 불구하고 다니엘은 여전히 인정받습니다.

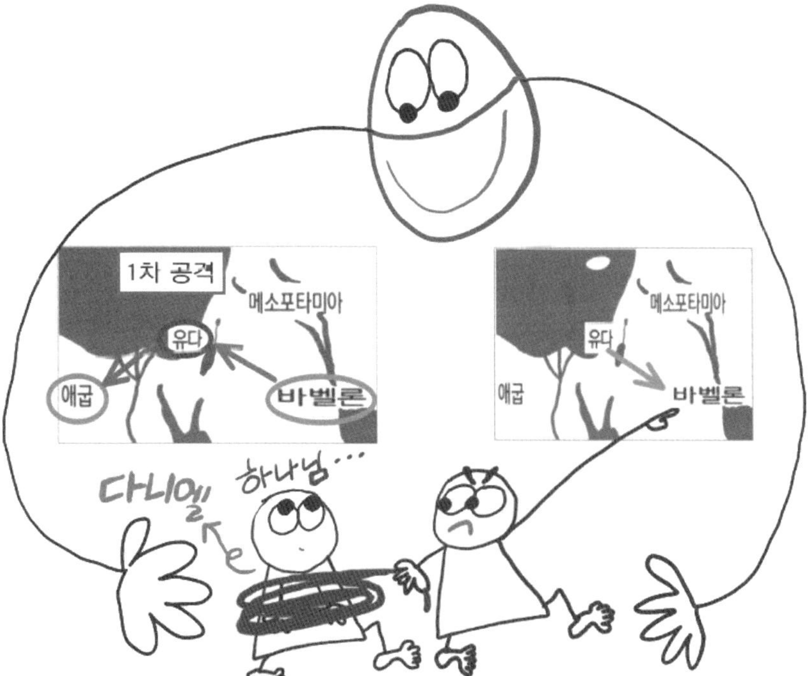

우상을 섬기는 신하들이 하나님을 섬기는 다니엘을 미워합니다.

하나님께만 기도 드린다는 죄목으로 굶주린 사자굴에 던집니다.
다니엘은 죽음을 각오하고 하나님의 말씀들을 분명히 지킵니다.
하나님은 이러한 다니엘을 지키시고 미래를 보여 주십니다.
미래에 일어날 일들을 받아 적게 하십니다.

하나님께 뜻을 둔 삶을 사는 자를 지키시고 책임지시는 하나님을 의지합시다.
다니엘처럼 하나님께 뜻을 두고 해야 할 결단을 합시다.
책임지시는 하나님을 만난 경험을 적어 봅시다.
그 경험이 없다면 지금부터라도 신앙을 지키고 경험을 만듭시다.

☑ 에스겔

에스겔은 2차 포로입니다.
아직 나라가 멸망하지는 않은 상태입니다.
하나님은 에스겔에게 우상을 섬겨 포로로 끌려온 이유를 알려 주십니다.
그리고 70년 후에 예루살렘으로 돌아오게 될 것도 말씀하십니다.

또 에스겔은 바벨론을 포함하여 이웃 나라들을 심판하실 하나님의 말씀을 전합니다.

그러니 심판하실 하나님 외에는 다른 것을 의지하지 말라고 전합니다.

하나님은 또한 허름한 모습으로 우리를 구하러 오실 예수님을 에스겔을 통해 말씀합니다.

하나님의 진노와 심판을 피하도록 예수님을 받아들이라고 말씀하십니다.

에스겔은 이와 같은 강조하시고 반복하시는 하나님의 말씀을 전합니다.

☑ 바벨론에 이어 바사(페르시아)가 등장하는 배경

(page 226~234 내용은 인도자 교재에만 있습니다. 흐름을 읽고 설명하시면 됩니다.)

바벨론은 3차 공격 후 유다를 정복하지요.

그러나 페르시아, 즉 바사가 새로운 정복 국가로 일어납니다.

그리고 바벨론을 정복합니다.

이로써 남유다는 바사의 통치 아래 들어가게 됩니다.

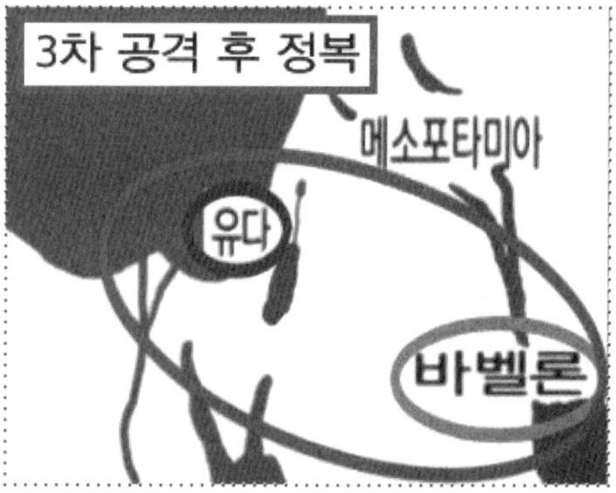

이스라엘의 역사를 볼 수 있는 그림입니다.

안전한 하나님 아버지의 곁을 떠나면 끝없는 지배를 받는 모습을 볼 수 있습니다.

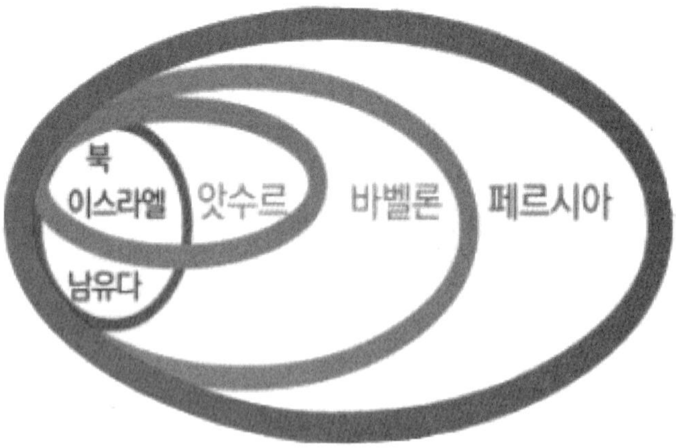

☑ 바사(페르시아) 시대에 태어난 에스라라는 사람 알기

바벨론 시대가 끝이 납니다.
다시 바사의 시대가 시작됩니다.
바벨론 때 포로로 끌려갔던 남유다 사람들은 바사의 지배를 받게 됩니다.
이런 배경 가운데 포로지에서 태어난 에스라를 살펴보겠습니다.
응애 응애 태어나보니! 할아버지 때부터 포로 생활하는 중이네요.
에스라의 할아버지와 아버지는 에스라에게 말합니다.

우리 이스라엘이 하나님을 떠나 우상을 섬기는 바람에 나라가 갈라지고 망했지.
우상을 섬기던 북이스라엘은 앗수르가 꿀꺽했단다.
하나님 말씀을 듣지 않던 남유다는 바벨론이 꿀꺽했단다.
바로 남유다인 우리를 바벨론이 포로로 끌고 온 거란다!
그런데 바사(페르시아)가 바벨론을 또 꿀꺽했지 뭐니~.
바사의 시대에 네가 태어난 거란다~.

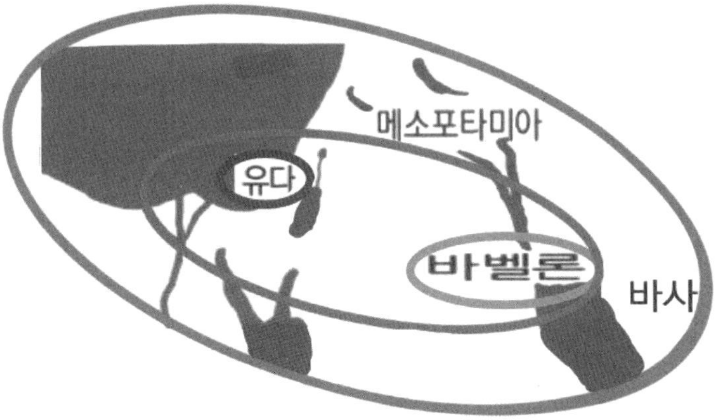

이와 같이 에스라는 아론의 16대 자손으로 하나님의 역사 이야기를 듣습니다. 또 하나님께 예배드리며 하나님 말씀을 듣기도 하며, 읽기도 하면서 연구합니다. 그래서 하나님은 에스라를 통해 하나님의 역사를 다시 기록하게 하십니다. 에스라는 모든 하나님의 역사를 듣고 예수님의 관점으로 다시 기록합니다. 아담 때부터 포로로 귀환되는 에스라의 현 시점까지 기록합니다. 무엇보다 에스라는 남유다 왕들만 다시 기록하며 예수님을 알립니다.

이것이 역대상, 역대하 책입니다.

또 에스라는 하나님께서 약속을 지켜 나가시는 것을 봅니다.
먼저 하나님은 페르시아가 바벨론을 꿀꺽하는 것을 허락하십니다.
꿀꺽하도록 허락하신 하나님은 페르시아 왕의 마음을 바꾸십니다.
페르시아 왕의 마음을 감동시켜서 무너진 성전을 다시 짓도록 하십니다.
페르시아 왕은 하나님의 말씀에 순종하고 1차로 포로들을 돌려보내 줍니다.

이 모든 과정을 에스라는 봅니다.
먼저 귀환한 사람들이 성전 재건축에 힘을 쓰고 있다는 소식도 듣습니다.
앗! 그런데 혼합인들의 방해에 의해 성전 재건축이 중단되는 소식을 듣습니다.
에스라는 하나님의 관점에서 성전 건축 중단의 원인을 찾게 됩니다.

에스라는 중단 이유가 우상을 섬기던 자들과 결혼한 것 때문임을 알게 됩니다.

즉, 우상과 하나님을 섞어 버린 혼합 정책에 의해 생겨난 사람들이 방해를 합니다.

혼합 정책 기억나시죠!

북이스라엘을 멸망시켰던 앗수르 기억나시죠!

앗수르는 북이스라엘 사람들을 쫓아냅니다.

앗수르는 혼합 정책도 사용합니다.

우상을 섬기는 건너편 사람들을 이사시켜 북이스라엘 사람들과 결혼시킵니다.

섞어 버리니 달도 하나님이 되고 태양도 하나님이 됩니다.

우리의 신앙생활에도 섞여버린 부분들이 많이 있습니다.

섞인 우상들을 제거합시다.

제거하지 않으면 하나님을 방해하는 사람이 됩니다.

하나님을 방해하는 사람들이 너무나 많은 시대입니다.

섞여버린 문화를 잠깐 살펴보고 가겠습니다.

사탄은 섹스, 돈, 명예 등 모든 것을 하나님으로 바꿉니다.

섞어버립니다.

창조주 하나님만이 하나님이 아니라, 피조물들을 하나님으로 만듭니다.

그래서 오직 예수님 외에는 구원이 없다는 하나님의 말씀을 변질시킵니다.

불교든, 유교든, 귀신을 믿든 모두 다 구원을 얻는다고 바꾸어 버립니다.

지금도 혼합의 결과들로 괴상한 우상 작품들이 계속 쏟아져 나오고 있습니다.

인도자용 page 226~234의 글과 그림 중 학생용 교재에는 아래의 그림만 있습니다.

나에게도 혼합된 우상작품들이 있는지 풍선 안에 점검하고 그 우상들을 버립시다.

다시 에스라 배경으로 돌아옵니다.

피조물도 하나님이라고 말하는 혼합인들이 성전 재건축을 같이 하자고 합니다.

남유다는 거절합니다. 이 말을 들은 혼합인들은 화가 납니다.

혼합된 사람들이 사마리아에 밀집되어 살았나 봅니다.

그래서 유대인들은 사마리아 사람들을 아주 싫어합니나.

혼합된 사마리아인들은 꼭 하나님쟁이, 예수쟁이들은 자기네들만 구원이 있대하듯 말하고 방해합니다.

그리고 페르시아 바사 왕에게 거짓 편지를 보냅니다.

모르셨죠 지금!

큰일 났습니다!

남유다인들이 반역을 일으키고 있습니다.

빨리 중단시키십시오.

이들은 반역을 꾸민다며 거짓 정보를 보냅니다.

그래서 성전 재건축은 중단됩니다.

그러나 하나님은 학개와 스가랴 선지자를 통해 성전을 재건하라고 명령하십니다.
하나님은 새롭게 세워진 페르시아 왕을 통해 다시 성전 재건을 돕도록 하십니다.
순종한 사람들을 통하여 성전은 재건됩니다.

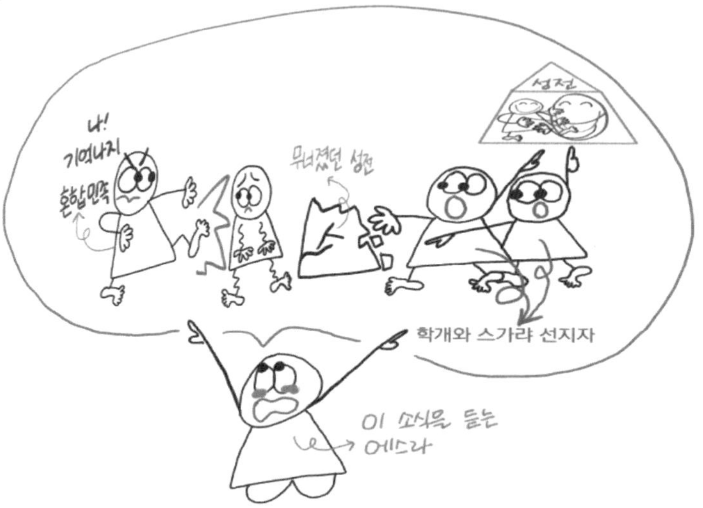

하나님께 순종한 페르시아 왕은 포로들을 돌려보냅니다.
드디어 에스라를 포함한 2차 포로들이 예루살렘으로 돌아옵니다.

에스라가 와 보니 성전은 다 완성되어 있습니다.
그래서 에스라는 하나님의 말씀을 지키도록 사람들에게 말씀을 가르칩니다.
에스라는 전에 성전 재건축이 중단되었던 우상과의 혼합 정책을 개혁합니다.
그래서 남유다에게도 있는 혼합 결혼을 정리하는 영적 개혁 운동을 펼칩니다.
우상을 섬기던 아내들을 돌려보냅니다.
우상을 버리게 합니다.
그 후 느헤미야가 3차 귀환으로 예루살렘에 옵니다.

예루살렘의 무너진 성벽 재건을 위한 사명을 가지고 옵니다.
에스라는 성벽 재건을 다 마친 느헤미야와 부흥 사경회를 합니다.
그러나 사람들은 부흥 사경회를 통해 받은 은혜들을 곧 잊습니다.
그리고 말합니다.
하나님? 누구세요? 내가 언제 구원해 달라고 부탁한 적 있어요?
하나님의 마음은 아프십니다.
이 내용이 말라기입니다.

이처럼 에스라 이 한 사람을 공부하다 보면

역대상, 역대하, 에스라(학개, 스가랴, 에스더), 느헤미야, 말라기가 보입니다.

이 흐름을 통해 우리를 구원하시려고 일하시는 하나님 아버지의 열심이 보입니다.

우리를 구원하시려고 끝까지 애쓰시는 하나님 아버지의 사랑이 눈에 들어옵니다.

열두 번째 시간입니다

♥ 찬양 ♥ 기도 ♥ 숙제 점검 ♥ 소식과 간식 확인

♥ 숙제(에스라, 학개, 스가랴, 에스더, 느헤미야, 말라기 읽고 실천 6개)

♥ 감사 나눔

6. 포로귀환 배경

1) 정치 변화를 그림으로 복습합니다

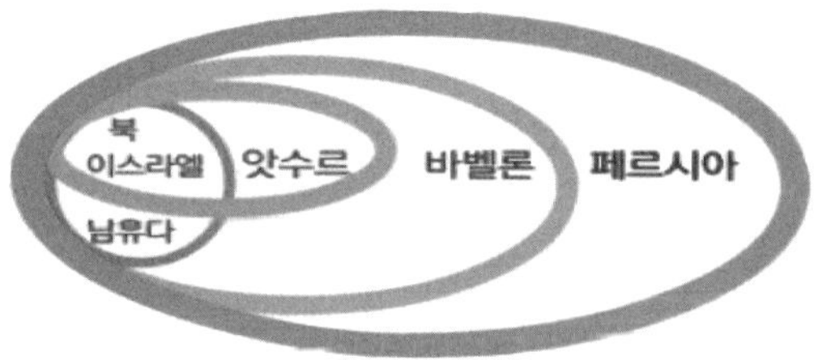

바사 시대 포로 귀환의 과정들입니다.

귀환하는데 한번에 남유다 사람들의 귀환이 이루어지지 않습니다.

1차, 2차, 3차에 의한 귀환 과정이 있습니다.

1차로 포로들을 돌려보내 줍니다.

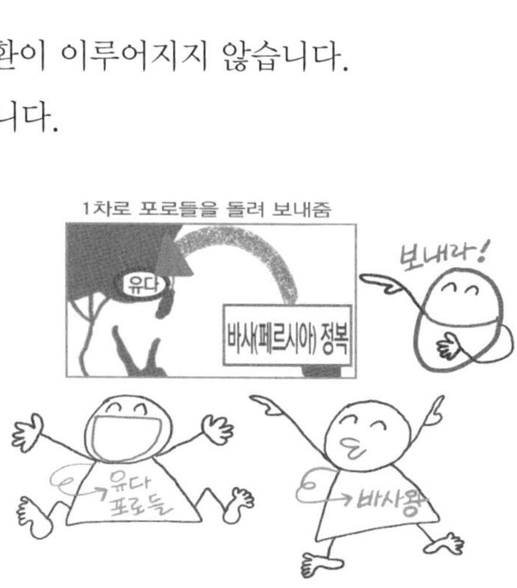

2차로 포로들을 돌려보내 줍니다.

이 때 지난 시간에 공부했었던 에스라가 예루살렘으로 돌아옵니다.

3차로 포로들을 돌려보내 줍니다.

이 때 느헤미야를 포함한 포로들이 돌아옵니다.

70여 년 동안 폐허가 되었던 예루살렘 성벽을 복원합니다.

2) 에스라를 복습하고 에스라 배열 발표합니다

에스라는 포로로 끌려간 나라에서 태어나죠.
아담 때부터 포로 시대와 귀환까지의 이야기를 한 번 더 정리하죠.
이것이 역대상 · 하입니다.
그리고 다시 성전 재건의 이야기를 펼칩니다.
에스라 이름을 붙인 에스라 책이지요.
이 때 학개, 스가랴도 성전 재건을 돕지요.
에스더가 왕후가 되어 순종하며 남유다를 지키지요.
느헤미야도 성벽 재건을 돕지요.
느헤미야는 에스라를 초청하여 백성들에게 복음을 가르치지요.
잠시 짧은 시간이 흘렀는데 사람들은 하나님께 다시 대들기 시작합니다.
말라기이지요.
참고로 이중에 학개, 스가랴, 말라기는 포로귀환 예언서입니다.
역대상 · 하, 에스라, 에스더, 느헤미야는 역사서입니다.
그리고 구약성경 이야기는 끝이 납니다.

자 에스라 배열해 볼까요! 가위바위보!

예수님 말하려고 재방송하죠. 역대상 · 하
성전 재건 이야기 에스라
성전 재건 돕는 학개, 스가랴
핍박 가운데 남유다 구하는 왕비 에스더
성벽 재건하는 느헤미야
결국 하나님께 대드는 말라기

에스라

에스라는 대제사장 아론의 자손입니다.

에스라는 태어나면서 또는 그 전부터(태교) 하나님을 경외하는 것을 배웁니다.

하나님께서 보고 자라게 하신 것을 받아들이며 깨닫습니다.

그리고 하나님의 역사를 보는 관점을 얻게 됩니다.

하나님의 말씀을 지키느냐 지키지 않느냐에 모든 것이 달려 있음을 알게 됩니다.

모든 답이 하나님의 말씀에 있는 것을 깨닫고 백성들에게 하나님의 말씀을 알립니다.

에스라는 하나님의 말씀을 전할 뿐 아니라 준행합니다. 실천합니다.

성경 말씀을 실천하고 계십니까?

학개

하나님을 믿지 않는 혼합인들에 의해 성전 재건축이 중단됩니다.
지금은 성전 재건축할 시기가 아닌가 보다 하며 자신들의 집을 열심히 짓습니다.
포로 생활 동안 비어 있었던 땅도 가꾸고 농사도 열심히 합니다.
그런데 이상합니다.
정성을 들여 집을 지어도 이리 저리 물이 새고 돈들이 쑥쑥 빠져 나갑니다.
정성을 다해 농사를 지어도 생각지 못한 재난이 닥치거나 흉년이 듭니다.
이상하게 몸은 옷을 입어도 따뜻하질 않고 허~한 것이 춥습니다.
메꿔도 메꿔도 휑하니~ 쑤욱쑤욱 빠져나가는 일들이 생기는 것이지요.
학개 선지자는 성전 재건축이 중단된 이유 때문이라고 설명합니다.
성전 재건축을 해야 한다고 외칩니다.
하나님을 예배하는 것이 우선이라고 말합니다.
나의 우선순위는 무엇입니까?

☑ 스가랴

에스라 공부할 때 성전 재건축을 외쳤던 스가랴 선지자도 기억나시죠^^

소문 들었어? 성전 재건축하면 죽인대~ 뭐~ 그럼 안 되겠네! 언젠가 때가 되면 그때 짓지 뭐~

이렇게 말하는 남유다 사람들에게 하나님은 스가랴를 통해 말씀하십니다.

하나님 말씀을 뒤로 제치는 마음을 먹으면 돌처럼 굳어진다고 알려주십니다.

그리고 곧 하나님을 싫어하게 된다고 알려주십니다.

자연스럽게 다시 우상을 섬기게 된다고 알려주십니다.

그러니 환경을 바라보지 말고 하나님을 바라보고 성전 재건하라고 말합니다.

하나님을 경외하는 우선순위를 다른 것과 바꾸지 마세요.

공부, 취미, 돈 등 모두 하나님 경외하는 것 다음이 되어 다스려야 하는 것들입니다. 우선순위를 정하셨나요? 그러면 구체적으로 매일 어떻게 실천할 것인지도 적어 보세요.

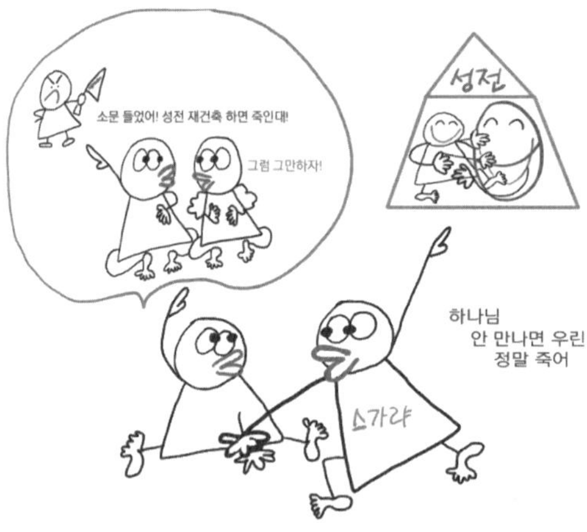

또 성전의 주인이신 왕이신 예수님이 나귀를 타고 오신다고 알려주십니다.

성전이신 예수님께서 영원히 우리와 함께 계실 것이라고 알려주십니다.

에스더

페르시아 아하수에로 왕 때 일입니다.
아하수에로 왕이 잔치 벌이고 왕후 와스디를 초청하는데 거절합니다.
이 사건으로 남편 말이 집안의 법이다! 땅땅땅 ~ 하며
페르시아 땅에 이 법이 널리 퍼지고 와스디는 폐위됩니다.

다시 왕후를 뽑습니다.
많은 바사의 귀족의 딸들을 물리치고 포로 남유다인 에스더가 왕후가 됩니다.
나라를 밝히지 않은 상태에서 왕후가 됩니다.
에스더 왕후는 왕의 사랑을 듬뿍 받습니다.
에스더 왕후가 유다인이라는 것을 모르고 하만이라는 신하가 유다인을 미워합니다. 하만은 자기에게 고개 숙이지 않는 유다인 모르드개가 싫었던 것입니다.

모르드개는 에스더의 삼촌입니다.
삼촌인지 몰랐던 것이지요.
하만은 하나님께만 엎드려 절하는 모르드개와 유다인들을 모두 죽이고 싶습니다.
그래서 하만은 계략을 꾸며 유다인들을 죽이기로 계획합니다.
이를 알게 된 유다인들은 금식하며 기도합니다.
에스더도 기도하고 죽음을 각오하고 왕 앞에 나아가 하만의 계략을 알립니다.

에스더는 죽음을 각오하고 유다인을 살리시려는 하나님의 일하심에 동참한 것입니다.
기도하며 죽음을 각오하고 순종한 에스더와 유다인들을 하나님은 살리십니다.
오히려 하나님의 사람들을 죽이려던 하만이 죽게 됩니다.
하나님은 순종하는 한 사람을 통해 일하십니다.
지금 하나님께서 부르시고 부탁하고 계십니까?

그 부탁을 혹 거절하고 계십니까?
하나님은 순종하는 한 사람을 통해서 반드시 하나님의 일을 이루십니다.
반드시 이루시는 하나님 아버지를 믿고 순종해 보세요.
순종하면 앞이 보이기 시작합니다.

내가 지금 해야 할 순종을 생각해 봅시다.

☑ 느헤미야

페르시아 아닥사스다 왕 때입니다.

느헤미야는 아닥사스다의 신하가 됩니다.

남유다 소식을 궁에서 듣습니다.

아직도 예루살렘 성은 멸망했을 때 모습 그대로라는 소식을 듣습니다.

이 소식을 들은 느헤미야는 회개를 합니다.

그리고 느헤미야는 무너진 예루살렘 성벽 재건의 꿈을 갖고 기도합니다.

그런 느헤미야를 하나님은 아닥사스다 왕에게 사랑받는 존재로 높여주십니다.

하나님은 느헤미야를 통해 허물어진 예루살렘 성벽을 다시 짓도록 하십니다.

아닥사스다 왕은 느헤미야를 예루살렘 성벽을 짓도록 총독으로 보냅니다.

그러자 난리가 났습니다. 야! 소식 들었어! 말이 되냐고~예루살렘 땅을 우리가 꿀꺽하려고 했는데~

왕이 느헤미야에게 준 거 같아! 느헤미야를 죽여 버리자! 하는 음모가 일어납니다.

이러한 어려운 환경에도 흔들리지 않고 느헤미야는 성벽 재선을 시작합니다.

한손으로 일하고 한손으로는 병기를 잡습니다.

밤에는 적과 싸우고 낮에는 일합니다.

이와 같이 그리스도인들은 한 손은 기도 한 손은 성실히 일하셔야 합니다.

한 손은 섬기고 한 손은 하나님께 공급 받아야 합니다.

니의 한 손은 하나님께 기도하고 다른 한 손은 하나님의 자녀답게 성실합니까?

느헤미야는 이와 같은 생활로 성벽을 완성합니다.

성벽을 완성하고 느헤미야는 부흥집회를 준비합니다.

백성들을 모으고 에스라를 초대하여 하나님의 말씀을 읽고 배우도록 합니다.

하나님의 말씀을 축제처럼 맞이하며 성경을 읽는 이스라엘에게 하나님은 큰 은혜를 주십니다.

성경 일독하며 받은 은혜들이 분명 있으실 것입니다.

성경 일독하며 받은 은혜와 기적들을 고백해 볼까요!

말라기

곧 사람들은 성전 재건 일도 에스라 때 부흥집회 은혜도 다 잊어버립니다.

느헤미야와 에스더를 통해 배운 하나님의 말씀을 다 잊어버립니다.

이러한 상황에 하나님께서 사람에게 직접 1인칭을 사용하셔서 말씀하십니다.

내가 경고하는데 내 말 듣고 제발 돌아와라~ 하십니다.

그러나 하나님께서 말할 때마다 사람들은 대듭니다.

하나님께서 내가 너 얼마나 사랑했는데~ 말씀하시자,

언제요? 어떻게요? 하면서 사람들은 대듭니다.

네가 나를 무시하는구나~ 하나님은 경고하십니다.

그러자 아! 귀찮게시리~ 바빠 죽겠는데 하며 사람들은 경고를 무시하며 대듭니다.

하나님 아버지는 말씀하십니다.

그래서 쓰레기통에 버릴 더러운 것과 병든 것을 나에게 던지듯 주는 거니?

게다가 우상 덩어리들까지 가지고 와서 나에게 예배드리는 거니?

내가 정말 괴롭다! 그러나 하나님은 말씀하십니다.

나는 변함없이 약속을 지킬 거야.

나의 말을 듣고 지키는 자들을 구원할 왕, 예수님을 보낼 거야.

그리고 내가 반드시 심판한단다.

그러니 지금이라도 거짓말하지 말아라~ 십일조와 헌금을 도둑질하지 말아라~ 등등 말씀하십니다.

무엇보다 예수님을 보내주신다는 하나님의 약속을 믿고 예수님을 만나라고 하십니다.

놀라운 것은 사람들은 관심 없다며! 거절합니다.

그러지 마라.

나는 변함없이 약속을 지킬 거야.

너희를 구원할 예수님을 보내 줄게 믿고 만나거라.

그러자 싫다구요! 사람들은 거절합니다.

그리고 구약은 막을 내립니다.

열세 번째 시간입니다

♥ 찬양

구약 일독을 마치면서 다 같이 특송할 찬양을 준비해도 좋을 것 같습니다.

♥ 점검

끝까지 점검하여 마지막 13주까지도 벌금을 거두어들이셔야죠^^
앗! 벌금을 내셨다는 것은 말라기까지 다 못 읽으셨다는 뜻이네요.
숙제를 한 주 더 할 수 있는 시간을 드립니다.
조원들이 엄청나게 도와주셔야 하는 주간이기도 합니다.

♥ 감사 나눔

전체적으로 구약 일독하면서 감사했던 것 한 가지를 나눕니다.

♥ 간증문 작성 (결단)및 간증 순서 정하기

앞으로 하나님의 말씀을 어떻게 읽고 실천할 것인지를 결단합니다.
작게, 한 가지만 구체적으로 정하면 좋겠습니다.
간증문 작성표를 활용하세요.

♥ 기도

인도자와 학생용 모두 한 문장씩 다 기도하고 마무리합니다.
혹 학생이 많으면 인도자와 팀장(조장)님들이 한 문장씩 기도합니다.

♥ 교제

☑ 구약 일독하며 간증 고백문

구약 일독하며 절대로! 배웠던 내용에 대한 것은 적지 않습니다.
구약 일독하며 만나게 된 하나님 아버지에 대한 고백 한 가지만을 적습니다.
그리고 앞으로 하나님 아버지를 더욱 알기 위한 성경 읽기를 결단합니다.
구체적으로 결단한 것을 적도록 합니다. (예: 하루에 1절이라도 읽겠다 등)
또 읽은 말씀을 한 가지라도 실천하는 삶을 살 것을 결단하며 마무리합니다.
최대한 짧게 간증을 요약하여 쓰도록 합니다.
그 이유는 실천하기 위해서입니다.

간증문

이름:

삐약삐약 말씀의 삶

신약

머리말

삐약~
삐약~ 말씀의 삶 신약 일독 교재를 쓰면서

저는 성경의 '성' 자도 들어 보지 못한 가난한 한 어린아이를 떠올려 봅니다.
또 거부할 수 없는 하나님의 인도하심에 붙들려 그 오지에 계신 분을 봅니다.
성경도 모르는 한 아이에게 복음을 전할 수밖에 없는 분들을 생각해 봅니다.
그래서 저는 예수님을 모르는 한 영혼을 생각하며 이 책을 썼습니다.
이 책이 주님께 돌아올 한 영혼과 그 곁을 지키는 분에게 도움이 되길 바랍니다.
따라서 이 교재의 목적은 예수님을 모르는 이에게 맞추어져 있습니다.
그들에게 예수님을 소개하는 데 초점이 맞추어져 있는 책입니다.
저의 소개를 조금 드려봅니다.
연애하랴~결혼하랴~ 재밌게 다닌 신학대학교 4년의 신학과 생활과
고된 훈련 속에 다닌 신학대학원 3년의 생활과
18년의 전도사 생활과
동시에 20년이 넘어가는 교회 평신도 사모입니다.
조금은 경력이 있는 사람이야!라고 말하는 것 같아 보이세요?
아니오! 지금도 울며불며 못하겠다고 난리치는 저를 끝까지 포기하지 않으신 예수님!
저와 함께해 주신 예수님이 제가 말하고 싶은 이 책의 중심이십니다.
십자가 외에는 다 똥이다!~라고 하신 바울 아저씨 말에 저도 동의하며
하나님의 예쁜 딸 명희가 씁니다.

삐약~삐약~병아리 신약 일독 책을 보려고 하신다고요?

예수님을 잘 모르는 분에게 맞추었습니다.
그래서 잘 자라라는 의미로 병아리의 삐약 단어를 제목으로 사용하였습니다.
무례한 질문이지만 인도하려고 하는 분의 초점이 낮은 곳에 있으십니까?
낮으시다면 이 교재를 사용하셔도 됩니다. ^^

자! 그러면 신약 일독 책을 사용하는 순서를 말씀드리겠습니다.
구약 일독 교재부터 해 오신 분들은 흐름의 이해가 쉬우셔서 문제되지 않습니다.
구약 일독 교재에 이어서 신약 일독 교재를 인도하면 되니까요.^^

그러나 신약 일독 교재부터 사용하는 분들은 아래 글을 읽어주세요.

어떤 사정으로 인해 신약 일독부터 하게 되는 경우가 있지요.
그런 경우는 구약 일독 교재 첫 시간 내용을 꼭 보고 진행하면 됩니다.

구약 일독 교재에서 보셔야 하는 부분은 다음과 같습니다.
1. 하나님, 예수님, 성령님의 그림에 대한 이해
(이해 못하면 저를 이단이라고 하실 거예요.)
2. 구약 줄거리
3. 첫날 정해야 하는 일들 (팀, 1인 1사역, 자기소개 등)
4. 구약책과 신약책이 만들어진 과정
5. 성경 읽는 순서까지는 보셔야 합니다.

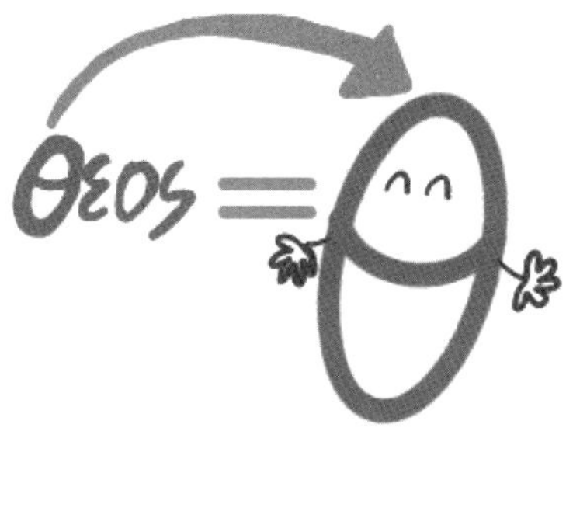

구약 하지 않고 신약 일독 교재부터 사용하는 분들은 이 부분을 첫 시간에 꼭 해야 합니다.

신약 목차

첫 번째 시간입니다

첫째 날 신약 일독 시작합니다

(신약 첫째 날 교재는 처음부터 로마 이야기까지 학생용 교재와 같습니다.)

구약 일독 교재 이어 하는 경우는 이어서 신약 하면 됩니다.
구약 일독하고 신약 일독하려고 하는데 신약부터 새로 오신 분이 있으시다고요?
그러면 다 같이 구약 첫 시간 복습하고 가야겠지요.^^ 한 사람을 위해서요!

♥ 신약부터 하는 경우 – 구약 첫 시간으로 가서 구약 첫 시간 하고 가기
♥ 구약이어서 신약 하는 경우 – 찬양과 기도 후 신약 첫 시간 시작하면 됩니다.

☑ 신약 줄거리

드디어 예수님께서 우리를 위해 십자가에 달려 죽으시러 오십니다.
사람들은 두 가지 반응을 보입니다. 믿고 회개하며 순종하는 사람들, 끝까지 거부하는 사람들 예수님은 십자가에 달리시고 우리 죄 대신 죽으십니다.
그리고 우리를 살리시기 위해 다시 부활하십니다. 그리고 우리에게 명령하십니다. 성령님과 함께 이 소식을 땅 끝까지 이르러 전하라고 하십니다.
여전히 사람들은 두 가지 반응을 보입니다.
순종하며 전하는 사람들, 불순종하며 전하지 않고 거부하는 사람들
하나님은 반드시 이 모든 것에 심판하시겠다고 말씀하십니다.
하나님 아버지의 말씀을 믿고 예수님을 나의 구원자로 받아들이기를 바라며 하나님, 예수님, 성령님의 진심과 설득의 편지 신약성경은 막을 내립니다.

☑ 신약 일독의 주수와 분량 정하기

이 교재는 13주 동안의 과정을 하나의 예로 소개한 것입니다.

저는 저희 교회의 여러 삶 공부(부부의 삶, 부모의 삶, 생명의 삶 등등)에 맞추어 13주를 정한 것입니다.

그리고 신청하신 분들을 고려하여 구약 13주, 신약 13주로 나누었습니다.

어~ 저희 교회는 구약과 신약을 한번에 다 일독해야 하는데요?

당연히 하셔도 됩니다. 성경을 읽는 것이 중요하지 방법은 다양합니다.

인도자가 읽는 분량, 일독 기간, 순서도 바꾸셔도 됩니다.

네~^^ 각 교회 상황에 맞게 성경 일독을 조정하시면 됩니다.^^

1주: 구약 재배치, 구약과 신약의 중간 역사

2주: 4복음서 알기

3주: 4복음서 복습과 마태복음

4주: 마가복음과 누가복음

5주: 요한복음과 사도행전

6주: 사도행전 선교 이야기(바울 선교)

7주: 사도행전(1장~18:22)과 데살로니가전 · 후서, 갈라디아서

8주: 사도행전(18:23~19장)과 고린도전 · 후서

9주: 사도행전(20장~끝)과 로마서

10주: 바울의 옥중서신과 목회서신

11주: 공동서신

12주: 요한1, 2, 3서, 요한계시록

13주: 감사 고백, 간증문 쓰기, 간증 순서 정하기, 맛있는 식사^^

♥ 바뀐 분들만 주수와 분량을 적어 보세요.

신약 이해를 위한 예수님 중심으로 구약 흐름 알기

구약부터 하신 분들도 예수님 중심으로 구약을 한 번 더 보고 가도록 합니다.
구약을 예수님 중심으로 설명해야 신약이 읽혀지기 때문입니다.

예수님 중심의 구약 설명

1. 창세기

하나님, **예수님**, 성령님은 천지 창조 이야기부터 하십니다.
하나님 말씀 안 듣고 타락한 이야기들을 들려주시죠.
그래서 **예수님**이 우리 대신 벌을 받고 구원할 약속을 창세기부터 말씀하시죠.

2. 욥기

욥기 책은 창조주, 하나님과 예수님과 성령님만이 옳나는 족장 시대의 노래예요.
구약 일독 교재에서는 욥기를 먼저 읽었지요!^^

3. 출애굽기

하나님은 약속을 이루시려고 아브라함의 자녀들을 하나님 나라 백성으로 부르죠.
예수님의 구원 소식을 전할 나라로 세우시려고 부르십니다.
애굽의 노예가 되어 버린 이들을 모세를 통하여 탈출시키는 출애굽기 이야기죠.

4. 레위기

출애굽 동안 하나님께 예배하는 법만을 모은 책이 레위기예요.

레위기를 통해 왜 **예수님**이 우리 대신 벌을 받으셨는지 알게 되지요.

5. 민수기·신명기

출애굽했을 때 사람들을 1세대, 1세대가 낳은 자녀들을 2세대라고 합니다.
출애굽했을 때 1세대 사람들을 대상으로 한 하나님 말씀입니다(민수기).
1세대가 광야에서 낳은 자녀 2세대를 대상으로 한 하나님의 말씀입니다(신명기).
1세대와 2세대 모두에게 하나님, **예수님**, 성령님은 동행하시며 설득하십니다.

6. 여호수아

드디어 가나안 땅에 하나님, **예수님**, 성령님께서 함께 들어가십니다.
여호수아입니다.

7. 사사기

그러나 사람들은 항상 동행하시며 마음에 새겨주신 하나님의 말씀을 잊습니다.
하나님, **예수님**, 성령님 말씀을 잊고 자기 마음대로 하는 사사 시대입니다.

8. 룻

자기 마음대로 하던 사사 시대에, 다윗 증조할머니 룻 등장시키시죠.
사람들을 구하려고 오실 **예수님**이 다윗 계보를 통해 오신다는 것을 알립니다.

9. 사무엘상·하

그러나 사람들은 **예수님**께 관심이 없고 자신들을 왕으로 세워달라고 고집합니다.

하나님은 그들의 고집을 들어주며 살리러 오실 **예수님**이 진짜 왕임을 알리시죠.
하나님 아버지의 마음을 읽고 순종하는 다윗 이야기가 사무엘 상 · 하입니다.

10. 시편

왕이신 나의 하나님~ 리듬을 타며 다윗은 삼위일체(하나님, **예수님**, 성령님)이신 세 분을 노래하네요. 시편은 노래를 모은 책인데, 다윗의 노래가 많습니다.

11. 잠언·전도서·아가서

솔로몬 왕이
아들아~ 하나님, **예수님**, 성령님만 경외해라의 잠언과
얘들아~ 하나님밖에 보람이 없으니 젊었을 때부터 하나님, **예수님**, 성령님만 섬겨라의 전도서와
하나님, **예수님**, 성령님과 우리의 사랑 이야기를 비유한 아가서 이 세 권을 남깁니다. 모두 시가서입니다.

12. 열왕기상·하

다윗 아들 솔로몬의 우상숭배로 솔로몬 이후 남과 북으로 갈라지게 됩니다.
북이스라엘과 남유다 왕들이 **예수님** 버리고 우상으로 모두 꼴까닥! 망합니다.

13. 역대상·하

다시 아담부터 시작해서 포로가 되었다가 돌아온 역사를 한 번 더 언급합니다.
게다가 북왕국 이야길 쏘옥~빼고 남유다 이야기만 합니다.
이 책이 역대상, 역대하입니다.

누가? 왜? 그것도 북왕국 빼고, 남왕국 이야기만 다시 기록한 것일까요?
하나님께서 에스라를 통해 다시 한 번 더, 그리고 남유다 왕들만 기록합니다.
포로 시대에 태어난 아론의 16대 자손 에스라가 역사를 반복 기록합니다.
하나님은 성실히 하나님 말씀을 연구하는 에스라에게 깨닫게 하십니다.
아담 때부터 약속하셨던, 우리를 살리실 영원한 왕 **예수님**을! 보게 하십니다.
다윗 계보인 남유다를 통해 오실 **예수님**을 재강조하며 기록합니다.
남유다 왕국만! 성전 중심으로 기록한 것입니다. 역대상, 역대하지요.

14. 12권 예언서

북쪽 왕들과 남쪽 왕들과 같은 시대에 살며 늘 외칩니다.
우상을 섬기면 죽어요~
곧 **예수님**이 오실 거라며 외친 예언자들이 쓴 책 12권이죠.

15. 다니엘·에스겔

남왕국이 바벨론에게 1차, 2차, 3차 침공 끝에 망합니다.
1차 침공 때 다니엘, 2차 침공 때 에스겔이 잡혀가지요.
놀라운 것은 다니엘, 에스겔은 요한계시록처럼 **예수님** 말씀을 받아 기록합니다.

16. 에스라

포로 시대에 살면서 역대상, 역대하를 기록한 에스라는, 한 권을 더 기록합니다.
성전 자체이신 **예수님**을 바라봅니다.
무너진 성전 재건의 과정들과 말씀 중심의 생활을 강조합니다.
그 책을 에스라서라고 합니다.

17. 학개·스가랴

성전이신 **예수님**을 바라보며 성전 재건을 격려하는 학개, 스가랴가 등장합니다.

18. 에스더

예수님 통해 다시 살리실 하나님을 믿고 순종한 왕후 에스더도 있습니다.

19. 느헤미야

또 에스라 다음으로 느헤미야가 돌아와서 무너진 예루살렘 성벽도 재건합니다.
에스라를 초청하여 **예수님**의 구원 약속의 내용들을 백성들에게 전하게 합니다.

20. 말라기

그러나 사람들은 하나님의 구원 약속이신 **예수님**을 잊습니다.
십일소를 도둑질하고, 거짓말을 하며 우상을 섬기며 삽니다.
영원히 죽어가는 길로 가는 사람들에세 하나님은 사랑한다고 말씀하십니다.
그런 하나님 아버지에게 어디 보여줘 봐요 하며 대듭니다.
예수님이 너 대신 벌을 받고 너를 살리실 거야~
아~ 누가 그런 사랑 해 달래요 하며 **예수님**을 거부합니다.
하나님께 대드는 사람들에게 구원 약속을 이야기하는 책이 말라기입니다.
이 말라기 예언을 끝으로 구약은 막을 내립니다.
곧 오실 **예수님**을 소개하며 구약은 막을 내립니다.

☑ 예수님이 오시기까지 400년 동안 일어난 일들은?

1. 400년 중간기

구약과 신약에는 400년이라는 중간 시간이 있습니다.
구약 책이 끝나고 신약 책으로 바로 이어지지 않습니다.
구약 책의 말라기를 끝으로 예수님께서 400년이 지나고 이 세상에 오십니다.
구약의 시대를 BC(Before Christ)라고 합니다.
예수님 오신 시점을 기준으로 그 이후를 AD(Anno Domini)라고 합니다.
지금 제가 AD 2014년에 이 글을 쓰고 있네요.
BC와 AD의 구분을 아시겠죠.
예수님이 기준이십니다!!!
구약 책 말라기 예언자가 마지막으로 예언하고 400년이 지나 예수님 오십니다.
400년 동안 어떤 일들이 있었는지 알아야 신약 책의 배경이 이해됩니다.

자! 그러면 400년의 흐름들을 하나씩 살펴보러 출발합시다!

2. 신약 지도

먼저 신약 들어가기 전에 지도를 눈으로만 사진 찍고 가실게요.
검정색은 바다입니다. 하얀색은 땅입니다.
예루살렘 보이시죠!
다음 그림에서 그 주위를 확대하여 봅니다.

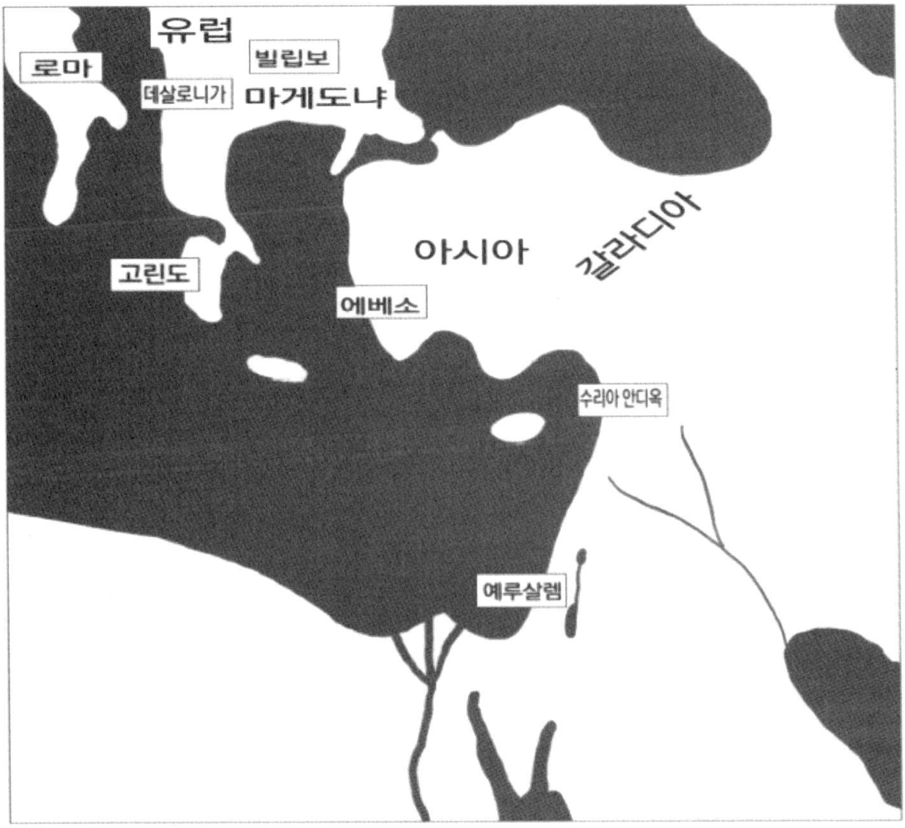

3. 구약 때 지도와 조금씩 위치가 달라져 갑니다

예루살렘 위주로 확대한 아래 사진을 볼까요.
갈릴리와 사마리아 그리고 유다(유대) 지역만 확실히 기억하고 지나가겠습니다.
갈릴리에서 유대까지 걸어서 3~4일 길이라고 합니다.
지도가 많이 달라져서 정확한 지도는 아닙니다.

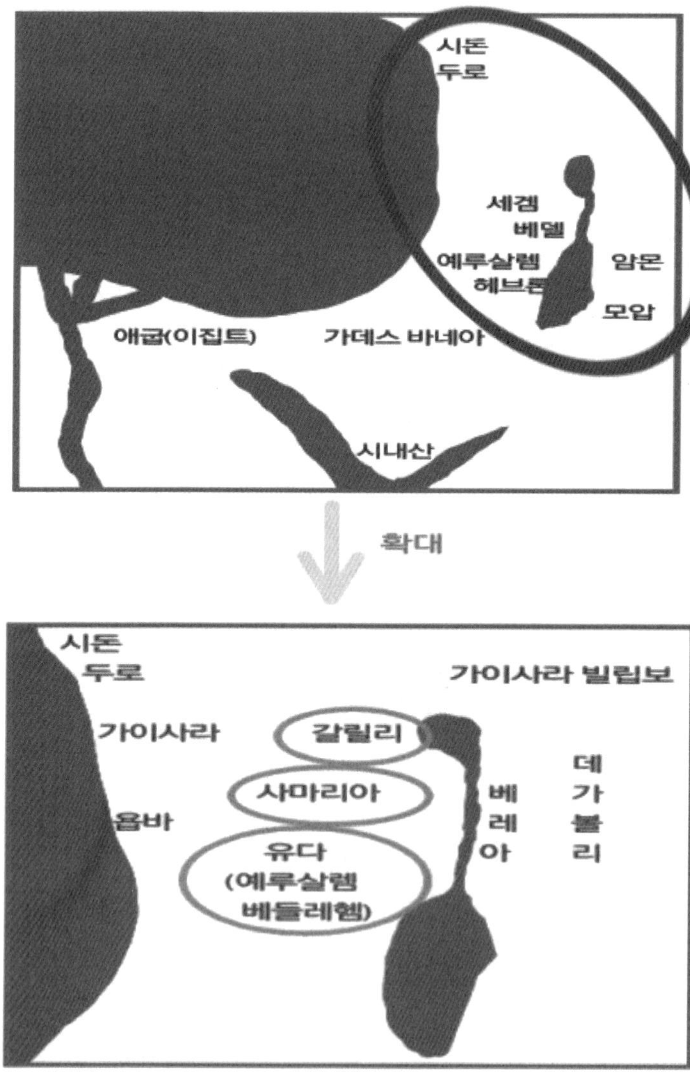

4. 회당

하나님의 복음을 전하라는 부름을 받은 이스라엘은 불순종합니다.

오히려 우상을 섬겨 남유다와 북이스라엘로 갈라지고 모두 망하고 맙니다.

남유다는 망한 후 세계로 흩어지며 성전이 아닌 회당이라는 장소를 만듭니다.

회당에서 남유다 중심의 유대인들이 하나님 말씀을 지킵니다.

회당을 중심으로 사람들이 하나님 말씀을 지키려다 보니 규칙들을 만들고 정하게 됩니다.

안식일 날 얼마 정도 걸으면 일한 걸로 정하자! 등등

많은 회당이 하나님 말씀을 지킨다며 계속 규칙들을 만듭니다.

문제는 하나님의 말씀 지키자고 만든 규칙들이 하나님 말씀을 바꾸어 버립니다.

〈포로 때부터 세운 회당 그림〉

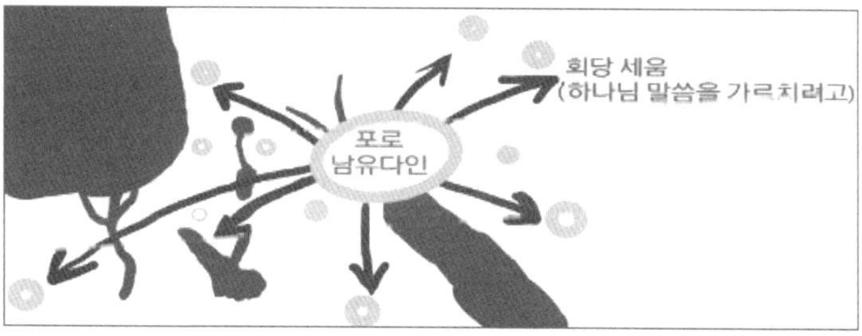

〈세계로 흩어지는 유대인 그림 (회당 세우죠)〉

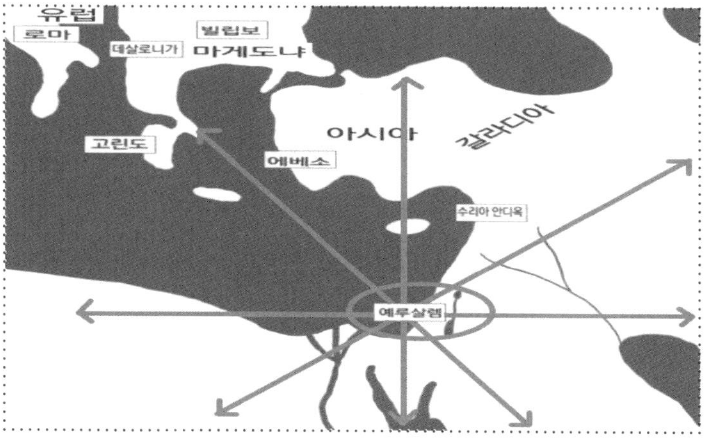

5. 그리스가 등장하죠!

남과 북으로 갈라진 이스라엘은 북이스라엘이 먼저 앗수르에 의해 망합니다.
곧 남유다는 바벨론에게 망합니다.
다시 남유다는 바벨론 다음에 일어난 나라 바사(페르시아)가 지배하게 됩니다.
예수님이 오시기 400년 동안에 계속해서 지배국이 달라집니다.
바사 다음으로 그리스가 지배하더니 후에는 로마가 지배하게 됩니다.
로마가 지배할 그 때 예수님이 오십니다.
먼저, 그리스를 보세요.
그리고 로마를 보도록 하겠습니다.

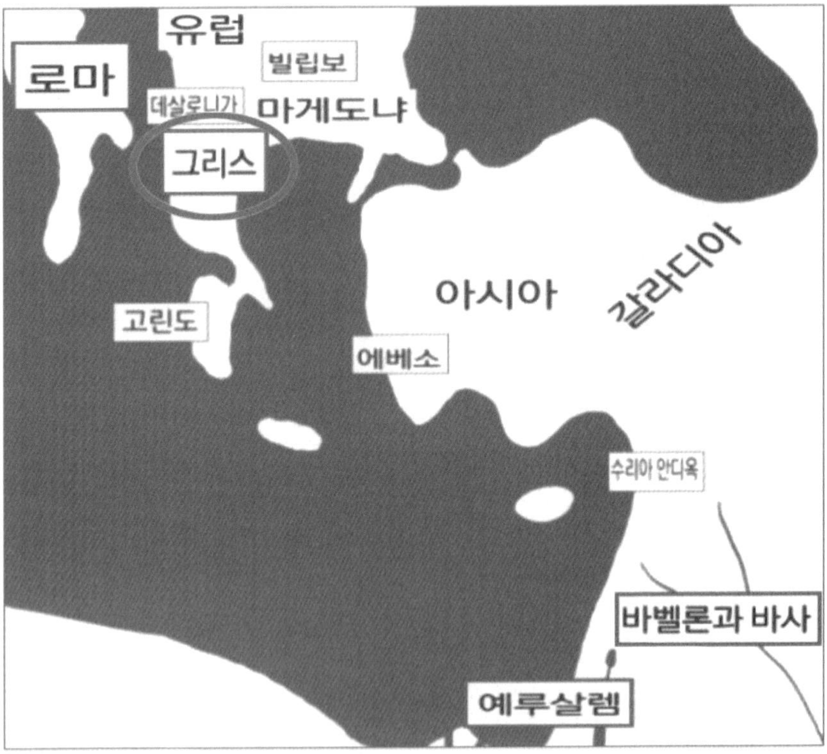

6. 지배국의 변화 구조 정리

이스라엘은 솔로몬의 우상숭배로 북이스라엘과 남이스라엘로 나뉩니다.
남이스라엘은 거의 유다 지파로 이루어져 남유다라고 불립니다.
북이스라엘은 우상 숭배로 앗수르에게 망합니다.
그리고 새롭게 나타난 바벨론이 앗수르를 꿀꺽하고 남유다도 꿀꺽합니다.
다시 그 바벨론을 페르시아(=바사)가 꿀꺽합니다.
그리고 구약 책은 말라기를 끝으로 마무리를 짓습니다.

그 후 예수님이 오시기까지 400년이라는 세월이 흐르는 동안 변화가 생깁니다.

그리스의 알렉산더가 페르시아(=바사)를 꿀꺽합니다.
그리고 후계자 없이 죽은 알렉산더의 부하들이 꿀꺽~ 꿀꺽합니다.
그 중 알렉산더의 부하(프톨레미2세)가 구약을 헬라어로 번역합니다.
그리고 다시 알렉산더의 부하(셀레우코스)가 집권하여 이스라엘을 다스립니다.
그리고 후에 (셀레우코스의 안티오쿠스 4세 때) 이스라엘을 아수 못살게 굴죠!
(　) 안의 이름 기억보다는 꿀꺽!만 기억하시도록 인도하시면 됩니다. 삐약~ ^^

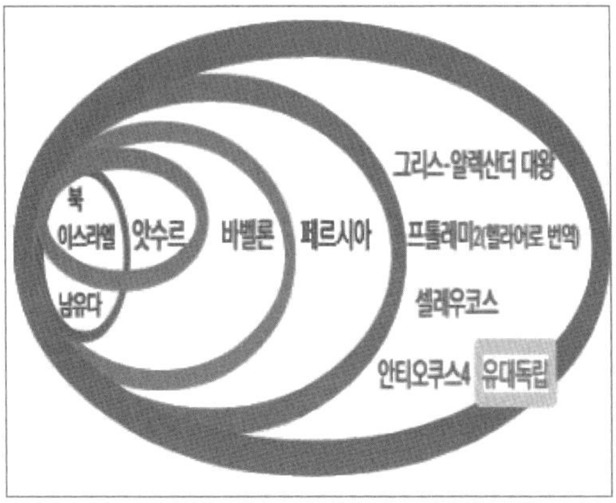

7. 우와~ 그런데 잠깐만요! 유대가 로마 나타나기 전 독립한 적이 있었네요!

어떻게 독립한 걸까요?

인도하실 때 ( )는 생략하고 인도하시면 더 좋겠습니다.

그리스 알렉산더 대왕이 후계자 없이 죽었었죠!

(프톨레미(이집트 쪽 가짐), 셀레우코스(바벨론 쪽 가짐)) 부하들이 차지했지요!

바벨론 차지한 부하(셀레우코스)가 이집트 차지한 부하(프톨레미)를 꿀꺽하네요.

그리고 바벨론 쪽을 차지한 부하(셀레우코스 가족)가 이어 통치를 하게 됩니다.

그리고 유대를 (셀레우코스의 안티오쿠스 4세) 엄청 핍박하게 됩니다.

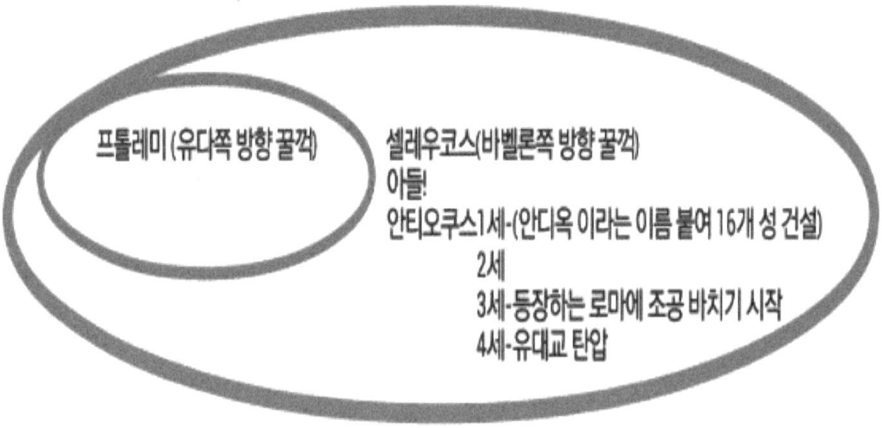

심한 핍박 속에 아론 계열의 제사장 맛다디아 가문이 독립 운동을 펼칩니다.

맛다디아의 셋째 아들 유다 별명이 마카비(=쇠망치, 망치!라는 뜻! 무섭죠)예요.

쇠망치로 탕! 탕! 탕! ~ 독립~만세!

그래서 마카비 혁명이라고도 불러요.

그리고 4대까지 100년 동안 독립을 이어 갑니다.

(=하스모니안 왕조라고 합니다.)

그러나 다시 로마에 점령당한답니다.

8. 독립했다가 (하스모니안 왕조 4대) 무슨 일이 생겨 로마에게 나라를 다시 빼앗긴 걸까요?

마카비 혁명으로 독립한 남유다 중심의 이스라엘은 에돔 지역까지 정복합니다.
그리고 에돔 왕 안티파스를 총독으로 세우지요.
사람은 보고 배운 대로 합니다. 누구를 보고 배웠느냐가 중요합니다.
하나님을 보고 배운 대로 했으면 우리는 지금도 에덴동산에 있을 것입니다.
그러나 사람은 하나님께 반역하는 사탄을 보고 배운 대로 합니다.
하나님의 말씀을 보고 배운 대로 했으면 좋았을 텐데요.
남유다 중심의 이스라엘은 앗수르, 바벨론, 바사, 그리스를 보고 배운 대로 따라 합니다.
이스라엘은 정복한 이웃 나라들을 보고 배운 대로 조공을 바치라고 합니다.
이스라엘은 에돔을 정복하고 에돔 왕을 총독으로 세우고 너 조공 잘 바쳐! 합니다.
에돔 왕은 힘이 점점 세져 오는 로마를 봅니다.
당연히! 로마 쪽에 붙고 반역을 합니다. 에돔 왕에게서 똑! 소리가 들리네요.
그래서 에돔 왕의 반역으로 로마에게 다시 나라를 빼앗기게 된 것입니다.
아! 안타까운 것은 에돔 족속을 거슬러 가다 보면 에서가 나옵니다.
이스라엘 족속을 거슬러 올라가다 보면 야곱이 나옵니다.
에서와 야곱은 형제이지요.
결국 하나님 말씀대로 순종 안 하고 형제들끼리 치고받고 난리가 났네요.

9. 로마와 손잡은 에돔 사람 안티파스와 그의 손자 헤롯이 등장합니다

유대 하면 이제는 남유다 중심의 이스라엘을 생각하면 됩니다.
유대는 쇠망치의 독립 운동 성공으로 잠시 100년 동안 잘 지냈죠.
그 때 형제 에서 족속인 에돔 민족까지 영토를 확장하여 지배했죠.
그리고 에돔 왕 안티파스를 유대의 총독으로 삼았다고 했지요.
그러나 유대 총독이었던 에돔 사람 안티파스가 로마에게 뇌물을 주고 배신합니다.

이제 에돔 안티파스 가문이 유대를 다스리게 되는 과정을 만나러 가 봅니다.
에돔 사람 안티파스는 로마에게 뇌물 주고 유대를 꿀꺽하는 기반을 잡습니다.
그리고 그의 손자 헤롯이 정식 유대의 왕으로 인정을 받게 됩니다.
다윗 혈통을 통해 오실 왕을 기다리는 유대인들은 헤롯을 인정하지 않죠.
그래서 헤롯은 400년 사이에 또 무너진 성전 재건도 도우며 유대인 눈치 봅니다.
또 로마에게 유대 왕으로 인정을 받고자 끊임없이 뇌물 갖다 바치느라 바쁩니다.

이러한 분위기에서 헤롯은 유대 왕(예수님)이 태어났다는 소리를 듣게 됩니다.
얼마나 공을 들여 얻은 왕 자리인데! 헤롯은 무서운 명령을 내립니다.
유대 근처 아기들을 다 죽이라 명령하게 됩니다.
성령으로 이 세상에 오신 예수님은 애굽으로 피신을 가게 된 것입니다.
이 후 에돔 사람 헤롯은 세 아들들에게 땅을 나누어 주고 곧 죽습니다.

애굽 이집트로 ~

10. 에돔 사람 헤롯은 세 아들에게 어디 어디를 나누어 주었을까요?

세 아들의 이름을 먼저 볼게요.
안티파스(할아버지 이름과 같죠)와 빌립, 그리고 아켈라오입니다.
이들은 땅을 나누어 다스린다는 뜻으로 분봉왕이라고 합니다.
그 이름 앞에 헤롯 이름을 붙여 사용합니다.
헤롯 안티파스, 헤롯 빌립, 헤롯 아켈라오라고 합니다.
나누어 다스린 땅을 볼게요.
헤롯 안티파스는 이스라엘 북쪽 갈릴리 지역을 포함한 주변을 다스리죠.
헤롯 아켈라오는 이스라엘 남쪽 사마리아와 유대를 다스리죠.
헤롯 빌립은 이스라엘 동쪽 이스라엘 주변 지역을 다스리죠.

11. 헤롯 아켈라오를 내쫓는 로마 총독

헤롯 아켈라오가 로마에 의해 추방당하는 그림이 앞 그림에서 보입니다.
로마의 뜻을 따르지 않아서입니다.
로마는 유대 잘 해줘라~ 했는데 에돔 사람 헤롯 아켈라오는 때리고 핍박하죠!
그래서 유대와 사마리아 사람들은 로마에 대한 반발심이 커집니다.
이 사실을 알게 된 로마는 분봉왕 헤롯 아켈라오를 먼 곳으로 유배시킵니다.
그리고 그 땅에 로마가 직접 로마 사람 총독을 파견해 다스립니다.
예수님을 재판한 빌라도는 파견되어 온 총독들 중의 한 사람입니다.
이 후에도 많은 총독들이 파견 오게 되지요.
자연스럽게 총독은 분봉왕 헤롯들보다 높은 위치입니다.

12. 잠깐! 짚고 갑시다!

다들 헤롯이라는 이름을 사용하여 우리를 헷갈리게 하지요.
예수님 때와 제자들 때 등장하는 헤롯 왕들은 다 다른 왕입니다.

안티파스의 손자로 아기 예수님 죽이려고 했던 왕을 대 헤롯이라고 부릅니다.
헤롯 안티파스, 헤롯 빌립, 헤롯 아켈라오는 대 헤롯의 세 아들들이지요.
대 헤롯에게는 형이 있었습니다.
형의 후손들이 내 자리였어! 하며 반역을 일으키네요.
즉, 조카(아그립바 1세)가 정권을 장악하고 사촌 분봉왕들을 뻥! 차 버립니다.
바로 아그립바 1세입니다.
헤롯 아그립바 1세는 야고보 죽이고 베드로도 감옥에 넣습니다.
헤롯 아그립바 2세는 총독 베스도가 부임해 축하하러 갔다가 바울 설교를 듣지요.

13. 로마를 다시 자세히 봅시다

로마의 위치를 지도로 다시 잠깐 볼게요.
지도들을 자연스럽게 반복해서 보면 쉬워집니다.
보고 또 보고 자꾸 보면 정이 들 듯이요^^
신약 일독하는 데 아주 중요하답니다.
그림에 보이는 땅들을 꿀꺽한 그리스를 로마가! 나타나더니 꿀꺽합니다.
이제 로마의 시대입니다.

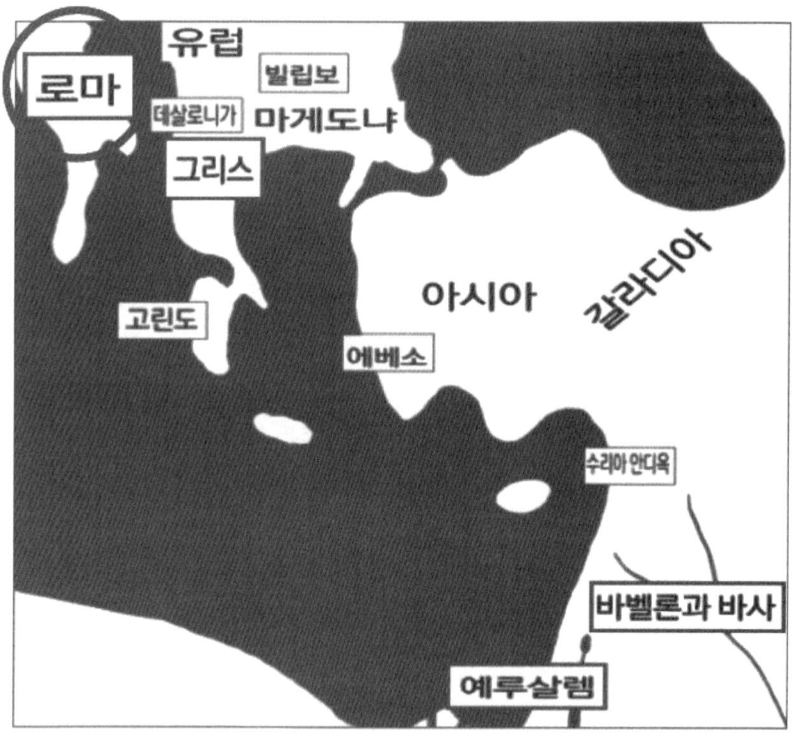

14. 로마

지도에서 보면 그리스의 옆 나라입니다.
이탈리아 반도에서도 로마는 작은 나라였습니다.
그 작은 로마는 이탈리아 반도를 통일합니다.
그리고 옆 동네 바벨론과 바사를 꿀꺽한 그리스를 꿀꺽합니다.
폼페이, 가이사, 크랏수스가 3두 정치로 로마를 이끌어 갑니다.
그런데 가이사가 폼페이를 이집트에서 죽입니다.
그리고 가이사는 부하에게 살해됩니다.
가이사의 양아들 옥타비아누스가 정권 장악 후 로마 황제가 됩니다.
이때 에돔인 헤롯이 로마에게 뇌물 주고 분봉왕으로 유대의 왕이 됩니다.

이 때 예수님이 오신 것입니다.
예수님이 오셨을 때의 정치적 배경은 다음과 같습니다.
황제는 로마인 옥타비아누스요,
왕보다 센 로마 총독도 파견 와 있고요,
왕은 에돔인 헤롯이고요.

옥타비아누스는 호적 명령을 내립니다.
그래서 성령으로 예수님을 잉태한 마리아랑 요셉은 유대로 호적하러 갑니다.
마리아랑 요셉은 유대에서 태어났지만, 갈릴리로 이사 가서 살고 있었거든요.
그래서 마리아의 배 속에 계신 예수님은 유대 땅으로 가는 여행길에 오르시죠.
구약의 하나님의 말씀대로 예수님은 유대 땅에서 태어나신 것입니다.
인류의 왕이 태어난 소식에 헤롯이 아기들을 죽이라는 명령을 한 것이고요.

15. 대제사장과 제사장들

(여기부터 학생용 교재에는 요약된 부분만 나옵니다. 참고하세요.)

이스라엘은 레위 지파만이 하나님의 제사장직을 맡았지요.
또 레위 지파 중에서도 아론 집 사람들만이 대제사장직을 맡았습니다.
그러나 남과 북이 갈라지면서부터 레위 지파 아니어도 제사장을 삼습니다.
그러더니 이제는 아론 집 사람만이 아닌 대제사장들이 등장할 정도입니다.
헤롯에게 돈을 주고 대제사장직을 삽니다.
예수님 당시 대제사장 안나스도 돈을 주고 산 것입니다.
그래서 그 돈을 메꾸고 모으기 위해 성전에다가 시장을 차립니다.
하나님께 예배드리는 성물(제사 드릴 동물 등등)들을 거액을 주고 사게 합니다.
신약 읽을 때 예수님께서 성전에서 장사하는 것을 내쫓는 장면을 읽게 됩니다.
이 때 왜 대제사장과 제사장들이 예수님을 죽이려고 했는지 짐작이 가시겠지요!

혹, 교회에서 직분(집사, 장로 등등)을 돈으로 세우거나 사십니까?
혹, 교회에서 내 이름을 내세우려는 것이 있으십니까?
예수님을 죽이는 안나스 대제사장처럼 됩니다.
돈으로 해결해 버리려고 하는 것들이 있는지 풍선 안에 적어 보세요.

16. 산헤드린 공의회

유대인들만의 기관으로 대제사장, 제사장, 여러 파의 대표들이 모인 곳입니다. 이들 70명의 대표들을 산헤드린 공의원들이라고 합니다. 그들이 모여 회의하는 것을 산헤드린 공의회라고 합니다. 산헤드린 공의회는 이스라엘만의 자치기관으로 이스라엘의 법이 되지요. 그런데 그 속을 가만히 들여다보니 각양 각색의 사람들이 모였습니다. 어떤 사람은 하나님의 말씀대로 순종하려고 노력합니다. 어떤 사람은 자신들의 파에 유익이 되는 것이 하나님의 뜻이라고 주장합니다. 어떤 사람은 로마가 하나님이라고 생각하는 사람도 보입니다. 성경보다 더 센 법이 있으십니까?

17. 레위 지파

하나님은 야곱에게 12아들을 주십니다.
12아들들이 번성하여 12지파를 이루고 이스라엘 민족이 되게 하십니다.
하나님은 레위 지파는 유산(땅, 기업)을 분배 받지 않게 하십니다.
하나님을 예배하는 일에만 전념시키십니다.
11지파에게는 땅(유산)을 분배 받도록 하십니다.
그리고 하나님은 분배 받은 11지파가 레위 지파를 책임지도록 하십니다.
교회 목사님이 생계 위해 다른 일을 하는 것이 맞다고 하는 사람들이 있습니다.
하나님 말씀과 맞지 않습니다.

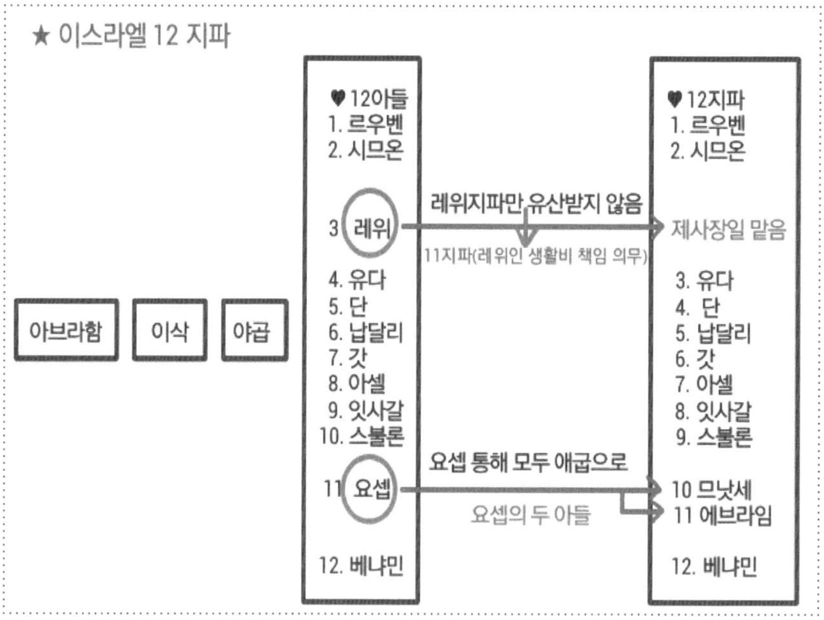

목사님은 하나님의 부르심을 받고 교회를 전적으로 맡은 사람입니다.
우리 교회 목사님은 생계를 위해 일하고 계신가요?
그러면 교회에 올인하기는 힘듭니다.
우리 교회 목사님은 교회를 더 섬기기 위해 일을 하시는 것이라고요?
그러면 슈퍼맨이십니다.
그러나 슈퍼맨은 반짝 떴다가 금방 사라집니다.
생각해 보시길 바랍니다.
다른 일을 하는 목사님은 교회노 반짝 떴다가 사라져야 합니다.

교회에서 기도하며 성도를 돌보는 목사님이 그립지 않으십니까?
목사님 생계를 위해 밖으로 내모는 생각과 주장들을 버립시다.
성도의 한 사람으로서 책임을 다하고 있는지부터 점검하시기 바랍니다.

18. 여러 파들 중에 바리새파부터 살펴볼까요!

사람들은 하나님 말씀에 순종하기 위해 엄격한 규율들을 계속 만듭니다.
규율과 틀들을 정합니다.
이 틀을 지키면 하나님 말씀을 지킨 것이라고 생각합니다.
이들은 점점 바리새파라는 이름으로 세력을 만듭니다. 그리고 그 틀을 하나님의 말씀이라고 바꾸어 버립니다.

지나친 틀은 점점 우리를 바리새파로 만듭니다.
하나님 말씀보다 더 앞선 내가 가진 틀, 규칙은 무엇인지 풍선 안에 써볼까요!

19. 성경 선생님들 - 서기관/ 율법사/ 랍비

서기관은 하나님의 말씀을 한 글자도 틀리지 않도록 적는 사람입니다.
율법사와 랍비는 하나님의 말씀을 가르치는 사람들입니다.
결국 이들은 회당에서 하나님의 말씀들을 해석하고 가르쳐 주는 역할을 합니다.

그러나 사람의 해석과 가르침은 완벽하지 못합니다.
그래서 예수님이 직접 오셔서 하나님의 뜻을 설명해 줍니다.
하나님이 직접 오셔서 내 뜻은 이런 거였어~라고 알려주십니다.
그런데 많은 서기관, 율법사, 랍비들인 성경 선생님들은 직접 오신 예수님을 믿지 않고 오히려 예수님을 죽이려고 합니다.

잠깐! 생각하고 지나갑시다.

예수님을 거부한 바리새인과 서기관과 율법사와 랍비는 어디에 힘을 썼을까요?

저 목사님 설교 참 잘하신다!
우리 목사님은 설교가 약해~ 라고 생각하고 말하십니까!
굳이 예수님을 받아들이지 않는 바리새인, 서기관, 율법사, 랍비같이 되시렵니까?
굳이 그들과 같은 사람들이 되셔서 목사님을 죽이려 하십니까!
목사님을 죽이는 죄를 짓지 않고 싶으시죠!

말씀 순종하는 데 힘을 다 써 버리면 목사님을 죽일 힘까지는 남지 않게 됩니다.

20. 사두개파

사두개파 사람들의 공통된 생각은 거의 부정적입니다.
천사 같은 존재는 없어!
예수님이 죽었으면 끝이지!
예수님이 부활했다고!
그런 것은 없어!
있을 수 없는 일이야!
말도 안 된다고! 합니다.
늘 입에서 없어~ 안 돼~ 받아들일 수 없어~라고만 합니다.

내 생각은 주로 감사하는 방향입니까?
아니면 부정적 방향입니까?
내 입에서 자주 쓰는 말을 귀담아 들어보세요.

21. 열심당(셀롯당)

셀롯당이라고도 합니다.
쇠망치 아시죠!
쇠망치 같은 폭력을 사용하여 다시 유대 독립을 꿈꾸는 사람들입니다.
뿐만 아니라 로마의 자리를 차지하고 싶어 합니다.
하나님의 나라보다는 일등 나라를 꿈꾸며 힘을 믿고 사는 사람들입니다.

열심당을 보면 우리 모습이 보입니다.
내가 믿고 있는 힘은 무엇입니까?
대학교입니까?
아파트입니까?
노후대책입니까?
별장입니까?
음식입니까?
건강입니까?
명예 등등입니까?
힘을 갖기 위해 예수님 말씀보다 앞선 나의 열심들에는 어떤 것이 있나요?

22. 에세네파

로마를 생각하니 마음이 복잡하고~
헤롯을 생각하니 머리가 아파오고~
바리새인과 사두개인과 서기관 같은 파들을 보니 속이 뒤집혀 옵니다.
타락한 제사장들과 대제사장을 보면 죽이고 싶어집니다.
보면 죄를 짓게 되고 그래서 차라리 안 보이는 곳으로 갑니다.
뜻을 같이하는 사람들이 모여 동굴이나 산 깊은 곳에 은둔하여 삽니다.
생각하면 복잡하고 어지러운 문제들이 있어서 혹, 숨을 곳을 찾으시나요?
숨어도 같은 문제들이 거기에도 생기게 된답니다.
숨지 말고 하나님께 나오세요.
하나님은 정직하게 책임질 힘도 주시면서 피할 길도 내 주실 것입니다.

두 번째 시간입니다

♥ 찬양 ♥ 기도

♥ 숙제 검사 (노란 풍선 안에 적용과 실천 적어 오셨죠!)

♥ 감사 고백

♥ 이번 주 숙제 (풍선 채워오기)

《소식과 간식 확인은 앞으로 담당자가 알아서 해 주세요! 》

노란 풍선에 숙제한 것 중 감사했던 것 한 가지만 나누도록 합니다.
반드시 나누실 때는 감사했던 것 한 가지만 나누도록 인도하셔야 합니다.
감사 방향으로 나누지 않으면 곧 불평으로 이어지게 됩니다.
숙제가 많아요~
어려워요~
교재를 한 번도 못 봤는데요~
그만할래요~ 등등
곧 분위기가 가라앉고 인도자의 힘을 쭈욱 빼는 사탄의 분위기로 갑니다.
보통 나눔 시간은 1인 3-4분(5분은 좀 길어지죠~ ^^)이면 적당합니다.
그러나 특별히 성령님의 인도하심 가운데 나눔이 길어질 때가 있습니다.
아주 간혹 특별한 인도하심 가운데 나눔이 길어지면 발표를 조금 줄입니다.
교재의 실제 강의 내용 양은 많지 않습니다.
강의 내용이 많지 않은데도 저는 교재의 모든 것을 다 하려고 하지 않습니다.
예수님 한 분만 초점을 맞추고 나누고 발표하는 데 많은 시간을 갖습니다.
너무 강의를 다 하거나, 잘하려고 하지 마시고 예수님만 남도록 해 보세요.
예수님만 남도록 하는 것도 성령님 몫이니 우리 인도자는 순종만 하면 됩니다.

☑ 신약 이해를 돕기 위한 복습

1. 숙제하실 때의 주의점을 다시 알려드립니다

구약 교재에 나오지만 신약부터 하시는 분들을 위해 한 번 더 반복합니다.
구약부터 하신 분들은 지나가세요.^^

해야 할 숙제는 해 오셔야 합니다.^^

예를 들어 이번 주 숙제가 마태복음이라면 마태복음을 읽어 옵니다.
그리고 읽은 마태복음 말씀 중에서 실천 한 가지를 해 옵니다.
그리고 해 온 것을 나누는 시간에 나누는 것까지가 숙제입니다.

하지 말아야 할 숙제는 애써서 해 오지 않기^^

첫째는 심각한 공부 안 하기!
헬라어로 쓰여진 성경 원문을 본다든지 ㅎㅎ
성경을 헤석해 준 주석 책들을 보며 깊은 공부를 하시면 안 됩니다.
그래서 인도자를 무안하게 하실 준비 해 온다든지 그러기 있기? 없기?
당연히 없기죠^^
인도자도 잘 몰라요! ^^ 인도자는 순종하는 사람일 뿐입니다.
일독의 목표는 성경을 읽고 예수님이라는 하나님!!을 만나려고 하는 것입니다.

둘째는 성경에 쓰여 있지 않은 부분 생각해 오지 않기!

예를 들어 마태복음 읽으면서
처녀가 잉태했다구? 와우! 마리아가 결혼 전에 사고 친 거 아냐!
태풍이 불어 옷도 다 젖었을 텐데 예수님은 잠만 잤다고! 뭘~ 드셨나!
죽은 소녀를 다시 살리셨다고?
그런데 지금은 왜 그런 기적이 안 일어나지?
아니! 왕이라면서 그 능력으로 빠샤빠샤 세상을 한번 확 뒤집어 놓지! 등등

성경에 쓰여 있지 않은 것들을 자꾸 생각하시면!
엉뚱한 곳으로 날아가시다가 성경책을 팍! 하고 덮으시게 됩니다.
그리고 내 마음대로 생각하게 해 주는 우상에게로 착! 가게 되지요.
곧 죽음에게로 착! 붙으시는 일이 없도록 성경에 기록된 말씀만 생각해 주세요.
예수님 외에는 다른 구원이 없다고?
예수님 외에는 구원이 없다? 없다? 없다? 없구나! 까지만 가세요!!!
그럼 다른 종교들은 다 죽나?
너무 잔인한 거 아니야?까지 제발 가지 마세요.
예수님 외에는 구원이 없구나!!! 느낌표까지만 가세요.

2. 신약 4복음서로 들어가려면 구약의 유월절을 알고 가야 합니다

(신약부터 하는 분들을 위한 배려로 유월절을 복습합니다.^^)

구약 시절 때 이스라엘이 애굽(이집트)의 노예가 되어 있었죠.

죽을 것 같은 생활 속에서 하나님은 그들을 구출해 내십니다.

그 과정에서 애굽의 바로 왕이 하나님을 대적하고 싸웁니다.

하나님은 바로 왕과 애굽 사람들에게 구원을 알리시며 설득하십니다.

너를 구원하려고 그래!

저 노예들은 구원 소식을 전하도록 세운 내 백성들이란다.

풀어줘라~ 너와 모든 사람을 구원하려고 하는 나의 뜻을 전할 수 있도록!

그러나 바로는 거절하고 오히려 하나님과 싸웁니다.

하나님은 설득 과정 중에 끝까지 대적하는 그들에게 10가지 재앙을 주십니다.

피할 방법도 매번 알려 주십니다.

그러나 끊임없는 거절 속에 10가지 재앙을 다 만납니다.

그 중에 마지막 열 번째 재앙이 장자, 첫째로 난 것이 다 죽는 재앙입니다.

죽지 않는 방법도 알려 주셨습니다.

하나님께서 양을 대신 죽이고 그 피를 문설주에 바르라고 하십니다.

어린양처럼 예수님이 대신 죽고 우리를 구원시킬 것이라는 상징이지요.

믿고 순종한 집은 재앙을 피합니다.

그러나 바로와 애굽 백성은 이런 게 어딨어! 그런 일은 없어! 하며 믿지 않습니다.

바로와 그를 따른 백성들은 장자가 죽는 것을 맞이합니다. 동물들까지도 죽습니다.

그러나 순종한 이스라엘은 하나님의 도우심으로 재앙을 피하고 아주 급히 애굽 땅을 나오게 됩니다.

이 과정을 기억하며 지키는 것이 유월절입니다.

희생양은 곧 예수님을 상징합니다.

하나님은 예수님을 떠올리도록 유월절을 지키라고 명령하신 것입니다.

하나님께서 구원하셨다는 것을 믿는 사람들이 지키는 것이 유월절입니다.

예수님과 유월절의 관계를 좀 더 자세히 봅니다.

유월절에 희생된 어린양 아시죠!

사람들을 구하시려고 희생된 어린양 같은 예수님 보이시나요!

하나님은 유월절의 희생된 양처럼 희생될 분이 예수님이라는 것을 알리셨습니다.

그래서 하나님은 유월절을 지킬 때마다 오실 예수님을 기억하라고 말씀하시는

것입니다.

나를 위해 대신 벌을 받으러 오신 어린양 같은 예수님을 기억하라는 것입니다.

그러나 우상으로 예수님을 잊고 이스라엘이 남과 북으로 갈라지며 망합니다.

망하고 포로로 끌려가기도 하며 흩어진 이스라엘 사람들은 유월절을 지킵니다.

그러나 여전히 유월절의 주인공인 예수님은 잊어버리고 지킵니다.

드디어 예수님이 오십니다.

그래서 예수님은 유월절 때마다 내가 하나님이다!를 알려 주십니다.

유월절에 주인이신 예수님을 잊고 지키는 것은! 구원 없는 절기입니다.

예수님 없는 믿음 생활은 종교 생활입니다.

기독교는 종교가 아니라 진리, 사실입니다.

예수님 없는 봉사만 하는 신앙생활을 하고 계신가요? 풍선 안에 점검해 봅시다.

3. 예수님은 공적인 사역을 시작하시며 유월절 때마다 하나님임을 알리십니다

예수님은 모든 이스라엘 사람들이 지키는 유월절 때마다 집중 조명 받으십니다.
공적으로 하나님의 일을 나타내시는 공생애 사역이 30~33세 때입니다.
30세 때는 유월절에 성전의 주인으로서 성전을 청소하며 뒤엎어 놓으십니다.
31세 때는 유월절에 안식일 날 병을 고쳐 주는 일을 해 버리십니다.
32세 때는 유월절에 성전에 안 가시고 따로 5천 명이 넘는 집회를 여십니다.
그리고 33세 유월절에는 구약의 어린양처럼 희생양이 되어 죽어 주십니다.

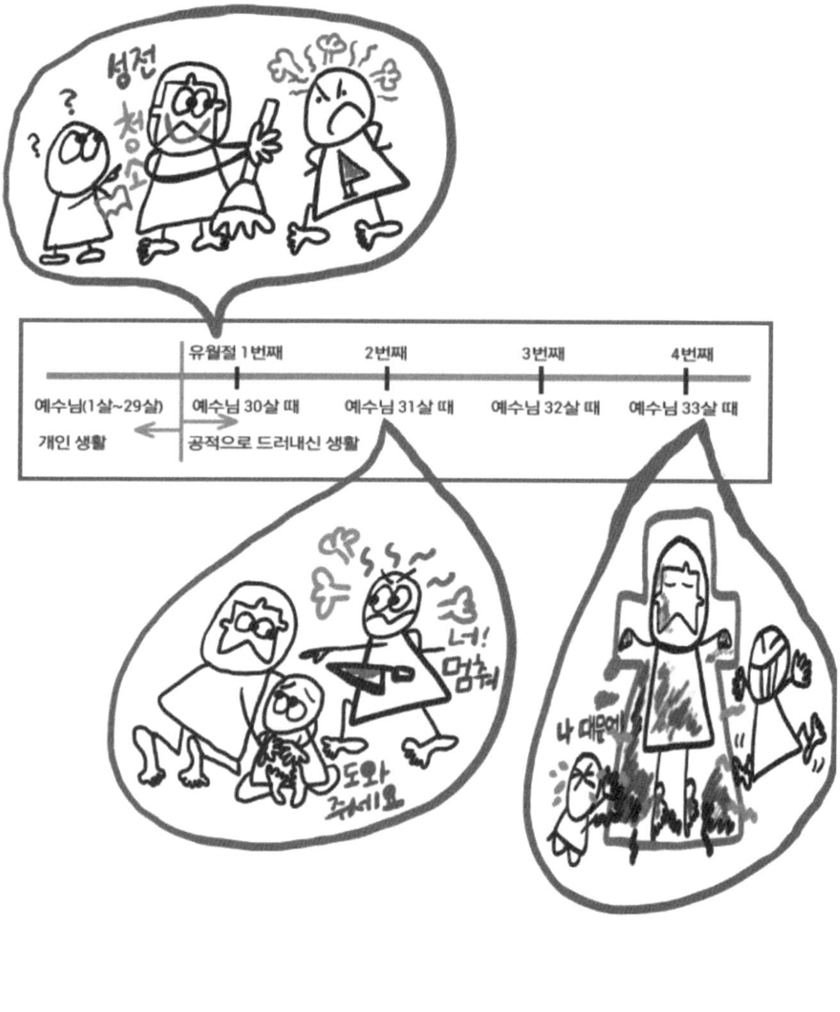

한 번 더 설명한 그림으로 보실까요! 이해가 더 잘 되시죠^^

일 년에 한 번 있는 유월절엔 사람들이 흩어진 곳에서 유대 예루살렘으로 모입니다.

그곳에는 성전이 있지요.

갈릴리에서 유대까지는 3~4일이 걸립니다.

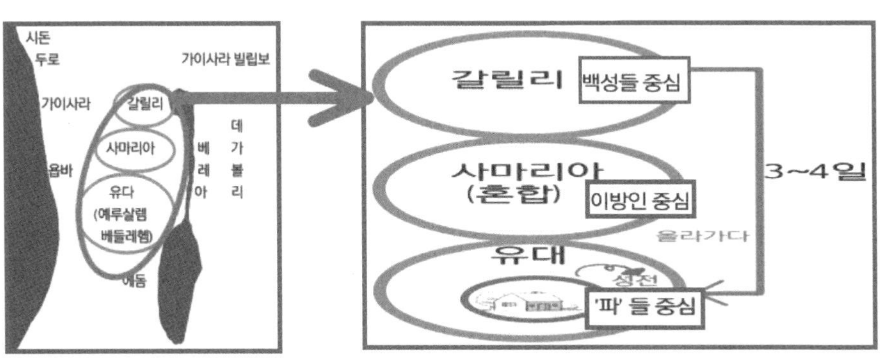

드디어 신약책 4복음서 이야기로 들어갑니다

1. 예수님의 발자취를 유월절 중심으로 살펴봅니다

마태복음, 마가복음, 누가복음, 요한복음 4권의 책을 사(4)복음이라고 합니다.
마태복음, 마가복음, 누가복음, 요한복음 모두 예수님의 일대기를 다루고 있습니다.

예수님께서 태어난 곳은 남쪽 유대 땅입니다.
자라나신 곳은 북쪽 갈릴리 땅입니다.

예수님은 하나님의 일을 사람들에게 드러나게 나타내십니다.
그 때를 예수님의 공생애라고 합니다.
30세부터 죽으시는 날 33세까지를 예수님의 공생애라고 합니다.
유월절을 지키러 예루살렘에 가신 기준으로 예수님의 공생애를 살펴봅니다.

즉, 공생애 때 유월절 중심으로 4복음서를 살펴보겠습니다.

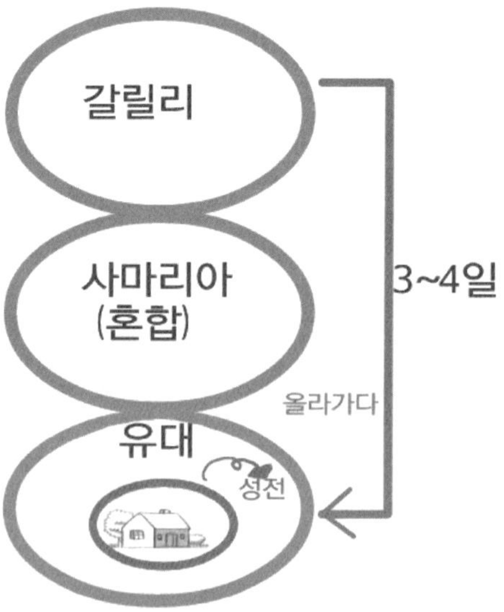

(흐름만 알도록 간단히 설명하는 것이 좋습니다.)

1) 공생애 준비

자! 지금부터 공적인 사역 시작이다!
하고 달려가시지 않습니다.
공생애 시작 전 준비 운동을 30세에 잠깐 하십니다.
자라나셨던 갈릴리에서 요단 강 근처로 가십니다.
6개월 먼저 태어난 세례 요한도 만나십니다.
세례 요한의 집회에 참석한 사람들도 만나십니다.
그리고 광야에 들러 하나님께 허락받은 사탄의 시험도 보고 말씀으로 이깁니다.

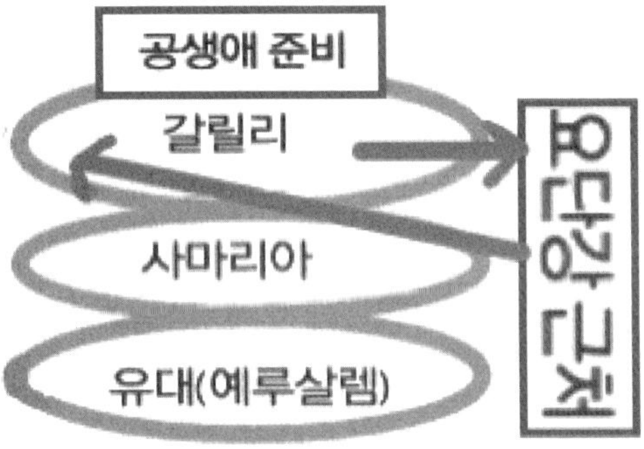

다시 한 번 간단하게 준비 운동으로 요단 강 근처 다녀오십니다.
라고만 설명해 주시면 됩니다.
왜냐하면 점점 살이 붙은 설명이 들어가기에 천천히 조금씩 해 주시면 됩니다.
참! 쉽지요! ________ 이 부분을 쉽게 만든 시청각을 준비하셔서 한 분이 나와서 발표하도록 합니다.

2) 공생애 첫 번째 유월절 (30세)

준비를 끝내시고 드디어 공식적으로 하나님의 일을 하십니다.

공생애라고 하지요.

예수님의 공생애는 30세에 처음 시작됩니다.

그리고 33세에 공생애 사역을 마치십니다.

30세, 31세, 32세, 33세 4년의 공생애 사역이 있습니다.

4년을 첫 번째 공생애, 두 번째 공생애, 세 번째 공생애, 네 번째 공생애라고 합니다.

유대 땅 예루살렘 성전에 유월절을 지키러 오신 것에 기준을 두고 보고 있습니다.

신약 일독의 이해를 돕기 위해 기준을 둔 것뿐이지 매우 중요한 관점은 아닙니다.

공생애 첫 번째 유월절입니다.

공생애 첫 번째 유월절을 지키시러 유대 땅 예루살렘 성전으로 가십니다.

그리고 집으로 돌아오는 길에 사마리아 동네를 들렀다가 갈릴리로 오십니다.

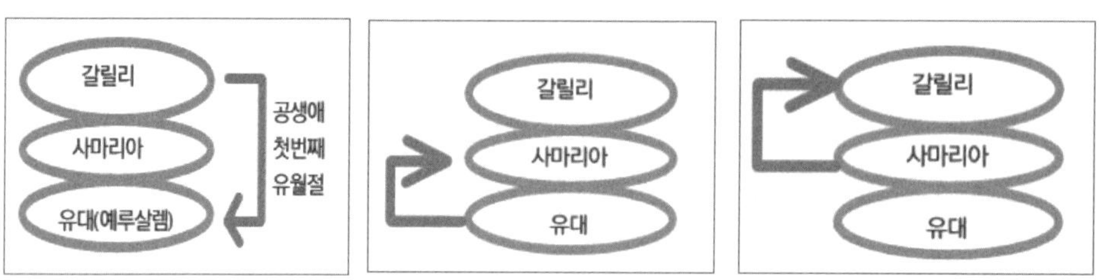

참! 쉽지요! (밑줄) 이 부분을 한 분이 나와서 발표하도록 합니다.

누구나 발표를 할 수 있도록 정말 간단히 시청각 교재를 만들고 설명해야 합니다.

또 누구나 앞에 나와 발표할 수 있도록 간단한 가위바위보 게임을 해 보세요!

하신 분 빼고 안 하신 분들 나오도록 인도하세요.

3) 공생애 두 번째 유월절 (31세)

공생애 첫 번째 유월절을 지내시고 다시 31세의 두 번째 공생애를 맞이합니다.
예수님은 유대 땅에 있는 예루살렘 성전으로 유월절을 지키러 가십니다.
그리고 다시 갈릴리 집으로 돌아오십니다.
그리고 공생애 두 번째 일도 마무리하십니다.
끝! 쉽지요.

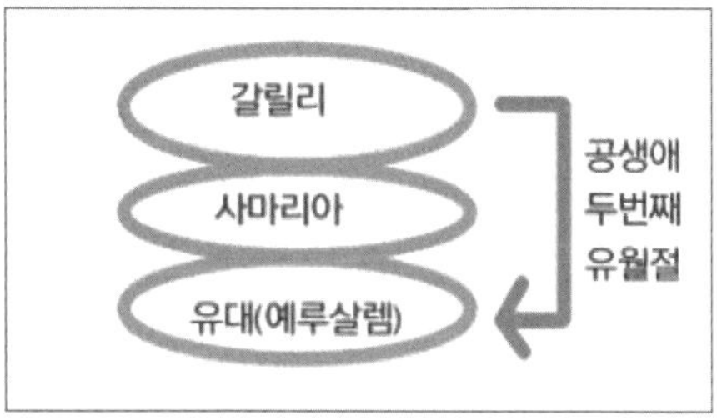

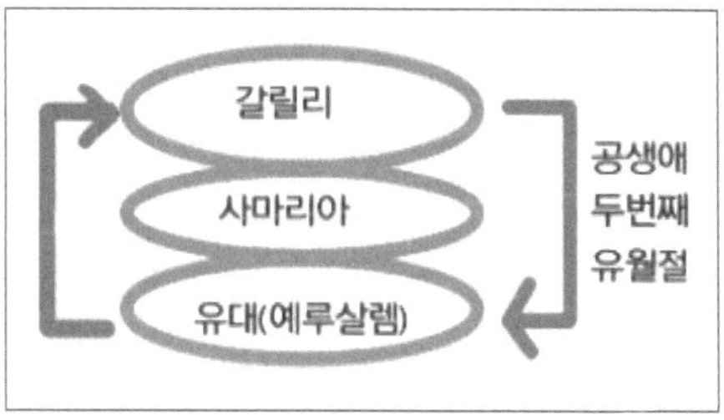

자! 발표해 주실 분 나와 주세요.
가위바위보!
유대 왔다가 갈릴리로 갔다 끝! 하면 너무 쉽죠!
(밑줄) 이 부분 발표하도록 합니다.
보기에는 쉬워 보여도 처음 성경을 접하는 분들은 단어 자체도 어렵답니다.
인도자도 어려우시다고요!
저도요! 반갑고 고맙습니다.
학생이 발표하면 아낌없는 칭찬 꼭 해 주세요.
너무 쉽다고요? 와아~ 너무너무 잘하시네요! 박수!!! ^^
이와 같이 쉽든, 어렵든 칭찬 꼭 해 주셔야 합니다.
발표 꼭 합시다! ^^

4) 공생애 세 번째 유월절 (32세)

두 번째 공생애를 마치시고 세 번째 유월절을 맞이하십니다.
즉, 세 번째 공생애가 되겠지요.
앗! 그런데 예수님께서 세 번째 유월절 때는 유대 땅 예루살렘에 안 가셨네요!
이 때는 남자만 5천 명이 넘는 많은 사람들과 유대 땅 근처 빈들에서 지내십니다.
남자만 5천 명이 넘으니 여자와 아이들을 합치면 어마어마한 모임이지요.
그리고 유월절이 끝나고 나서야 유대 땅으로 들어가십니다.
다른 절기(초막절) 즈음에 유대 땅으로 가십니다.

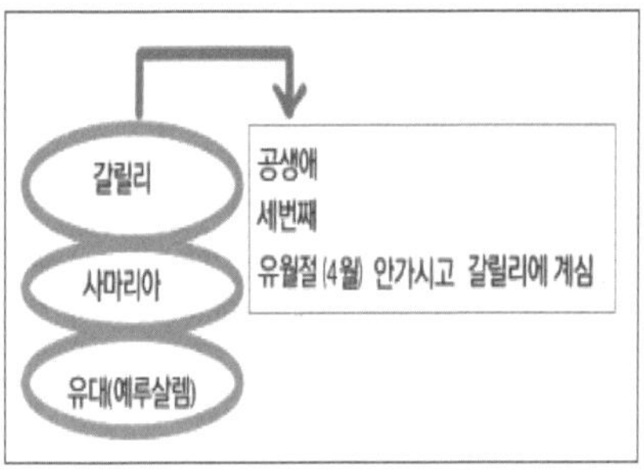

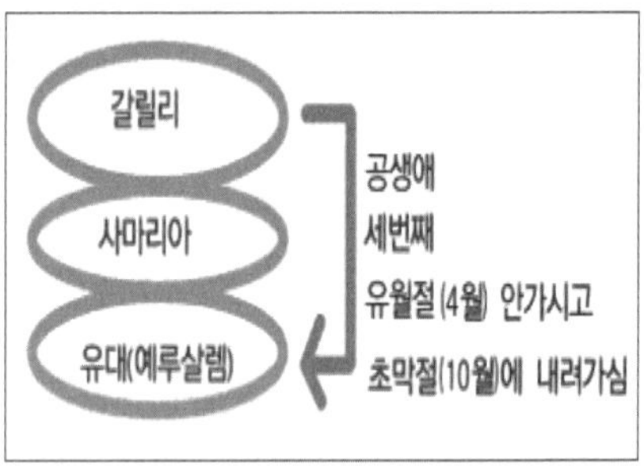

세 번째 공생애 유월절 때
유대 땅 가시지 않고
유월절 지나 유대 땅으로 들어가십니다.
끝!
(밑줄) 이 부분 가위바위보! 하셔서 발표하셔야지요!
칭찬 잊지 마세요.

발표합시다! ^^

5) 공생애 네 번째 유월절

마지막으로 유대 땅 예루살렘으로 우리를 살리시려고 죽으러 들어가십니다.
4복음의 흐름! 끝입니다.

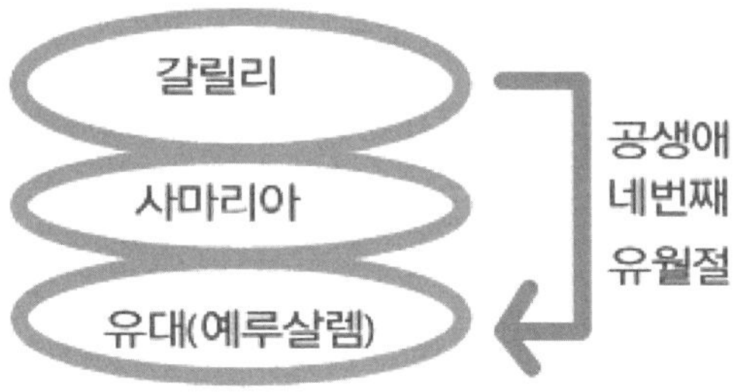

무슨 말인지 학생들이 어려워해도 괜찮습니다.
처음 성경을 보는데 어려워하는 것이 정상이십니다.
사실은 오래 교회를 다니신 분들도 어려워한답니다.
계속 반복되어 강의를 듣게 되실 것입니다.
흔들리지 마시고 인도자들은 가위바위보!도 해가며 재미있게

(밑줄) 이 부분 발표하도록 합시다

2. 이 기본 틀에서 아주 조금만 살을 붙이도록 하겠습니다

1) 예수님 30세 공생애 시작 전

학생들의 이해를 돕기 위해 설명을 길게 합니다. 이해하시고 요약한 부분을 설명하면 됩니다. 학생용 교재에는 긴 설명이 없습니다. 강의 전에 꼭 비교해 보세요.

6개월 먼저 태어난 세례 요한이 예수님을 전하는 사명을 가지고 집회를 합니다.
사람들은 세례 요한을 따라다니며 예수님에 대한 소식을 자주 듣습니다.
그 예수님께서 세례 요한을 찾아 요단 강 근처로 사람들 앞에 오십니다.
그리고 요한에게 세례를 받습니다.
놀라우시죠!
그러나 사람들은 몰라봅니다.
예수님은 40일을 금식하시며 사탄의 시험을 말씀으로 이기십니다.
그리고 갈릴리 집으로 돌아가는 길에 사람들과 동행하십니다.
세례 요한의 집회 때 참석했던 사람들입니다. 그들과 함께 길을 걸으며 이야기를 나눕니다.
예수님은 갈릴리의 가나라는 동네에 도착하셔서 물로 포도주를 만드십니다.
동행한 사람들은 세례 요한의 세례 때도 범상치 않았던 예수님을 기억합니다.
동행한 사람들은 물로 포도주를 만드시는 예수님의 기적을 듣기도 합니다.
예수님의 기적을 보기도 합니다.
동행한 이들 중에는 후에 예수님의 제자가 되는 사람도 있습니다.
예수님은 어느 날 갑자기 나타나 나를 믿고 따르라고 하시지 않습니다.
인격적으로 보게도 하시고 들려주기도 하시고 생각할 시간을 주십니다.
인격적으로 만나는 과정을 거친 후 그 다음 즉시 순종하라고 하십니다.
그러면 살을 조금 더 붙였던 공생애 준비를 짧게 요약해 봅니다.

학생용 그림 교재를 보라고 하면서 설명하시면 됩니다.
예수님 공생애 준비하시네요.
갈릴리에서 요단 강 가셔서, 세례 받으시고, 40일 금식 기도 하시고,
제자 될 사람들도 만나시고,
갈릴리로 돌아와서 가나에서 물로 포도주를 만드시네요. 끝!

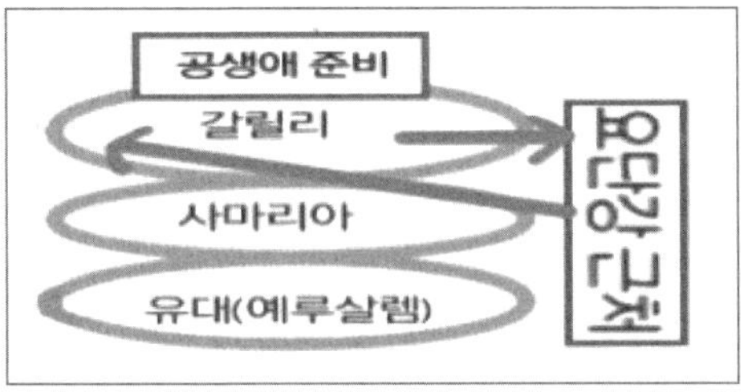

세례 받으심

40일 금식하심

제자들과 함께 다시 갈릴리로

가나 혼인 잔치

2) 공생애 첫 번째 유월절 중심

드디어 예수님께서 준비를 끝내시고 본격적인 모습을 드러내십니다.
어떤 모습으로 왕의 즉위식 행사를 하실까요?
불꽃놀이 속에 떡과 선물을 온 세상 사람들에게 나누어 주실까요?
천군 천사들이 오케스트라를 펼칠까요?
동행했던 사람들도 궁금해 합니다.
예수님께서 무엇을 보이시려고 유월절에 유대 땅으로 향하시는지 궁금합니다.
무엇인가 분명 있으신 분이야!
세례 요한이 말하는 그분인가?
유대 땅을 가시네~
우리도 가 보자!
사람들이 예수님을 따라가 보게 됩니다.
헉~
그런데 이게 웬일입니까!
유월절 그 많은 사람들 앞에서 난리를 치십니다.
성전에 들어가시더니 던지고, 쫓아내고, 뒤집어 놓습니다.
멀리 가서 살다가 거룩한 성전에 유월절 지키러 온 사람들도 이 난리를 봅니다.
성전을 이용하여 돈을 벌었던 장사꾼들과 지도자들과 대제사장도 봅니다.
시선이 좋질 않습니다.

복음서들을 읽을 때 예수님의 성전 청소하는 이 사건은 처음과 끝에 나옵니다.
처음 나올 때는 아! 공생애 첫 시작이시구나!라고 읽으면 됩니다.
끝부분에 나올 때는 아! 이제 십자가에 달려 죽으실 때구나!라고 읽으면 됩니다.
그림만 보아도 난리가 난 모습이 보입니다.
지금 나는 예수님을 어떤 예수님으로 보고 있습니까?
세상 사람들이 말하는 선입관을 갖고 보고 계십니까?

아니면 내가 만들어낸 예수님을 상상하고 계십니까?

시간 여유가 있으면 강의 시간에 나누고 없으면 숙제로 내 주세요.

성경 일독하며 첫 부분에 예수님에 대한 고백을 인도자가 알고 있으면 좋습니다. 일독을 하는 동안 중보기도로 학생의 영적 상태를 도울 수 있기 때문입니다.

그리고 성경 일독을 끝내고 간증문을 작성할 때의 예수님에 대한 고백과 비교해 보세요.

가슴 따뜻한 감동의 변화들이 보인답니다.

예수님에 대해 어떻게 생각하는지 풍선 안에 적어 보세요.

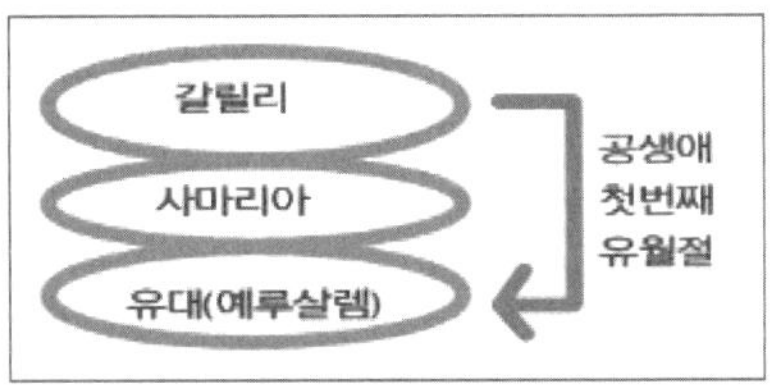

유월절 보내시고 사람들이 싫어하는 사마리아로 들어가십니다.

아직 공생애 첫 번째 유월절 중심으로 보는 이야기가 끝나지 않았습니다.

헷갈리지 마세요.^^

유대 땅에서 사마리아로 들어가십니다.

사마리아를 이해하기 위해 구약 시대로 잠시 거슬러 올라갑니다.

이스라엘이 우상을 섬겨 남과 북으로 분열됩니다.

북이스라엘은 앗수르에 의해 먼저 망합니다.

북이스라엘의 영토 안에 사마리아 땅이 있었습니다.

북이스라엘을 꿀꺽한 앗수르는 혼합 정책을 사용합니다.

혼합 결혼을 통해 우상과 하나님을 섞어버립니다.

곧 남이스라엘, 즉 남유다도 바벨론에 의하여 망합니다.

남유다는 포로로 끌려가기도 하고 흩어지기도 합니다.

그러나 남유다는 흩어져서 회당을 세우며 모세의 법, 구약을 지킵니다.

그래서 남유다는 우상들과 혼합되지 않고 하나님만을 섬겼다고 강하게 주장합니다.

혼합된 북이스라엘 사람들을 이제는 이스라엘 사람이라 생각하지 않습니다.

특히, 북이스라엘의 중심지였던 사마리아 땅은 혼합되어 있지요. 거의 이방 사람들로 가득했던 상태입니다.

게다가 사마리아는 포로 귀환 시절 때 성전 재건축까지 방해했지요.

그래서 남유다 사람들은 사마리아 땅을 더욱 싫어하고 그들을 경멸합니다.

북이스라엘도 남유다도 우상숭배로 둘 다 망했습니다.

그런데 남유다가 사마리아를 업신여기는 상황이 벌어진 것입니다.

똥 묻은 개가 겨 묻은 개 나무란다는 상황이라고 해야 할까요?

도토리 키 재기라고 해야 할까요?

예수님은 성전을 청소하시는 사건을 터트리시고 사람들의 주목을 받으십니다.

점점 더 시선을 받으시며 사역하시더니, 일부러 사마리아로 가십니다.

그 모습을 보고 사람들은 예수님을 경멸합니다.
아니! 어떻게 저 더러운 땅, 상종해서는 안 될 사람들에게 가는 거지! 합니다.
어휴~ 정말 싫어 이런 사람들!!! 하면서 무시하고 경멸하는 사람이 있습니까!
혹, 나의 생활에 이런 모습들은 없는지 풍선을 채워 보세요.

참! 인도자들은 풍선을 매번 강의 때마다 다 하시려면 시간이 부족합니다.
그때 그때 성령님의 인도하심 따라 강의 때 나누어 보기도 합니다.
그러나 건너뛰셔도 됩니다. 성경의 범위 안에서 다른 것을 다루셔도 됩니다.
건너뛸 때 숙제로 해 오라고 하셔도 됩니다. 융통! 융통! ^^

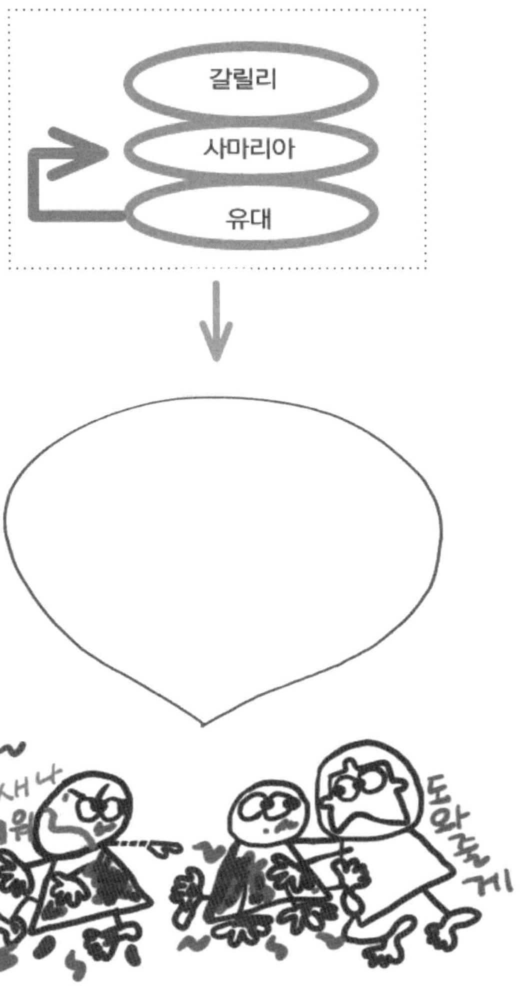

사마리아에서 갈릴리로 오셔서 제자를 부르십니다.
아직도 공생애 첫 번째 유월절 중심으로 보는 이야기를 하고 있습니다.

헷갈리지 않고 계시죠!
첫 유월절을 보내시고 사마리아 가셨다가 갈릴리로 오셔서 제자들을 부르십니다.
제자들을 부르실 때의 예수님을 보는 시선들은 안 좋습니다.
성전 엎으셨죠!
보란 듯이 사마리아 땅 들르셨죠!
벌써 유대 땅 지도자들이 시골의 갈릴리 나사렛 지도자들에게 명령을 내립니다.
너희 동네에 예수란 청년 있지!
위험인물이야!
우리 정치 자금을 다 엎어 놓았어!
그쪽 시골 동네에서 해결해!!!
그래서 갈릴리 지도자들은 동네에 안 좋은 소문을 내고 예수님을 내쫓습니다.
예수님은 갈릴리 나사렛에서 갈릴리 가버나움이라는 곳으로 이사 가십니다.
그곳도 소문이 퍼져 있습니다.
이러한 분위기에서 예수님은 제자들을 찾으러 다니시며 부르신 것입니다.

예수님은 공생애 준비 때 만났던 사람들부터 만나십니다.
그들은 자신들의 직장에 나가 일을 하고 있었습니다.
그런데 소문이 나 있는 예수님이 직장에 직접 찾아오셔서 따르라고 하십니다.
베드로도 이 때 부름을 받습니다.
베드로의 장모가 열병이 납니다.
극히 개인적인 상상을 해 봅니다.
세례 요한 쫓아다니랴! 몇 달간 집을 비우더니!
직장인 어부 실력은 빵점이고!
이번에는 괴상망측한 소문의 주인공이 사위 베드로를 쫓아다닌다고 하니!
열병이 날 듯도 합니다. 이 부분은 극히 개인적인 상상입니다.^^
성경은 이러한 이유로 열병이 생겼다고 말하진 않습니다.
성경이 말하는 것은 예수님께서 베드로 장모를 찾아오셨다는 것을 말합니다.
그리고 베드로 장모의 열병을 고쳐 주셨다는 것을 말합니다.
또 베드로의 장모 집에서 밤새 많은 병자를 고쳐 주셨다는 것을 말합니다.
그것을 밤새 베드로 장모가 보았다는 것입니다.
베드로 장모의 마음엔 이분이시구나! 새겨졌을 것 같습니다.
예수님은 베드로를 포함하여 사람들을 인격적으로 만나시고 제자로 부르십니다.
인격적으로 만나주신 후 결단하라고 제안하십니다.

베드로와 몇 제자들은 인격적으로 예수님을 만나고 보고 듣고 결단합니다.
성경의 저자 하나님은 그 결단을 즉시 순종하였다고 표현하십니다.
즉시 순종은 무조건적인 맹종을 말하지 않습니다.
순종에는 예수님의 수도 없는 설득의 과정들이 있습니다.
사람들은 설득을 거절하거나 질질 끄는 쪽으로 하여 결정을 미룹니다.
예수님은 세리 마태에게도 인격적인 과정을 통해 불러주십니다.
마태는 예수님의 부름을 듣습니다.
마태는 예수님과의 만남을 갖기로 결정합니다.

제자가 된다는 것은 예수님과의 만남을 갖기로 결정하는 것에서 출발합니다.
이러한 일들은 공생애 첫 유월절을 보내시고 갈릴리로 오셔서 일어난 일입니다.

아직 예수님에 대하여 더 만나셔야 되겠습니까?
충분히 만나십시오!
예수님께서는 항상 기다리십니다.
그러나 예수님께서 당신의 마음을 두드리실 때 미루지는 마십시오.
예수님과 더불어 먹고 예수님과 더불어 사는 은혜가 그만큼 늦어집니다.
예수님을 나의 구주로 받아들이는 결정, 결단을 아직 미루셔야 합니까?
충분히 만나주셨는데 미루지는 마시길 바랍니다.
사탄이 넘어트리려고 노리고 있기 때문입니다.

이제야 공생애 첫 번째 유월절 중심으로 보는 이야기가 끝났습니다.

공생애 첫 번째 때 사마리아에서 하신 일들 그림으로 다시 봅니다.

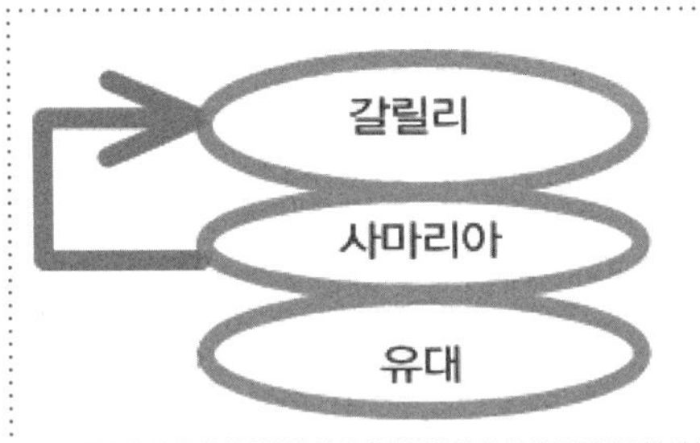

동네에서 거부당하는 예수님

베드로 부르시고 장모 고치심

마태 부르심

여기까지가 공생애 첫 번째 유월절 보내시고 돌아오신 사건들 이야기였습니다.

예수님 공생애 첫 번째 유월절 사건이지요.
유대 땅 가셔서 성전 청소하시고,
갈릴리로 돌아오는 길에 사마리아 땅에 들르시고,
갈릴리에 오셔서 배척도 당하시고,
제자들 베드로와 마태 등 몇 사람도 부르시고,
끝!~

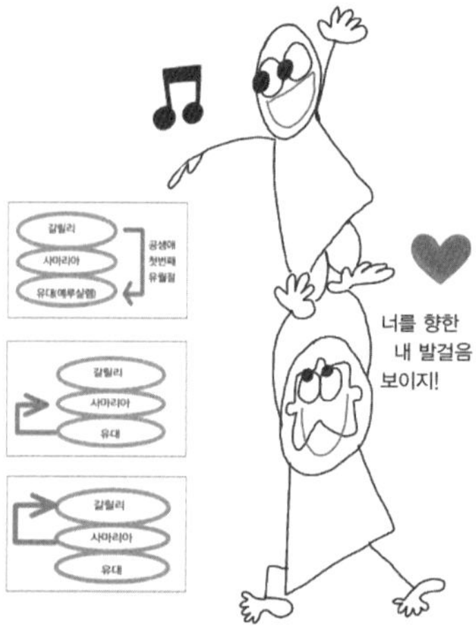

쉬우시죠!
어렵다고요?
괜찮습니다.
이 교재는 인도자나 학생이 다 삐약~ 수준입니다.
인도할 실력은 안 되지만 순종하는 예쁜 저 같은^^ 인도자들을 위한 책입니다.

가위바위보 하셔야지요!
혹여 발표가 시험에 들지 않도록 정말 쉽고 여유 있게 하세요.
성령님의 인도하심을 받으시며 발표도 조정하세요.
그러나 반드시 하고는 가셔야 합니다.
인도자들은 인도자용 교재를 소화하고 간추려 인도하고 계시죠!
인도자용 교재에 나온 이야기들은 적지만 발표하랴~ 나누랴~시간이 부족합니다.
혹, 이 교재에 성경의 내용이 너무 없어서 오히려 시간이 남으신다고요?
네! 그러면 이 교재는 불신자 더하기 초신자용이오니 점검해 보시고 다른 교재를 사용해 보세요.^^

발표합시다! ^^

3) 공생애 두 번째 유월절 중심

드디어 두 번째 유월절 중심으로 일어난 이야기로 넘어갑니다.

예수님께서 공생애 첫 번째 유월절에 성전 청소하며 엎으신 사건 기억나시죠.
그 후 일 년이 지나고 유월절이 또 돌아옵니다.
지도자들은 작년의 사건을 떠올리며 긴장 상태에 들어갑니다.
계속적으로 예수님의 말씀과 기적들이 여기저기서 일어나고 있었기 때문이죠.
지도자들은 흩어졌던 사람들이 모이는 유월절이라 예수님에 대한 경계를 더 합니다.
예수님은 기다렸다는 듯이 갈릴리에서 유월절을 지키러 유대 땅으로 갑니다.
몇 명의 제자들과 함께 온 예수님을 지도자들은 봅니다.
유월절을 지키는 기간에 안식일을 맞이합니다.
예수님은 안식일 날 아픈 사람을 고쳐주십니다.
38년 동안 걷지 못했던 사람도 걷게 하십니다.
안식일에 일을 하는 것을 본 지도자들은 경악합니다.
예수님은 말씀하십니다.
안식일의 주인이신 하나님은 내 아버지라고 합니다.
곧 내가 하나님이다!
바로 내가 왕이다!
내가 하나님께서 말씀하신 구원자다!라고 말하는 것이죠.

지도자들은 난리가 납니다.
예수님을 죽여야겠다고 생각합니다.
일 년 전에 나타나 성전을 청소할 때는 죽이고 싶었지만 할 말이 없었습니다.
그러나 이번에는 자신이 하나님이라고 하니 죽일 명목을 찾았습니다.

두 번째 유월절 안식일 날 38년 된 병자를 고쳐주시는 그림입니다.
그림만 봐도 심각할 정도로 사람들은 예수님을 죽이려 합니다.

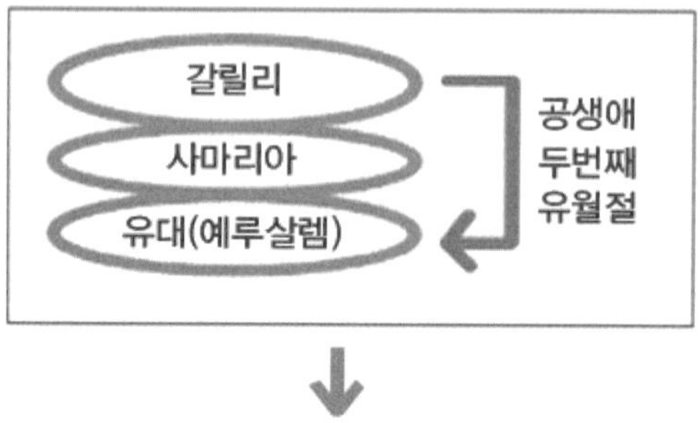

38년 된 병자를 고치시고 다시 갈릴리로 가십니다.
그리고 12제자를 확정하십니다.

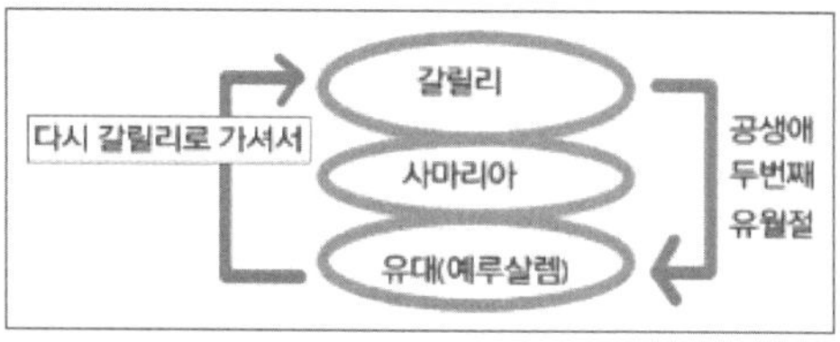

이제 두 번째 유월절 중심으로 보는 이야기가 끝났습니다.
발표 준비 하셔야지요! ^^

자! 두 번째 유월절 중심의 사건은 두 가지만 기억하시면 됩니다.
38년 된 병자와 12제자 부르심

이 때쯤이면 학생들은 준비하고 있답니다.
가위바위보를요!
지금쯤이면 자연스럽게 조금은 발표하고 싶은 마음도 생기기 시작할 것입니다.

자! 가위바위보 준비하시고 짧은 요약 들어갑니다.
두 번째 공생애 유월절 때는
유대에 가셔서 안식일 날 38년 된 병자 고쳐 주시고,
갈릴리로 돌아오셔서는 12제자를 불러 주시고,
끝!입니다.

정말 쉽지요!
가위바위보!

이제 인도자들도 이런 흐름이구나를 감지하셨을 것입니다.
그러나 꼭 이와 같이 안 하셔도 됩니다.
자기에게 맞는 옷을 입으시면 됩니다.
제가 이와 같은 진행을 교재에 쓰는 것은 단순히 제가 이같이 했기 때문입니다.
혹여나 도움이 되실 분들이 사용하라는 것입니다.
그러나 전혀 도움이 되지 않는 분들도 있으실 것입니다.
그러니 인도자들이 자신에게 맞는 진행을 하면 됩니다.
오직 예수님만을 전하면서요.

4) 공생애 세 번째 유월절 중심

세 번째 유월절 때 이야기로 갑니다.
여전히 사람들은 왕이 되고 싶어 하네요.
그래서 왕이신 예수님을 받아들이지 않습니다.
오히려 예수님을 죽이려고 찾아다닙니다.
세 번째 유월절이라고 하면 예수님께서 죽으시기 1년 정도의 시간이 남았습니다.
세 번째 유월절 때는 유내 근처의 빈들에 계십니다.
빈들에서 5천 명이 넘는 사람들에게 말씀과 음식을 나누어 주십니다.
두 마리의 물고기와 떡 다섯 개로 수많은 사람들을 먹이십니다.
예수님께서는 아이가 드린 오병이어(떡 5개와 물고기 2마리)로 나누어 주십니다.
무슨 수를 썼겠지! 생각하며 여기까지도 지도자들은 예수님의 흠을 찾기 위해 노력합니다.

오병이어 사건! 물질은 누구에게서부터 오는 것일까요?
풍선에 생각을 적어 보세요!^^

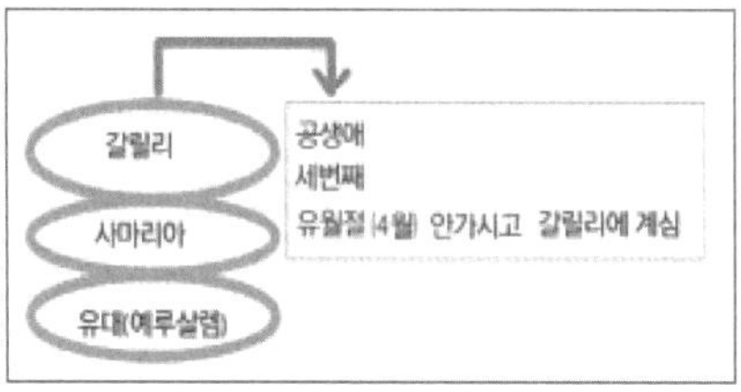

예수님은 유월절이 지나고 나서 유대 땅으로 가십니다.

그리고 죽은 나사로를 살리십니다.

죽은 사람을 살리는 것을 본 사람들이 예수님을 자신들만을 위한 왕으로 삼으려 합니다.

백성들의 반응을 보고 지도자들은 더욱 예수님을 죽이려 다닙니다.

죽은 나사로를 살리시는 그림입니다.

이제 세 번째 유월절 중심으로 보는 이야기가 끝났습니다.

발표합시다.^^

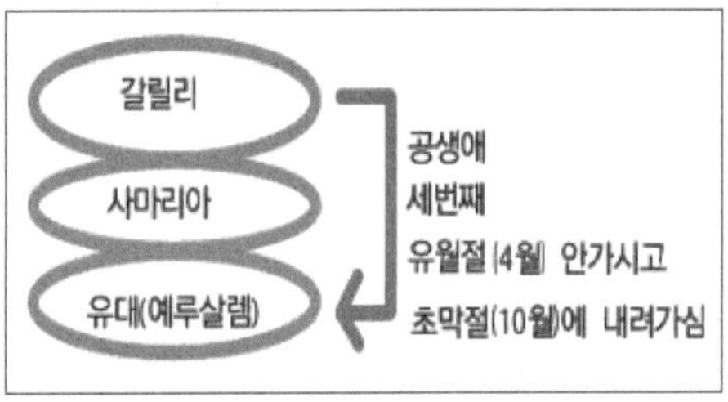

자!~ 세 번째 중심으로 일어난 이야기가 끝났습니다.
이 부분도 쉽습니다.
인도자가 한 번 더 짧은 요약을 아래와 같이 해 주세요.

세 번째 유월절은 유대 땅 예루살렘 성전에 안 오시고
근처 빈들에서 남자의 수만 오천 명이 넘는 사람들을 먹이시는 오병이어 사건!
그리고 유월절이 지나서 다시 유대 땅에 오셔서 죽은 나사로를 살리신 사건!
끝!~
쉽지요!

믿음으로 받아들이지 않는 눈빛을 마주치면 인도자는 어려워집니다.
강의하는 대상이 불신자와 초신자를 왔다 갔다하는 분들이라면 인도자는 기도해야 합니다.
그래서 인도자들은 학생들을 위해 강의하는 동안 중보기도하셔야 합니다.

자! 앞에 나와서 하실 분!
가위바위보!

학생이 많으면 발표도 나눔도 은혜가 적답니다.
그래서 저는 학생이 적으면 적을수록 오히려 좋다고 생각합니다.
학생 인원 제한을 두고 인도하면 좋을 것 같습니다.
그래야 새벽이든, 걸어다니든 학생들을 위한 중보기도를 할 수 있습니다.
학생이 많으면 그분들 모두를 중보기도한다는 것은 어렵습니다.
한번에 짐 보따리에 넣듯 묶어서 기도할 수는 있겠지요.
그러면 인도자와 학생이 주고받는 은혜도 짐 보따리에 파묻힙니다.
저 같으면 짐 보따리 취급 받는 것은 싫을 것 같습니다.

5) 공생애 네 번째 유월절

드디어 공생애 마지막 네 번째 유월절 들어갑니다.

예수님은 드디어 죽으러 유대 예루살렘 땅으로 들어가 주십니다.
예수님은 제자들에게 말합니다.
내가 죽는단다.
그리고 3일 후 다시 살아날 거야!
이 말씀을 몇 번 반복하시며 식사도 함께 하십니다.
그리고 곧 예수님은 사람들에게 체포당해 주십니다.
그리고 말씀하신 대로 십자가에 못 박혀 죽으십니다.
그리고 말씀하신 대로 3일 후에 다시 살아나십니다.
그리고 제자들에게 성령님을 보내시며 명령하십니다.
땅끝까지 이 사실을 전하면서 살라고 명령하십니다.
예수님은 다시 오셔서 그 날에 심판하시겠다고 약속하십니다.
끝!입니다.

가장 중요한 이야기입니다.
구약과 신약 성경의 주제입니다.
다른 것 다 몰라도 이 부분만 확실히 붙잡도록 인도해 주세요.
다른 것은 다 알도록 인도했는데 이 부분을 조금이라도 놓치면 소용없습니다.

공생애 네 번째의 유월절을 맞아 죽으시는 예수님의 과정을 요일별로 보겠습니다.

(1) 공생애 네 번째 유월절의 목요일

예수님은 모든 것을 다 이야기하십니다.
하나님께서 보내시겠다는 구원자가 예수님 자신이심을 말씀하십니다.
그리고 우리를 구원하기 위해 십자가에서 죽으셔야 하는 것도 말씀하십니다.
그리고 다시 부활하실 것도 말씀하십니다.
자주 이야기하십니다.

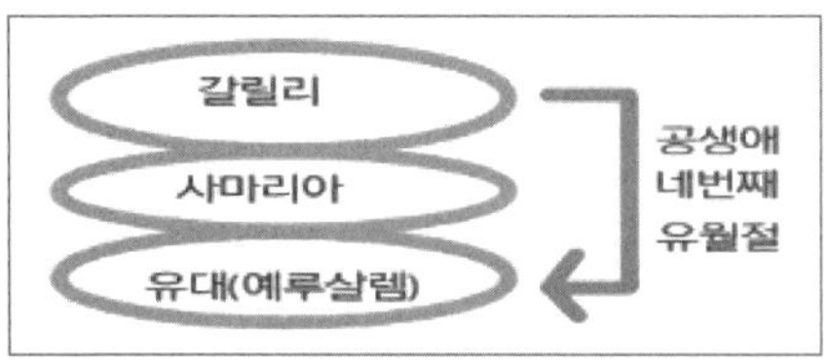

(2) 공생애 네 번째 유월절의 금요일

십자가에 달리시는 예수님을 보는 두 부류의 모습이 보입니다.

예수님을 믿는 사람과 믿지 않는 사람 두 모습이 보입니다.

나는 어느 쪽인가요?

(3) 공생애 네 번째 유월절의 일요일(= 주일)

금요일에 십자가에 달려 죽으시고 3일 후 일요일에 부활하십니다.

그래서 우리의 주인 되신 예수님이 부활하신 날을 주님의 날, 주일이라고 합니다.

그래서 이제는 예수님을 믿는 사람들은 안식일이 아닌 주일에 모여 예수님을 경배합니다.

자 여기까지 4복음의 흐름 중에서도 굵직한 뼈대를 살펴보았습니다.

세 번째 시간입니다

♥찬양 ♥기도 ♥숙제점검 ♥감사 나눔 ♥이번 숙제 (마태복음 읽고 실천 1개)

〈소식과 간식 확인은 담당자가 알아서 해 주고 있지요!〉

4복음 복습과 마태복음으로 들어가 보도록 합니다.

☑ 4복음서 유월절 중심 복습

1. 예수님 30세 공생애 시작 전

예수님께서 공생애를 준비하시네요.
갈릴리에서 요단 강 가셔서, 세례 받으시고,
40일 금식 기도 하시고,
제자 될 사람들도 만나시고,
갈릴리로 돌아와서 가나에서 물로 포도주를 만드시네요.
가위바위보! 해서 한 분 나와서 발표하십니다.

2. 공생애 첫 번째 유월절

유대 땅 가셔서 성전 청소하시고,
갈릴리로 돌아오는 길에 사마리아 땅에 들르시고,
갈릴리에 오셔서 배척도 당하시고,
베드로와 마태 등 몇 제자들도 부르시고,
끝!~ 쉬우시죠! 발표하셔야지요.^^

3. 두 번째 공생애 유월절

유대에 가셔서 안식일 날 38년 된 병자 고쳐 주시고,
갈릴리로 돌아오셔서는 12제자를 불러 주시고,
끝!~입니다. 정말 쉽지요.

가위바위보~ 발표하셔야지요!

4. 공생애 세 번째 유월절

세 번째 유월절은 유대 땅 예루살렘 성전에 안 오시고
근처 빈들에서 남자의 수만 오천 명이 넘는 사람들을 먹이시는 오병이어 사건!
그리고 유대 땅에 오셔서 죽은 나사로 살리십니다.
끝~ 쉽지요!

가위바위보! 발표하셔야지요!

5. 공생애 네 번째 유월절

예수님은 죽으러 유대 예루살렘 땅으로 들어가십니다.
예수님은 제자들에게 내가 죽는다.~
그리고 3일 후 내가 살아날 거야!
말씀하시며 함께 식사도 하십니다.
그리고 체포당해 주시고 죽으십니다.
그리고 말씀하신 대로 3일 후에 살아나십니다.
그리고 명령하십니다.
땅끝까지 예수님의 증인으로 이 사실을 전하면서 살라고 명령하십니다.
끝!~입니다.

가위바위보!!!
발표하셔야지요. ^^

☑ 마태복음

드디어 마태복음 들어갑니다

1. 저자: 마태

저자는 마태입니다.
예수님께서 첫 번째 유월절 지내시고 사마리아 들렀다 갈릴리로 가십니다.
갈릴리에서 베드로도 부르시고, 직업이 세리인 마태도 부르십니다.
세리란 유대인으로서 로마에게 바칠 세금을 거두러 다니는 사람을 말합니다.
그래서 유대인들은 배신자 같은 세리라는 직업의 유대인들을 싫어합니다.
이러한 상황에서 마태는 예수님을 만나게 됩니다.
그리고 자신을 싫어하는 동족 유대인들에게 복음을 전하는 사람으로 바뀝니다.

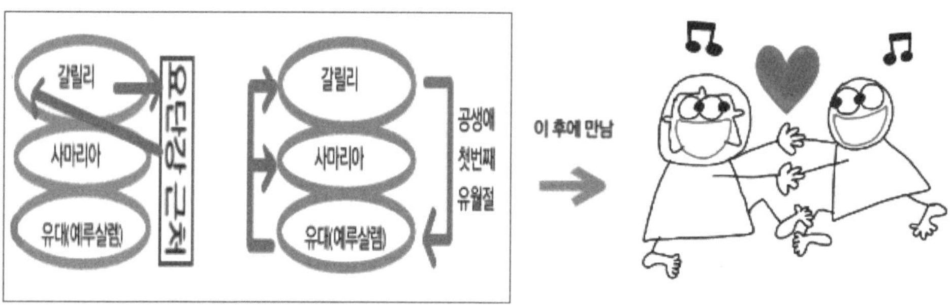

2. 우리를 구하러 다윗 계보를 통해 오신 왕이신 예수님

유대인들은 항상 다윗 왕을 최고로 여기며 다윗 같은 통치자를 기다립니다.
그래서 마태는 유대인들이 훌륭하게 여기는 다윗의 죄성을 강조합니다.
다윗은 부하의 아내를 강간하고 부하를 죽인 살인자인 것을 강조합니다.

반대로 예수님은 다윗을 지으시고 용서하신 하나님의 아들이심을 강조합니다.
예로 마태복음 1장을 펼쳐 보며 마태복음의 관점을 설명합니다.
1장 3절의 다말이라는 여인은 유다의 며느리입니다.
1장 5절의 라합은 여리고 성의 기생이였지요.
1장 5절의 룻은 유대 족속에 들어올 수 없던 저주 받은 모압 족속 여인이지요.
이와 같이 마태는 1장에 어떤 여인인지 알 수 있도록 여인들의 이름을 기록합니다.
그런데 1장 6절에는 조금 다른 설명이 붙은 여인이 나옵니다.
다윗이 솔로몬을 낳았는데 밧세바에게서 낳았다고 이름을 붙이지 않습니다.
우리야의 아내에게서 다윗이 솔로몬을 낳았다고 설명을 붙여 버립니다.
다윗이 우리야의 아내를 강간하고 우리야를 죽인 자라는 것을 강조한 것입니다.
하나님께서 다윗 같은 사람을 기다리는 유대인들의 착각을 깨시는 것입니다.

또 마태는 구약 말씀을 인용하며 진정한 왕 예수님을 소개합니다.
마태복음은 구약 말씀을 예수님의 말씀으로 재해석합니다.
그래서 마태복음을 읽다 보면 유월절 중심으로 보았던 순서랑 다른 것을 봅니다.
유대인들을 설득하려고 예수님의 말씀들을 앞에 기록하여 순서가 바뀐 듯합니다.

이러한 특징들을 마태는 기록합니다.
우리를 구하러 오실 왕이신 예수님께서 다윗의 계보를 통해 오신것을 기록합니다.

이 교재는 4복음서에서 나오는 모든 이야기를 다루지 않습니다.
지금까지 살폈던 흐름에서 조금만 더 살을 붙여 보듯 하였습니다.
인도자들께서 이 말씀은 꼭 나누고 싶은데 하는 말씀이 있으십니까?
나누고 싶은데 이 교재에 빠져 있다면 당연히 나누셔야죠!
뺄 것은 빼시고 넣을 것은 넣으셔도 됩니다.
단, 성경에서 벗어나면 절대 안 됩니다.
적용도 성경에서 벗어나지 않도록 적용하십시오.

3. 마태복음 1~4장 / 예수님 태어나기 전과 후의 배경, 세례, 시험

예수님 공생애 시작 전의 일들을 기록합니다.
4장까지는 세례, 시험 이야기가 나옵니다.
아! 준비하셨겠구나~ 하고 흐름을 읽어 가시면 됩니다.

그림을 보며 설명하면 쉽습니다.
로마 황제의 인구조사 명령으로 성령으로 예수님을 잉태한 마리아와

요셉이 갈릴리 땅에서 유대로 등록하러 갑니다.

그래서 예수님이 유대에서 태어나시죠.

유대인의 왕이 태어났다는 소식을 들은 에돔 사람 헤롯 왕은 아기 예수님을 죽이라는 명령을 내립니다.

요셉과 마리아와 아기 예수님은 잠시 애굽으로 떠나갔다가 헤롯이 죽은 후 갈릴리로 돌아옵니다.

갈릴리에서 자란 후 공생에 준비를 하십니다.

4. 마태복음 5~7장 / 모세 때 주신 율법을 재해석하신 예수님의 설교

잘못 알고 있는 구약의 말씀들에 대하여 예수님은 다시 해석해 주십니다.

재해석하신 예수님의 말씀을 자세히 읽어보세요!

우리가 알고 있는 것과 많이 다르네요!

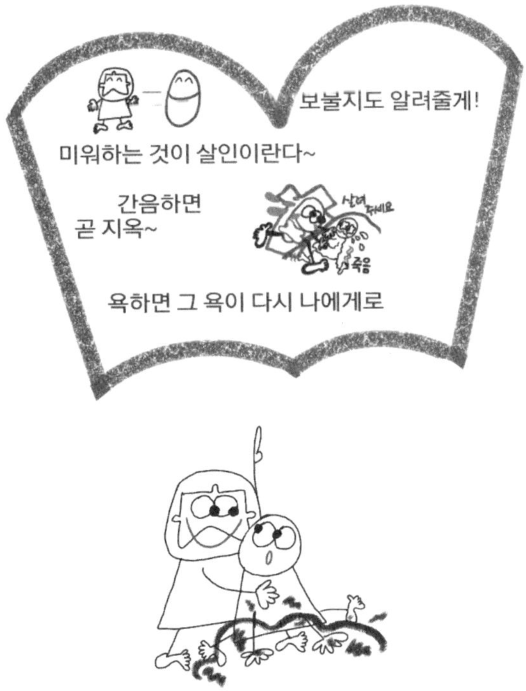

마태는 예수님의 말씀들을 우선순위로 기록합니다.
모세오경을 글자 그대로만 해석한 유대인들을 도우려는 하나님의 마음이십니다.
구약의 말씀에다가 유대인들이 갖다 붙인 규칙들을 깨주시려는 마음이십니다.
그래서 마태는 하나님이신 예수님께서 말씀하신 것을 우선으로 기록합니다.

5. 마태복음 8~9장 하반절까지 / 예수님을 배척, 베드로 및 마태 부르심

첫 번째 유월절 보내고 갈릴리로 오신 후의 이야기가 나옵니다.
성전 청소하시고 갈릴리에 돌아왔더니 예수님을 내쫓는 분위기입니다.
갈릴리를 다스리는 헤롯 왕 안티파스도 예수님에 대한 소문을 듣고 동참합니다.
그러나 모든 지도자들이 예수님을 대적하는 것은 아닙니다.
예수님을 의지하고 찾아오는 백부장이라는 지도자를 성경은 언급합니다.
백부장은 자신의 종을 고쳐 달라고 예수님께 옵니다.
그리고 자신이 죄인임을 고백하고 예수님이 주인 되심을 고백합니다.

또 예수님은 제자들을 불러주십니다.
특히 마태는 죄인을 부르시는 예수님을 강조합니다.
그래서 세리이며 죄인인 자신을 불러주신 일도 기록합니다.

죄인인 우리를 부르시는 예수님의 사랑의 음성이 들리십니까?

6. 마태복음 9장 하반절~10장 / 38년 된 병자 고치심, 12제자 부르심

예수님께서 두 번째 유월절을 벌써 보내신 후의 일들이 나옵니다.
예수님께서 38년 된 병자를 고쳐주십니다.

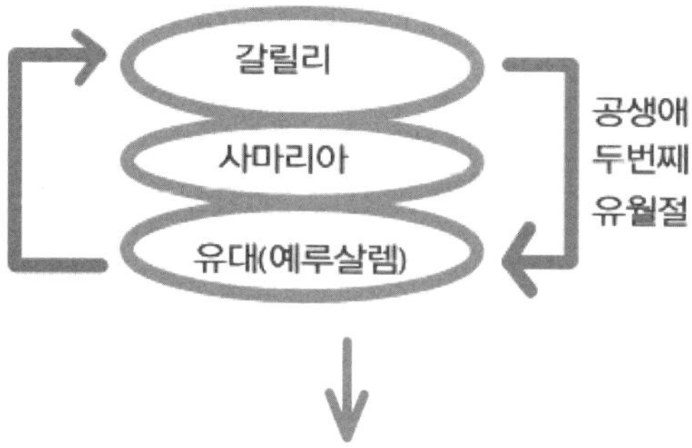

그리고 함께 생활할 12제자를 부르십니다.

7. 마태복음 11~20장 / 세 번째 유월절

세 번째 유월절 하면 오병이어가 떠오르지요!
오병이어에게는 단짝이 있답니다.
바로 세례 요한의 죽음과 오병이어는 짝꿍입니다.

세례 요한은 갈릴리를 다스리던 분봉 왕 헤롯 안티파스의 죄를 지적합니다.
분봉 왕 헤롯 안티파스가 동생 빌립(분봉 왕 빌립이 아님)의 아내를 뺏습니다.
그 아내 이름은 헤로디아라는 여인으로 무서운 여인입니다.
헤로디아는 그 죄를 지적한 세례 요한을 오히려 계략을 꾸며 죽입니다.
죽임당한 세례 요한의 이야기를 듣고 예수님은 빈들로 가십니다.

조용히 빈들에 계시며 사람들의 죄악을 슬퍼하십니다.
그런데 사람들이 이곳까지 예수님을 찾아옵니다.
남자의 수만 5천 명이 넘게 옵니다.
예수님은 모인 이들을 고쳐주랴~ 말씀 들려주며 설득하랴~ 날이 저뭅니다.
제자들은 먹을 것이 없으니 빨리 이 수많은 사람들을 집으로 보내라고 합니다.
예수님은 너희가 먹을 것을 주라고 하십니다.
제자들은 말도 안 되는 예수님의 말씀에 불가능한 상황 설명을 합니다.
이 때 한 아이가 자기의 도시락을 예수님께 드립니다.
예수님은 한 아이가 드린 도시락을 들고 축복 기도를 올리십니다.
그리고 도시락 안에 있던 물고기 두 마리와 떡 다섯 개로 모든 사람을 먹이십니다.

그래서 세례 요한과 오병이어의 기적은 짝꿍으로 기록됩니다.

이 외에도 세 번째 유월절 보내시고 이방 지역으로 전도도 가십니다.
전도하러 가셔서 수로보니게 여인을 구원하십니다.
살아 계신 하나님의 아들이심을 제자들에게 나타내십니다.
그래서 베드로는 예수님을 고백합니다.
그리고 몇 제자들에게 예수님은 예수님의 변화된 모습을 변화산에서 보이십니다.
그래서 베드로의 고백과 예수님의 변화산 사건은 짝꿍으로 나타납니다.
예수님을 구원자로 고백하는 짝꿍입니다.

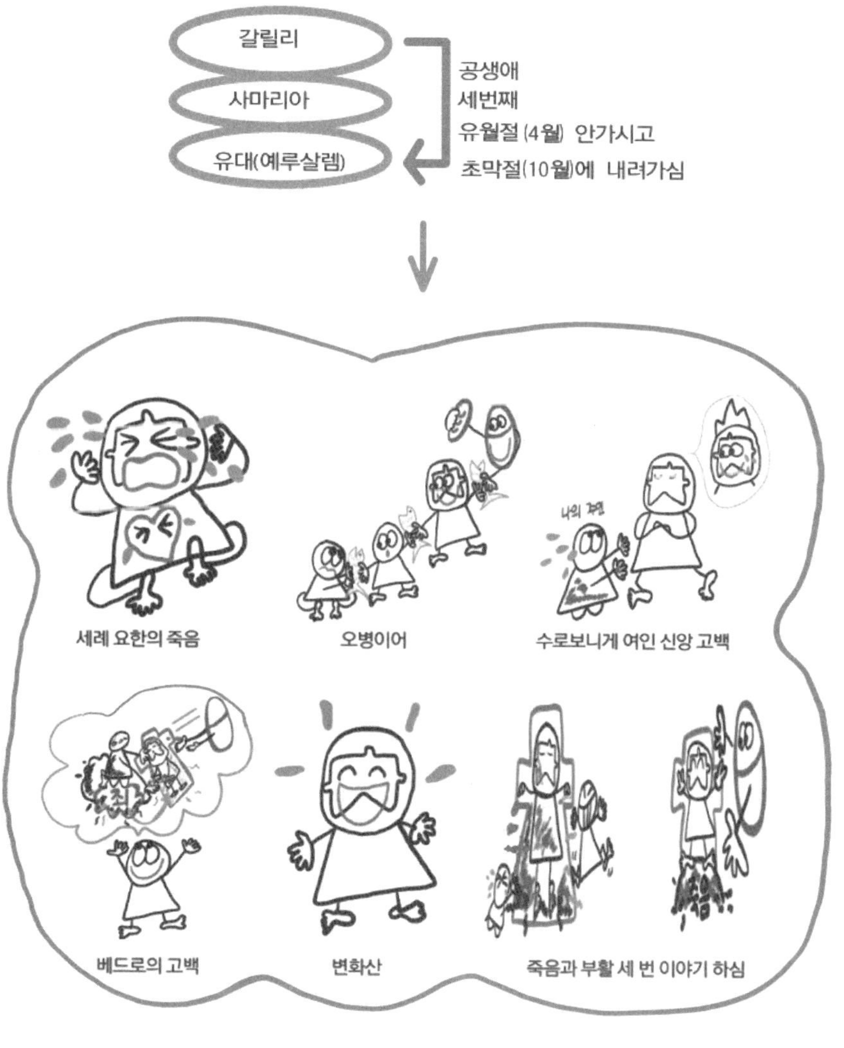

8. 수로보니게 여인 이야기를 조금 더 자세히 합니다

예수님은 세 번째 공생애 때 유대 땅에 들르셨다가 이방 지역으로 가십니다.
외국 지역으로 다니시며 복음을 전하십니다.
곧 네 번째 유월절이 다가오는 것을 볼 때에 시간이 얼마 남지 않은 상태입니다.
시간도 얼마 남지 않았는데 일부러 두로 지역으로 가십니다.
그 두로 지역에서 그리스 사람 수로보니게(시로페니키아) 여인을 만나십니다.
수로보니게 여인은 귀신 들린 딸을 고쳐 달라고 예수님께 간청합니다.
예수님은 일부러 이방 지역 두로로 가서 이 여인을 만나십니다.
일부러 만나놓고는 보기 좋게 도움을 거절하십니다.

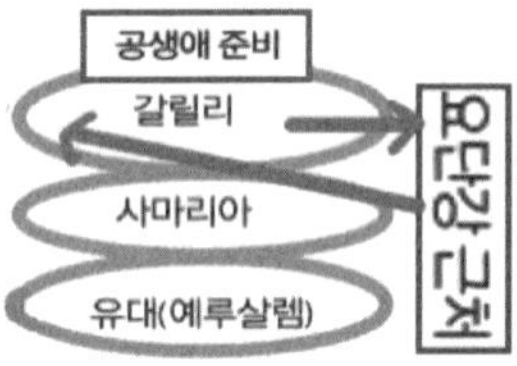

그것도 많은 사람들이 보는 앞에서 개(멍멍~) 취급을 하시며 거절하십니다.
너는 개다! 나는 자녀에게만 구원을 베푼다!
뭐! 이런 구원자가 있습니까!
그러나 여인은 인정합니다.
네, 그렇습니다!
저는 개입니다!
그러나 예수님은 나의 주인이십니다.
개들도 제 주인의 상에서 떨어지는 것을 먹을 자격이 있습니다.
예수님은 그 고백을 기다리셨던 것 같습니다.
예수님은 모든 사람들 앞에서 이 여인의 소원을 들어주시고 구원하십니다.
예수님은 이 여인의 고백을 모든 사람과 제자들에게 알리고 싶어 하십니다.
예수 그리스도를 나의 구주로 고백하는 모든 사람이 다 구원을 얻는다는 것!
어느 민족 어느 누구에게나 이 복음이 들어가야 한다는 것!
이것을 알리고 싶으셨던 것입니다.
예수님은 남은 시간 제자들에게 이 관점을 집중 교육시키십니다.

수로보니게 여인을 생각해 봅시다.
그리고 지금 나에게 일어나는 일들을 행하시는 예수님을 생각해 봅시다.
거절하시는 예수님을 만나고 계십니까?
침묵하시는 예수님을 만나고 계십니까?
만나고 있는 예수님에 대하여 무엇이라고 고백하나요?
억지로 인정하는 고백은 적지 않도록 인도합니다.
예수님에 대하여 억울한 마음이 들으면 그대로 적도록 합니다.
예수님에 대하여 의심의 마음이 들어도 그대로 적도록 합니다.
인정하고 드러낼 때 성령님께서 우리를 만지시기 때문입니다.
인도자가 성령님이 하실 일을 하지 않아도 됩니다.
있는 모습 그대로 표현하여 성령님의 만지심이 있도록만 기도로 도우면 됩니다.

9. 마태복음 21-28장/ 네 번째 유월절

예수님은 죽으시러 가십니다.

네 번째 유월절을 지키러 유대 땅으로 들어가십니다.

그리고 다시 한 번 더 성전 청소를 하십니다.

그리고 제자들과 마지막 식사도 하시며 발도 씻겨 주십니다.

그리고 피눈물이 날 정도로 기도하고 우리를 구원하기 위하여 붙잡혀 주십니다.

그리고 십자가에 달리시고 다시 3일 후 살아나십니다. 이 소식을 복음이라고 합니다.

이 소식, 복음을 믿는 자들은 구원을 얻으니 이 복음을 전하라고 명령하십니다.

이와 같은 흐름으로 마태복음을 읽어 나가도록 인도하면 됩니다.

성령님의 인도하심 따라 여러가지 방법의 기도로 마무리하면 됩니다.

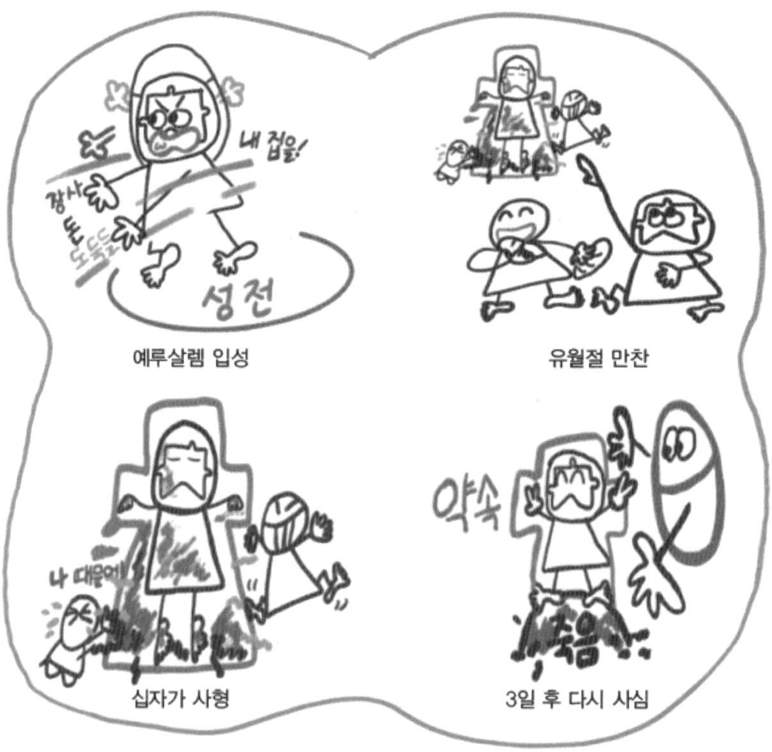

네 번째 시간입니다

마가복음과 누가복음

♥찬양 ♥기도 ♥숙제 점검 ♥감사 나눔 ♥이번 숙제 (마가복음, 누가복음 읽고 실천 2개)

☑ 마가복음

1. 저자

저자는 마가입니다.
마가는 신약책 사도행전에 잠깐 등장합니다.
예수님을 모르는 사람들에게 복음의 소식을 전하는 바나바와 바울이 있습니다.
바나바와 바울이 외국 이방 지역으로 처음 선교 다닐 때 마가가 등장합니다.

마가복음을 기록하기 전의 마가이지요.
함께 선교하러 갔다가 중도 하차한 마가로 소개되어 사도행전에 나옵니다.
함께 선교하러 갔다가 어떤 이유에서든 포기하고 집으로 갑니다!
바나바와 바울이 이 일로 의견이 다르게 됩니다.
바울은 하차하는 마가를 두 번째 선교 여행부터 데려갈 수 없다고 합니다.
바나바는 격려하며 데려가자고 합니다.
의견이 다른 상태에서 바나바와 바울은 따로따로 선교를 가게 됩니다.
이 원인 제공을 한 사람이 바로 마가복음을 기록하기 전의 마가입니다.

그랬던 마가가 후에 마가복음을 기록하게 되는 훌륭한 인물로 바뀝니다.
또한 바울도 죽음을 앞두고 가장 귀한 나의 동역자 마가를 보고 싶다고 할 정도입니다.

이 모든 정황을 보면 협력하여 함께 하나님의 뜻을 이룬 모습이 보입니다.

2. 마가복음 1장 / 요한, 세례, 시험, 베드로 장모 고치심

여러 번 반복해서 아주 조금은 익숙해지실 때입니다.
아! 공생애 첫 번째 유월절 정도겠구나! 하시며 흐름을 잡으면 됩니다.
그러나 흐름 잡다가 예수님 놓치면 정말 안 됩니다.
아래 그림 중 예수님께서 열이 나는 장모의 병을 고치시는 그림이 보이시죠!
예수님은 예수님을 따르는 사람들의 모든 것을 책임져 주십니다.
예수님을 따르는 우리도 예수님께서 책임져 주십니다.
끝까지 책임져 주심을 믿고 기도 제목이 있다면 구체적으로 풍선에 적어 봅시다.

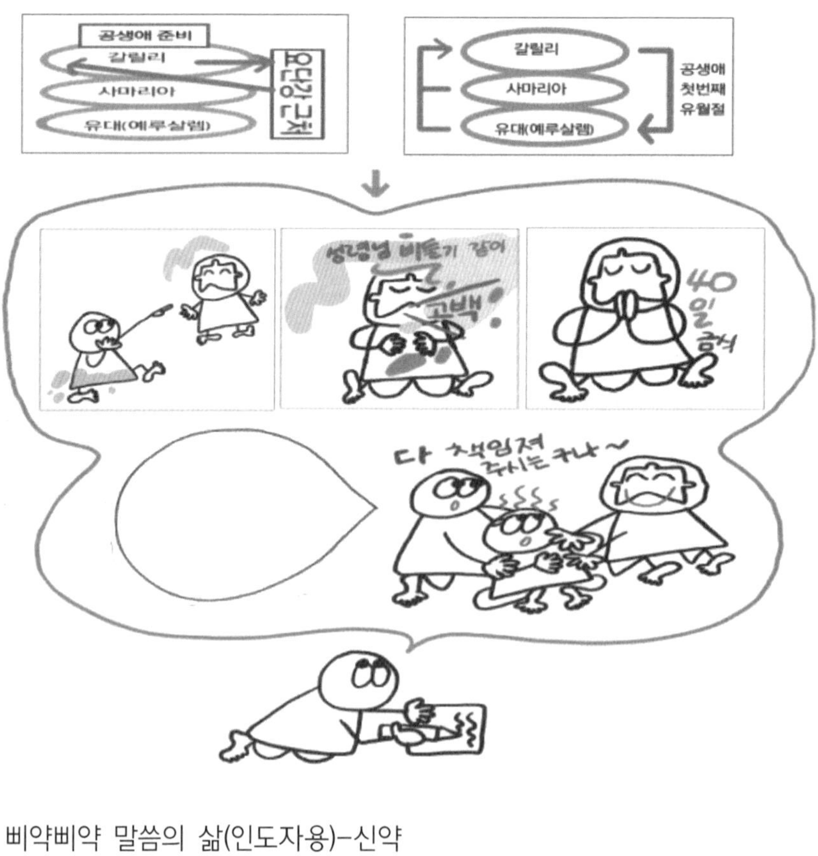

3. 마가복음 2장 / 마태 부르심, 갈릴리에서의 안식일 사건(밀이삭과 마른손 짝꿍)

갈릴리에서 일어난 사건입니다.

예수님은 안식일 날 배고픈 제자들이 밀 이삭을 잘라 먹도록 허락하십니다.

또 안식일 날 손이 오그라든 사람을 고쳐 주시기도 합니다.

안식일은 하나님께서 창조를 마치고 쉬셨고 그날을 복되게 하셨습니다.

이것을 기억하여 하나님은 안식일을 거룩히 지키라고 말씀하셨습니다.

그러나 사람들이 죄를 짓고 타락합니다.

그래서 쉬지 않으시고 하나님은 예수님을 통하여 사람들을 구할 구원의 일을 행하고 계십니다.

그래서 예수님은 안식일 날에도 복음을 전하며 사람들을 구하시는 것입니다.

그런데 예수님을 믿지 않는 사람들은 이러한 예수님의 행동이 이해가 안 가고 화가 나는 것입니다.

주일을 어떻게 보내십니까?

하나님, 예수님, 성령님을 경배하십니까?

참 좋습니다.

주일날 전도하기 위한 목적으로 어떤 일, 시간을 가져도 됩니다.

그러나 히니님을 징배하고 전도하는 이 두 가지 외에는 벗어나지 않길 바랍니다.

나는 주일을 어떻게 보내는지 풍선 안에 적어 봅시다.

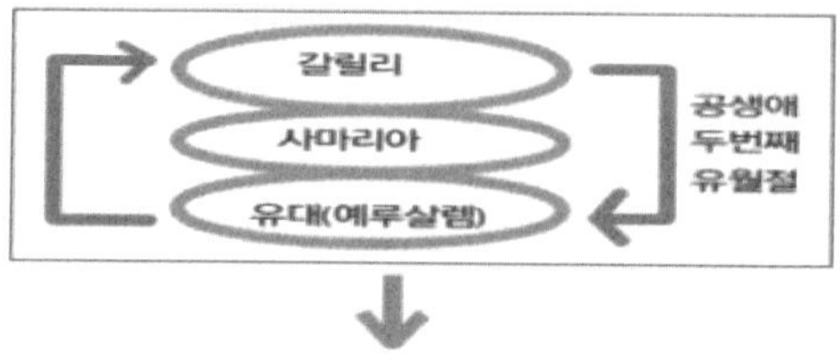

몇 제자와 마태를 부르심

안식일날 밀이삭 먹도록 허락

예수님은 안식일날 손이 오그라든 사람을 고쳐 주시네요.

4. 마가복음 3~5장 / 12제자, 회당장 딸 살리심, 혈루증 여인

두 번째 유월절을 보내시고 갈릴리에 오셨는데 심한 배척 분위기입니다.
예수님은 이러한 환경에도 불구하고 12제자를 부르시고 확정하십니다.
배척받는 분위기 속에서 지도자 회당장인 야이로가 등장합니다.
이스라엘 사람들은 어디에 정착을 하든 제일 먼저 회당을 세웠습니다.
야이로는 이스라엘 사람들이 중요하게 여기는 회당의 회당장이었습니다.
그런데 그 야이루가 예수님을 찾아옵니나.
야이로의 딸이 죽어가고 있기 때문입니다.
야이로는 예수님의 말씀과 하신 일들을 보니 딸을 살릴 분임을 깨닫습니다.
예수님을 찾아가 그 발 앞에 엎드려 딸을 살려 주실 것을 부탁드립니다.
예수님은 야이로의 간청을 받으시고 야이로의 집을 향하여 갑니다.
그런데 잠시 지체되는 일이 벌어집니다.
예수님께서 누가 내 옷을 만졌냐며 만진 사람을 찾으십니다.
12년 동안 병을 앓던 여인이 예수님 옷만 만져도 나을 텐데 하며 만진 것입니다.
예수님은 그 여인을 찾으랴~
그 여인에게 구원을 얻었다며 대화도 하시랴~ 지체하십니다.
야이로는 속이 탑니다.
지체할 무렵 그때 딸이 죽었다는 소식을 듣게 됩니다.
예수님은 야이로에게 두려워 말라고 말씀하십니다.
예수님은 죽은 것이 아니라 딸이 잔다고 말씀합니다.
몇 명의 사람들은 비웃습니다.
그러나 예수님은 12살 된 야이로의 딸을 살리십니다.
그리고 구원이 야이로의 집에 이루어집니다.

12제자를 부르시는 그림입니다.

회당장 야이로와 예수님의 옷을 만진 여인의 그림이네요.

회당장의 딸과 예수님 옷을 만진 혈루증 여인은 짝꿍 이야기로 등장하겠지요.

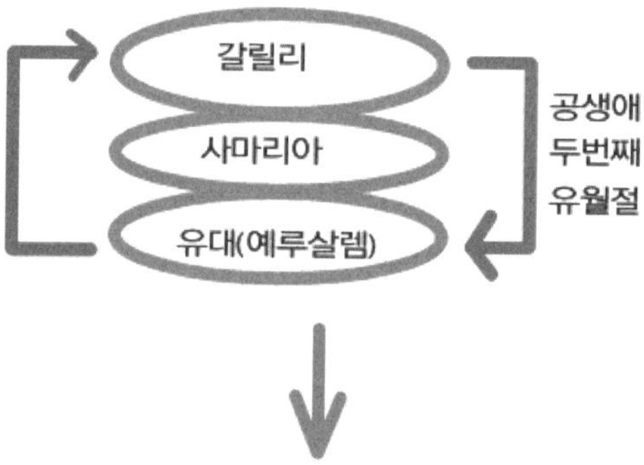

12제자를 부르시네요.

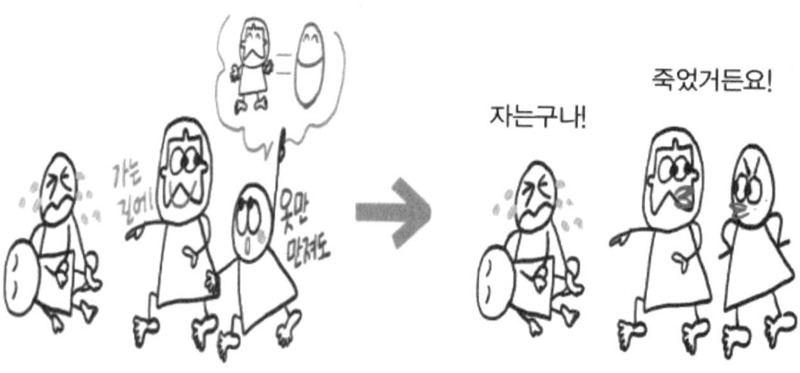

회당장 야이로 딸 살리러 가는 길에
예수님 옷을 만지고 구원을 얻는 여인

회당장 야이로의 딸을 살리시는 예수님

5. 마가복음 6장 / 고향에서 배척 또 당하심, 세례 요한의 죽음, 오병이어

예수님의 배척은 계속됩니다.
세례 요한의 죽음과 오병이어의 짝꿍 이야기! 기억나죠! ^^

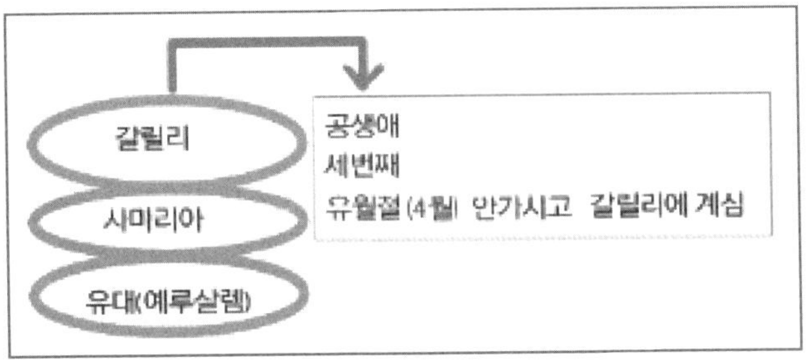

고향에서 또 배척 당하심

세례 요한의 죽음

오병이어의 기적

6. 마가복음 7~10장 / 수로보니게 여인, 베드로 고백, 변화산, 죽음 부활 예고

예수님은 공생애 세 번째 유월절 즈음에는 유대 땅 근처 빈들에 계십니다.
예수님에 대한 소문을 듣고 병을 고치고 싶은 수많은 사람들이 모입니다.
예수님은 이들에게 오병이어의 기적과 말씀들을 베푸십니다.
예수님은 후에 유대 땅으로 들어가십니다.
그리고 죽은 지 시간이 지나 썩은 시체 냄새가 나는 나사로를 살리십니다.
이 일로 지도자들은 예수님을 완전히 죽일 계획을 진행합니다.
수많은 사람들을 먹이시죠! 고치시죠! 사람까지 살려내죠!
예수님이 자신들의 지도자 자리를 뺏을까봐 그럴까요?
귀신이라고 생각해서 그럴까요?
자신들의 뜻과 맞지 않는 예수님을 아주 위험인물로 보고 죽이려 합니다.
예수님은 아직은 죽어주어야 하는 때가 아니기에 피하십니다.
다음 유월절에 죽으시기까지 남은 몇 개월 동안 예수님은 전도하러 다니십니다.
예수님은 이방 지역으로 다니시며 전도하시며 제자들을 훈련시키십니다.
전도하시며 제자들에게 곧 죽으실 것과 부활하실 것을 미리 말씀해 주십니다.
이 과정 가운데 베드로는 예수님이 구원자이심을 고백합니다.
또 이 과정 가운데 베드로와 몇 제자들은 예수님의 변화된 모습도 봅니다.
그래서 베드로의 고백과 변화된 예수님의 변화산 이야기는 짝꿍입니다.
무엇보다 예수님은 반복하여 예수님의 죽으심과 부활에 대하여 말씀해 주십니다.

그러나 막상 예수님께서 체포당해 주실 때 제자들은 잊어버립니다.
그리고 베드로뿐만이 아니라 모두 예수님을 버리고 도망합니다.

이제 조금 익숙한 흐름으로 다가오기 시작할 것입니다.

유월절은 몇 월이라든지, 초막절은 몇 월이라든지 깊이 강의하지 않습니다.

교재 그림에는 언급해 놓았습니다.

■ 잠깐 짚고 넘어갑시다!

마가복음 7~10장에 기록된 말씀 중에 누가 크냐에 대한 이야기가 나옵니다.
예수님은 죽음과 부활에 대하여 말씀하시고 한 번 더 강조하며 이야기하십니다.
그러나 놀랍게도 제자들은 예수님의 이 말씀에 관심이 없습니다.
오히려 누가 예수님의 오른팔이냐 왼팔이냐 자리를 놓고 싸움을 합니다.
곧 누가 왕이신 예수님의 옆자리 영의정 자리에 앉을 것인가?
좌의정 자리에 앉을 것인가?
누가 중요한 자리를 차지할 것인가를 두고 싸웁니다.

이 생각을 늘 다 하고 있는 우리에게 예수님은 말씀하십니다.
하나님의 자녀는 차지하는 자가 아니라 섬기는 자라고 말씀하십니다.
예수님의 십자가와 부활을 생각하며 내가 섬겨야 할 곳을 적고 실천합시다.

7. 마가복음 11~14장 / 무화과, 성전 청소, 과부 헌금, 멸망, 향유, 배반, 기도, 부인

아직 무화과 열릴 때가 아닌데 열매가 없다고 무화과나무를 저주하십니다.

예수님께서 신경이 예민해져서 심술을 부리실 리는 없고 왜 그러셨을까요?

때가 되어도 열매를 맺지 못할 무화과나무인 것을 예수님은 아십니다.

예수님은 사람들에게 기적과 말씀으로 하나님의 아들이심을 보여 주셨습니다.

이제는 믿을 때가 되었는데도 예수님을 끝까지 거부하는 사람들의 나중을 알려 주시는 행동입니다.

끝까지 거부하여 무화과나무처럼 저주를 받지 말고 예수님께로 돌아오십시오.

예수님은 성전을 청소하십니다.

예수님께서 우리 교회에 청소하라고 하시는 분야가 무엇이 있을까요?

떡을 가방에 챙기랴 바쁜 성도들, 서로 인사도 없는 관계의 성도들을 보며 화만 내고 계십니까? 누구보고 청소하라고 하지 말고 나부터 솔선수범하며 떡도 나누어 드리고 예쁘게 인사도 하며 청소합시다. 쓸고 닦고 정리하는 청소를 말하는 것이 아닙니다. 하나님의 뜻대로 세워지는 교회를 위해 내가 해야 할 사역이 무엇인지를 생각하고 나부터 솔선수범해 보자는 것입니다.

보이는 나부터 청소합시다!

또 11~14장에는 과부가 하나님께 헌금 드리는 이야기도 나옵니다.

예수님 당시의 과부는 아주 어려운 형편의 사람을 말합니다.
그런데 매우 어려운 형편의 과부가 하나님께 헌금을 드립니다.
땡그랑 소리가 나는 제일 작은 단위의 동전을 드립니다.
동시에 부자가 보란 듯이 큰돈을 헌금으로 드립니다.
예수님은 과부의 헌금을 하나님께서 기뻐 받으시는 헌금이라고 말씀해 주십니다.
하나님 입장에서는 과부의 헌금은 생활비 전부였습니다.
하나님께 생활의 모든 것을 맡겨드린 것입니다.
나의 모든 것을 책임지시는 하나님을 고백하며 드린 것입니다.
이러한 헌금을 하나님께서 기뻐하시는 예배라고 예수님은 알려주십니다.
헌금이란 내가 할 수 있으니까, 또는 여유롭게 남으니까 드리는 것이 아닙니다.
하나님께 나의 모든 것을 맡겨드립니다 하는 고백으로 드려야 하는 것입니다.
이 세상을 창조하신 하나님께서 돈이 부족하신 분이시겠습니까!
마음을 감찰하시는 하나님께 마음의 표현을 드립시다.

또 11~14장에는 향유 붓는 마리아 사건과 유다와 베드로의 부인하는 모습도 나오네요.

마리아는 열심히 말씀을 들어보니 예수님께서 죽으신다고 하는 것 같습니다.

잘은 모르겠지만, 마리아는 향유를 준비하고 죽으실 예수님께 부어 드립니다.

반대로 가룟 유다는 그 비싼 향유를 부어 없애다니! 돈을 허비했다고 화를 냅니다. 그리고 무엇인가 자기 뜻대로 해 주지 않는 예수님을 팔아버립니다.

베드로는 체포딩하시는 예수님을 보고 저주하며 부인합니다.

가룟 유다가 예수님을 팔아서 예수님이 죽으신 걸까요?

예수님은 우리를 구원하시려고 구약 때부터 죽으러 오실 것을 말씀했습니다.

하나님 말씀대로 우리를 구하시려고 희생제물이 되신 것입니다.

베드로는 말씀을 기억하며 회개하며 돌아옵니다.

그러나 가룟 유다는 끝까지 무엇인가 자기 뜻이 이루어지지 않자 자살합니다.

자살은 끝까지 하나님의 뜻을 거부하는 행동입니다.

자살을 동정해 줄 거라는 착각을 거두십시오. 사탄의 뜻을 따른 행동입니다.

성경을 읽으며 풍선 안에 마음에 와 닿는 하나님의 마음을 적어 봅시다.

8. 마가복음 15~16장 / 빌라도, 십자가, 부활, 승천과 명령

네 번째 유월절을 중심으로 한 이야기가 나옵니다.
에돔 사람 안티파스 기억나시나요?
자기가 유대 왕 되려고 로마에게 유대 땅을 꿀꺽하도록 넘긴 사람이지요.
그의 손자 헤롯 때에 와서야 정식 유대 왕의 호칭을 얻게 되지요.
그리고 헤롯 왕이 세 아들에게 유대 땅을 나누어 주고 죽지요.
예수님이 이 땅에 오셨을 때는 두 아들들과 로마 총독이 있었습니다.
이스라엘 북쪽 갈릴리 땅에는 헤롯 안티파스(할아버지 이름과 같죠!),
이스라엘의 동쪽 지역 외국의 이방 지역인 데가볼리 같은 땅에는 헤롯 빌립,
이스라엘의 남쪽 유대 땅에는 헤롯 아켈라오를 내쫓은 로마 총독이 있었죠.
왜 남쪽 땅은 로마 총독이냐고요?
헤롯 아켈라오가 로마의 뜻을 따르지 않아 추방당하고 직접 로마 총독이 오죠.
예수님 때는 빌라도 총독이 파견되어 옵니다.
예수님을 죽여 달라고 온 이들에게 빌라도는 너희 마음대로 하라고 명령하죠.
곧 그 말은 사형시켜도 좋다는 말과 같습니다.
예수님은 십자가에 달려 죽으십니다.
불의를 저지른 산헤드린 공의회가 예수님의 죽음을 잘했다고 판단할 때입니다.
산헤드린 의원인 아리마대 요셉이 빌라도에게 예수님의 시신을 달라고 합니다.
모든 지도자들이 보는 앞에서 예수님을 나의 구원자로 고백하는 행동인 것이죠.
3일 후 예수님은 다시 살아나십니다.
그리고 사람들과 제자들에게 40일 동안 나타나십니다.
하늘로 승천하실 것을 말씀하시며 또 성령님을 보내주실 것도 약속하십니다.
다시 오신다고 하시며 이 모든 복음의 사실을 땅 끝까지 전하라고 명령하십니다.

마가복음 15~16장 / 빌라도, 십자가, 부활, 승천과 명령 그림입니다.

혹시 여기까지 교재를 보셔도 어렵고 헷갈리는 인도자들이 계신가요?
감사합니다.
이 책을 쓰는 저도 보지 않으면 헷갈릴 때가 아직도 많습니다. 사실입니다.
성경 말씀에 이런 말씀도 있었나 할 때도 많습니다.
바다보다 깊고 하늘보다 넓은 성경 말씀을 통달한다는 것은 불가능합니다.

저도 책을 쓰면서 욕 듣는 일을 괜히 하나 보다 싶은 마음이 자주 생겼습니다.
그 때 하나님께서는 TV 영상으로 어려운 나라의 한 아이를 보게 하셨습니다.
저 아이에게 복음에 관한 한 장의 그림만 있어도 좋겠다!는 생각이 들었습니다.
우리는 너무 많은 성경 지식과 부유함에 깔려 있다는 생각이 듭니다.
그래서 오히려 가장 중요한 예수님을 놓치고 있다는 생각도 듭니다.
괜한 일을 하나? 싶었을 때 하나님은 제게 말씀하시는 것 같았습니다.
가장 중요한 예수님 한 분만 소개하면 되지 않을까! 하며 용기를 주셨습니다.
그런데도 불구하고 눌리는 무언가가 계속 있었습니다.

인도하시는데 있어서 너무 어렵게 느껴집니까?
강의를 못하겠다는 생각에 두려워하고 계십니까?

저에게 있었던 눌림을 점점 없애주신 사건을 여기에 고백해 봅니다.

제가 신약 일독에 대한 강의를 처음 할 때였습니다.
물론 책으로 나오지 않은 때였지요.
강의를 순종하며 맡았기에, 저도 계속 성경을 공부해야 했습니다.
신학교 출신이라 기본적으로 다 알지 않냐고요?
과연 그럴까요?
그렇지 않습니다.
강의를 준비하면서 갈릴리와 사마리아와 유대 땅 구조를 겨우 알았습니다.

12명의 학생들이 신청을 했습니다. (12명 너무 많습니다.)
학생들 중에는 연세가 일흔(70)을 맞이하신 어른도 계셨습니다.
그 어른은 한글을 읽기 시작한 지 얼마 되지 않으셨습니다.
한 글자 한 글자 읽기에는 많은 시간이 필요하셨습니다.
처음으로 성경을 읽고 싶은 마음으로 신약 일독부터 신청을 하신 것입니다.
동시에 한번 강의만 듣고도 성경을 쫘악~ 꿰뚫는 수학 선생님도 계셨습니다.
성경을 처음 읽는 분이었지만 설명을 단순하게 했다가는 안 될 상황이었습니다.
70 되신 어르신한테는 단순한 설명이 정말 도움이 되시는 상황이었습니다.
12분 중에 전도사님도 앉아 계셨습니다.
저는 어느 분에게 맞춰야 할지 고민이 되고 눌림이 되었습니다.
그런데 어느 분에게도 맞출 필요가 없는 것을 하나님께서는 깨닫게 하셨습니다.
한 주 한 주 강의를 하고 숙제한 것을 나누는 시간에 점점 알게 하셨습니다.
성경을 읽는 모든 분들의 공통된 고백에서 알게 하셨습니다.
우와! 놀라워요! 첫 번째 공생애 때 예수님께서 이런 말씀을 하셨었네요!
공생애 두 번째 때 이런 일이 있는 것을 알게 되었답니다! 정말 감사해요!
이런 고백은 전혀 찾아볼 수 없었습니다.

한 사람 한 사람의 고백은 오히려 다음과 같았습니다.
"이번 주 성경 말씀을 읽는데 제 마음에 와 닿은 말씀은 이런 말씀이었어요.
형제와 화해하고 예배를 드리라는 말씀을 읽는데 싸운 언니가 생각이 났어요."
용기를 내어 겨우 전화를 걸었어요 하며 울먹이는 분.
"무슨 말인지 하나도 모르겠어요,
한 글자 한 글자 읽느라고 밥 먹고 성경만 읽느라 바빴어요" 하는 분.
"(실천하는) 숙제는 해야겠고 스트레스가 되어 힘들었어요,
그래도 다른 사람을 섬기는 숙제를 하니까 좋긴 하네요" 하는 분.
"바빠서 다는 못 읽었습니다,
읽은 부분은 어디 어디인데 실천 숙제 하나는 그래도 했습니다" 하는 분.

이와 같은 고백들이었지 강의 내용에 대한 고백은 하나도 없었습니다.

각자가 하나님을 만나려고 몸부림치는 고백들뿐입니다.
한 가지라도 말씀대로 살아보려고 노력하는 고백들뿐입니다.

저는 이 고백들로 인해 부담감이 조금씩 사라지는 듯했습니다.
마치 강의 잘해야 하는데!라는 올무에서 거의 다 벗어나는 듯했습니다.

인도자는 누구나 강의를 잘하려고 합니다.
좋은 태도입니다.
그러나 인도자가 성령님께서 하실 일까지 하려고 하는 것은 멈추어야 합니다.
인도자는 성령님께 순종하고 학생들을 위해 중보기도하면 되는 것 같습니다.
저는 중보기도 하는 것에서 한 가지를 더 했습니다.
학생들과 공감대를 형성하고 나누기 위해 저도 함께 숙제를 해 나갔습니다.
공감대 팍! 팍! 생기면서 서로 성령님의 감동을 팍! 팍! 받을 수 있었습니다.
벌금을 인도자가 더 많이 낸 경우도 있었답니다.^^
인도자가를 이끄시는 하나님, 예수님, 성령님과 돕는 천군 천사들을 기억하시고!
아자~ 아자~ 힘내세요.^^

누가복음

1. 저자: 의사 누가로 누가복음과 사도행전을 기록
2. 특징: 헬라인 데오빌로 각하에게 예수님을 소개하는 상세한 글

누가복음의 저자는 의사인 누가입니다.
누가는 의사로서 헬라인 데오빌로 각하를 모시며 친분이 깊어진 것 같습니다.
누가는 데오빌로에게 예수님을 소개하는 글을 씁니다.
이 글이 누가복음입니다.

누가는 예수님의 12제자 중의 한 사람이 아닙니다.
언제부터 예수님을 영접했는지는 모르지만 바울과 함께 선교합니다.
선교하며 다시 데오빌로에게 두 번째 글을 씁니다.
두 번째 글은 예수님이 부활하시고 나서 성령님의 사역을 소개하는 글입니다.
이 글이 사도행전입니다.

누가복음이나 사도행전은 세밀하고 구체적인 특징을 갖습니다.
지금 여기서는 4복음서의 하나인 누가복음을 살펴봅니다.

3. 누가복음 1~5장 / 세례 요한, 예수님 나심, 세례, 시험, 마태 부르심

배 속에 있는 태아끼리 세례 요한과 예수님이 만나네요.
태중의 세례 요한이 태중의 예수님을 보며 기뻐합니다.
성령으로 잉태되신 신이신 예수님은 사람으로 태어나 우리에게 오십니다.
그리고 30세에 다시 만난 세례 요한에게 예수님께서 세례를 받으십니다.
예수님은 세례를 받으신 후 금식하시며 말씀으로 사탄을 물리치십니다.
그리고 몇 명의 제자를 부르십니다.

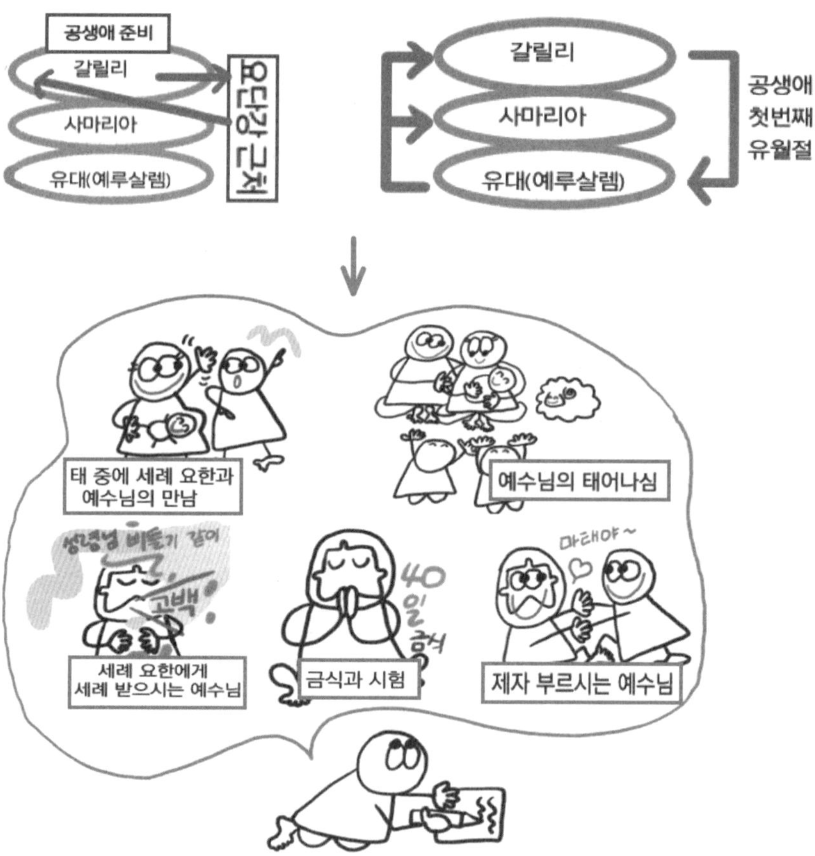

4. 누가복음 6~8장 / 12제자 부르심, 회당장 야이로와 혈루증 여인 (기억나시죠!)

두 번째 유월절 보내고 갈릴리에 오셔서 12제자 부르신 것 기억나죠?
또 회당장 딸 야이로와 혈루증 여인이 짝꿍으로 나타난 사건도 기억나죠?
마태복음에서 다루었던 반복된 흐름을 설명해 주세요.
반복을 통해 듣다 보면 성경 읽을 때 쉽게 줄거리가 읽혀집니다.

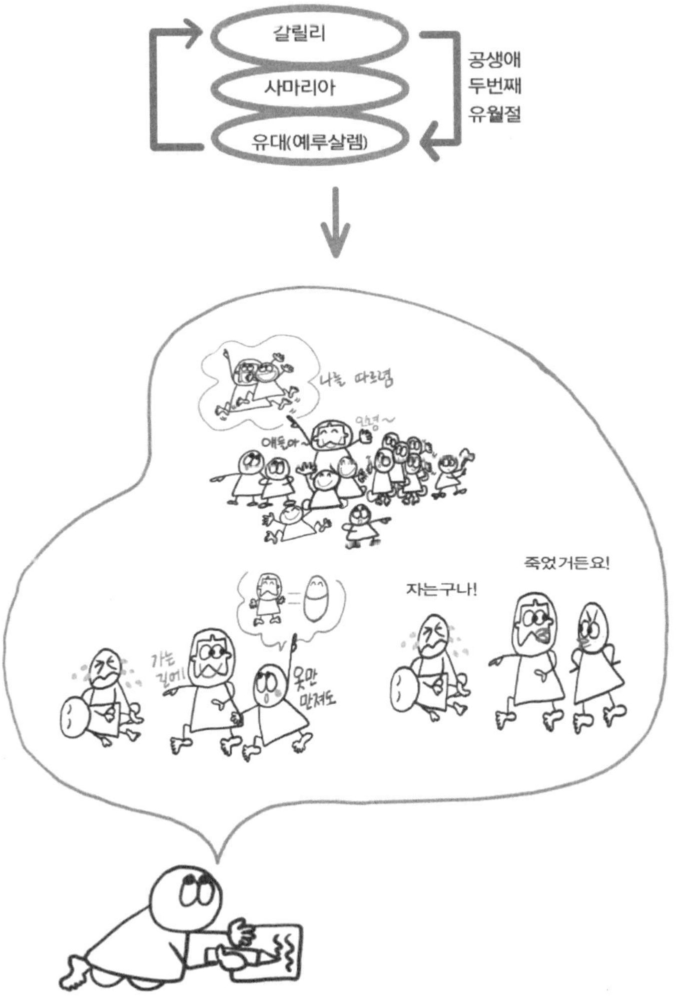

5. 누가복음 9~22장 / 오병이어, 변화산, 70인 제자, 여리고 소경, 삭개오, 멸망

세 번째 유월절 중심 이야기이지요.
오병이어 사건이 있지요.
베드로의 고백 이야기도 나옵니다.

여기서는 70인의 제자와 여리고 소경과 삭개오 이야기를 조금 더 하겠습니다.
예수님에게는 12명의 제자만 있지 않았습니다.
70명의 제자들을 외국 이방 지역으로 전도 보내실 정도로 많았습니다.
70명은 예수님의 명령을 받고 외국 지역으로 전도하러 갑니다.
예수님은 잠시 유대 땅에 가셨다가 나사로를 살리고 다시 외국 지역으로 가십니다.
그리고 외국 지역에서 70명의 제자들과 만나 전도 보고도 받으십니다.
함께 이방 지역으로 전도 다니시며 제자 훈련에 몰입하십니다.
예수님의 제자 훈련 집중 시간이란! 복음 전하는 삶을 보이시는 것이었습니다.
누구든지 예수님을 믿으면 구원을 얻는다는 복음을 전하는 것이 제자훈련입니다.
예수님은 누구든지!!!에 초점을 맞추셔서 복음을 전하십니다.
그 유명한 수로보니게 여인의 사건을 통해 제자들 마음에 새겨놓으십니다.

예수님은 제자들에게 전도의 모습을 보이시고 죽으시러 예루살렘으로 가십니다.
여리고 성을 지나갑니다.
예수님은 죽으시러 가는 상황에서 예수님을 간절히 부르는 소경을 고쳐주십니다.
나무에 올라가서 예수님이 어떤 분인지 보고 싶어하는 삭개오를 만나주십니다.
삭개오는 예수님 죽으시기 바로 며칠 전에 만나 구원을 받습니다.
예수님은 죽으시러 가시는 상황에서도 사람들을 만나주시고 구원하십니다.

누가복음 9~22장 / 오병이어, 변화산, 70인 제자, 여리고 소경, 삭개오, 멸망 그림입니다.

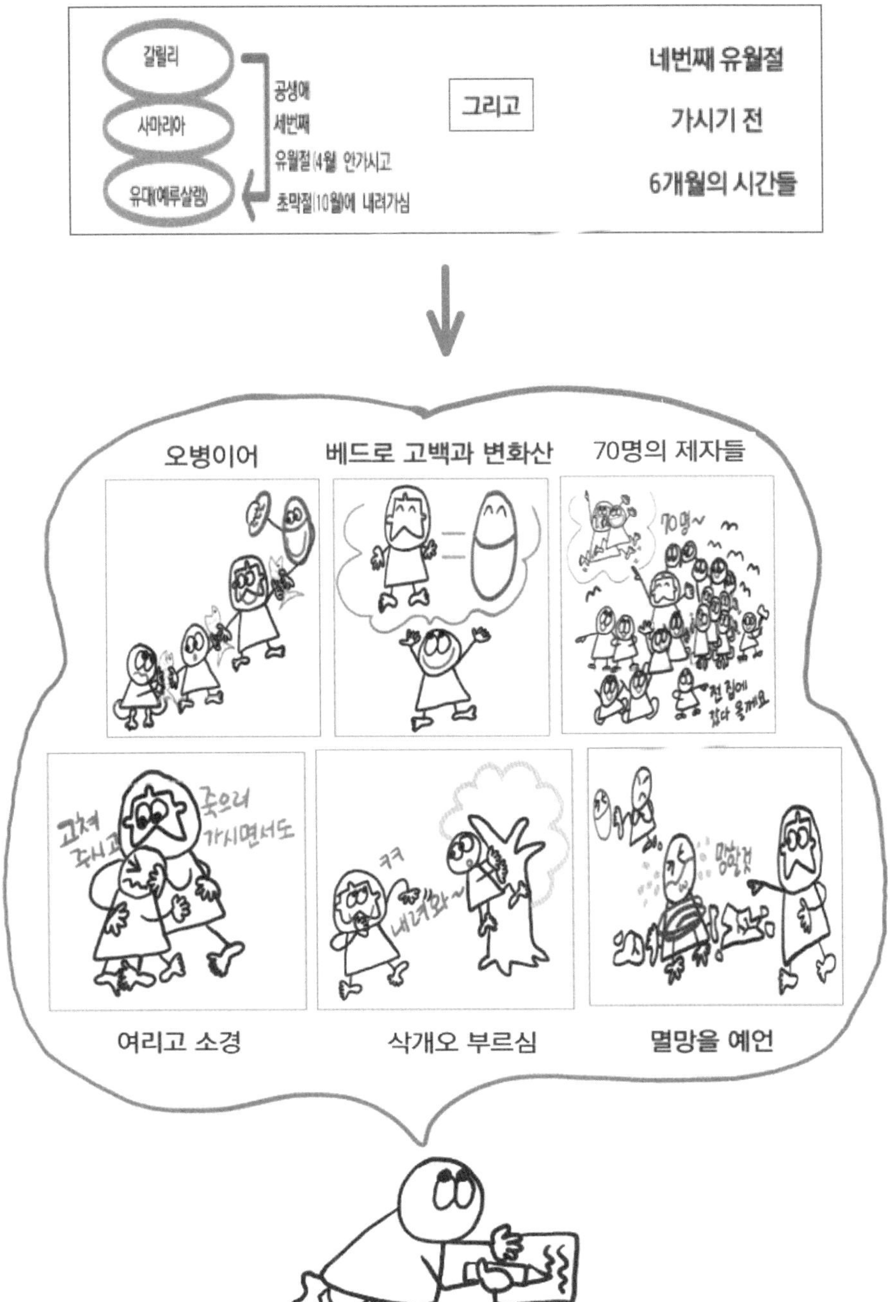

6. 누가복음 23~24장 / 빌라도, 십자가 강도 고백, 부활 승천과 명령

네 번째 유월절 사건들이 이어진 부분입니다.
예수님의 십자가 양 옆에 있는 십자가에 달린 사람들 이야기가 기록됩니다.
마태, 마가복음에는 양 옆의 두 사람 다 예수님을 욕한 것으로 기록합니다.
누가는 그 중 한 사람이 죽음의 순간에 극적인 회심을 한 장면을 소개합니다.

요한복음을 기록한 예수님의 제자 요한은 십자가 가까이 있었습니다.

요한은 마태, 마가, 누가복음이 다 쓰여지고 난 후에 요한복음을 썼습니다.

요한도 십자가의 한 사람이 죽기 직전에 회심한 것을 십자가 가까이서 봅니다.

그래서 요한은 십자가에서의 회심 사건 기록에 대한 반대 의견을 제시하지 않습니다.

하나님은 누가를 통해 십자가에서의 회심 사건을 우리에게 알리고 싶어하십니다.

죽는 순간 그 순간 1초 전이라도 예수님을 받아들이면 구원을 얻는다는 것을요!

1초가 짧나고요?

그렇지 않습니다.

사람은 죽어가는 1초의 순간에도 구원을 얻을 수 있습니다.

복음을 전하십시오! 끝까지!

하나님은 누가를 통해 전하고 싶어 하십니다.

마지막 죽기 꼴까닥! 직전까지라도 예수님을 나의 구원자로 고백하라고요!

눈을 감고 말하지 못하는 중환자에게도 곧 죽을 사람에게도 복음을 전하십시오.

복음을 들어야 할 죽어가는 사람이 있습니까?

그 이름을 적어 봅시다.

그리고 기도하며 그 사람에게 다가가 복음을 전합시다.

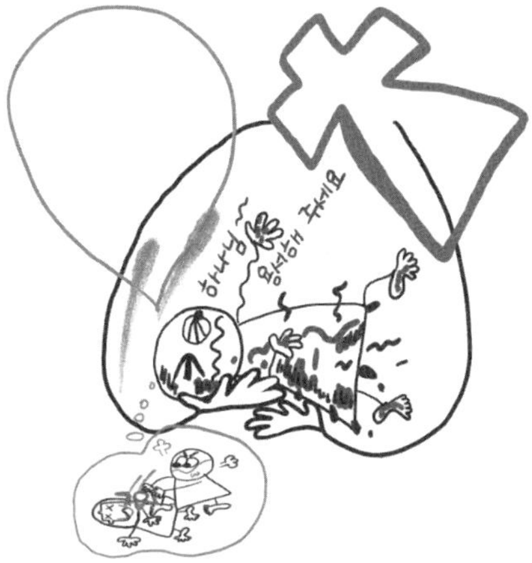

다섯 번째 시간입니다

♥찬양 ♥기도 ♥숙제 점검 (마가복음과 누가복음 읽고 2가지 실천한 것)
♥감사 나눔 ♥이번 숙제 (요한복음을 읽고 실천 1개)
《성경 일독 소식 나누고 계시지요! 간식도 가볍게 나누고 계시지요!^^》

4복음서의 마지막 요한복음을 보겠습니다.
그리고 사도행전의 전체 흐름도 살펴보도록 하겠습니다.
사도행전의 전체적인 구조만 알아보도록 하는 것입니다.
그래서 이번 숙제는 요한복음만 읽고 한 가지 실천해 오는 숙제만 하면 됩니다.

☑ 요한복음

1. 저자: 요한

요한복음의 저자는 예수님 12제자 중의 한 사람인 요한입니다.
예수님은 십자가에서 죽으시면서 제자 요한에게 어머니 마리아를 부탁합니다.
요한은 요한 1, 2, 3서도 기록합니다.
그리고 밧모 섬에 유배되어 요한계시록도 기록합니다.
요한은 모든 복음서가 기록되고 널리 읽혀진 후에 요한복음서를 기록합니다.
그래서 요한은 3권의 복음서에 기록되지 않은 부분들을 자세히 기록합니다.
요한복음도 살짝 흐름만 살펴봅니다.

2. 요한복음 1-4장 / 어린양, 가나의 포도주 기적, 성전 청소, 사마리아인

세례 요한이 예수님께 세례 베푸는 이야기가 자세히 나옵니다.
또 공생애 준비 때 갈릴리 가나 땅에서 물로 포도주를 만든 기적도 언급합니다.
그리고 첫 번째 유월절을 보내시고 성전을 청소하신 사건도 기록합니다.
그리고 사마리아에 들어가셨던 이야기를 자세히 합니다.

3. 요한복음 5장 / 안식일 날 38년 된 병자 고쳐 주시지요

두 번째 유월절 때 유대에 가서 안식일날 38년 된 병자 고치신 사건 기억나죠? 이제 몇 번 반복해 아주 조금은 성경이 눈에 들어오기 시작하지요.^^

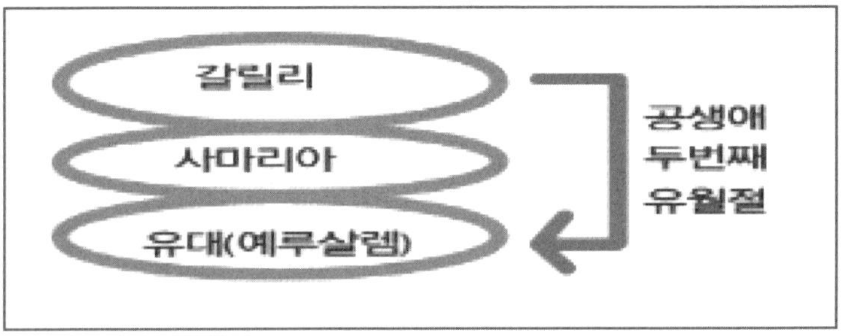

4. 요한복음 6~17장 / 오병이어, 소경, 나사로 살리심, 향유, 발을 씻어주심

오병이어의 기적이 일어납니다.
소경을 고쳐 주시고 죽은 나사로를 살리십니다.
마리아는 예수님께 향유를 붓습니다. 예수님은 제자들의 발을 씻어주십니다.

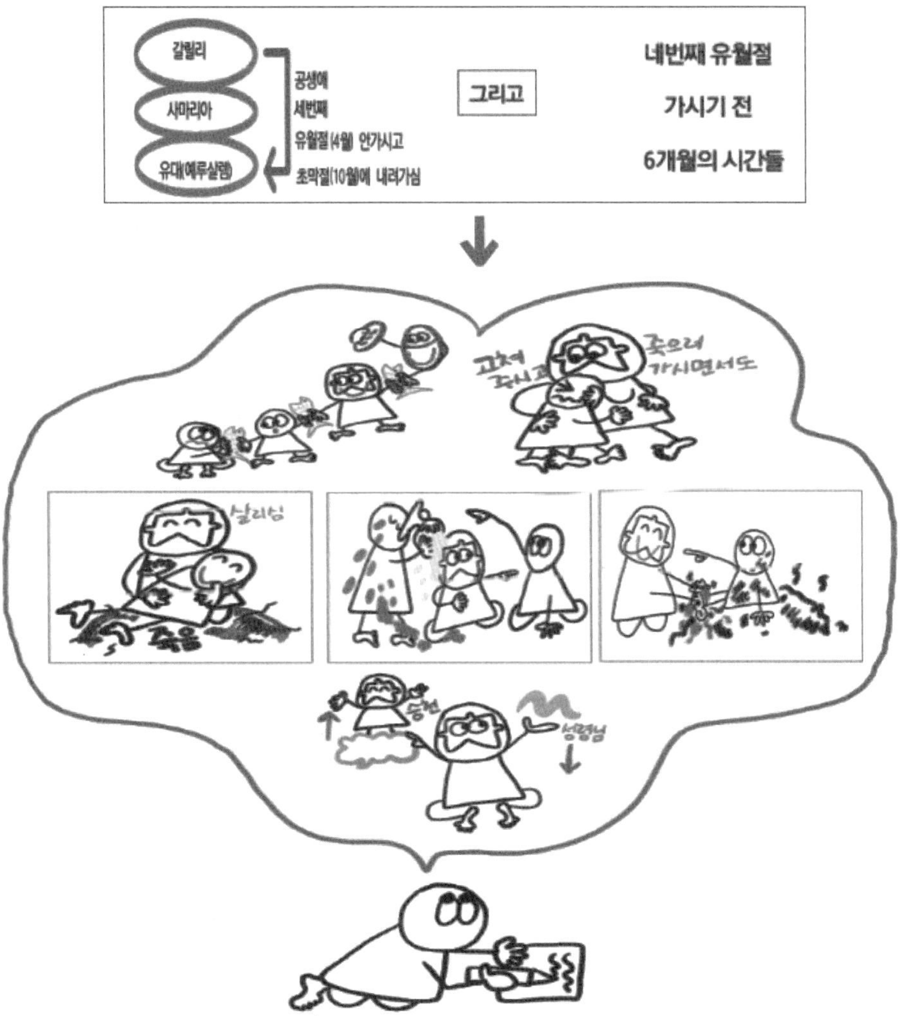

5. 요한복음 18~21장 / 채찍, 십자가, 부활 후 명령

예수님의 채찍 맞으시는 모습 등 십자가의 고난과 부활하신 이야기입니다.

요한복음을 끝으로 4복음서가 마무리됩니다.

예수님의 고난에 대하여 느끼는 생각을 풍선에 채우고 나누어도 되고 4복음서에 대한 감사 방향의 나눔을 가져도 좋습니다.

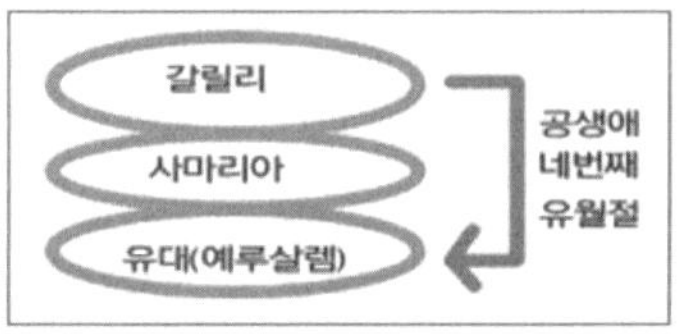

☑ 사도행전

드디어 4복음서가 끝나고 사도행전 들어갑니다

1. 사도행전 들어가기 전 다시 마음에 새길 부분이 있습니다

바로 하나님, 예수님, 성령님 세 분은 한 분이신 삼위일체이십니다.

사도행전에는 삼위일체 하나님께서 함께 사역하는 모습이 구체적으로 나옵니다.

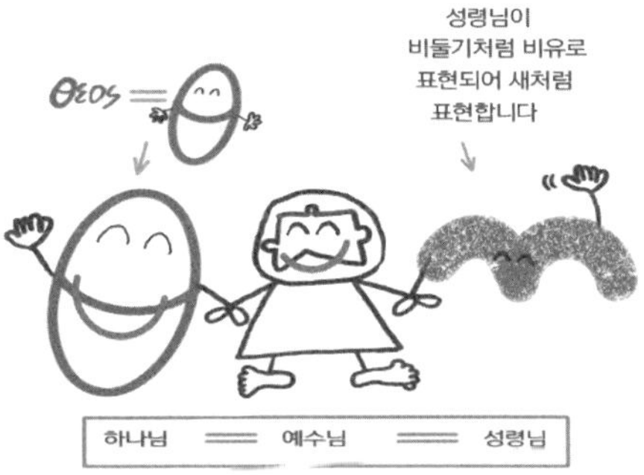

2. 로마 황제 배경을 봅니다

온화한 정책을 펼치던 로마는 황제가 바뀌면서 달라집니다.

네로 황제는 로마에 불을 질러놓고는 예수님을 믿는 사람들에게 덮어씌웁니다.

더 나아가 로마의 황제들은 자신을 신으로 섬기라고 합니다.

거부하는 사람들을 고문과 핍박으로 죽입니다.

3. 유대교와 기독교인이라는 명칭이 구분됩니다

예수님을 죽인 이스라엘 유대 지도자들은 어찌 되었을까요?
예수님이 죽으시는 순간 휘장이 찢어지고 지진이 일어나고 바위가 갈라집니다.
그러나 아무리 천재지변의 징조가 나타나도 유대인 지도자들은 믿지 않습니다.
오히려 다시 살아난 예수님에 대한 소문을 막기 위해 바쁩니다.
시체를 제자들이 훔쳐 갔다고 거짓 소문을 내라고 병사들에게 돈을 줍니다.
예수님을 믿는 유대인들과 이방인들은 회개하고 복음을 받아들입니다.
예수님을 믿는 사람들을 기독교인이라고 합니다.
이 교재에서는 예수님을 믿지 않는 유대인들을 유대교라고 하겠습니다.
유대교는 로마와 함께 기독교인들에게 박해를 가합니다.

4. 사도행전에 나타나는 헤롯 왕 배경을 봅니다

헤롯은 첫째 아들이 아니었습니다.
헤롯의 형이 왕이 되지 못했던 것입니다.
헤롯의 형은 동생을 죽일 복수를 꿈꾸다가 죽습니다.
그리고 그의 손자가 그 꿈을 이루어 줍니다.
바로 헤롯 아그립바 1세입니다. 사도행전은 아그립바 시대입니다.
얼마나 로마에게 잘했는지 로마 총독이 오는 자리를 빼고는 거의 다 차지합니다.
그리고 그의 아들 헤롯 아그립바 2세가 왕이 됩니다.
그 아그립바의 시대에 예수님의 제자들이 복음 전하는 사역을 합니다.

5. 사도행전을 누가 기록하였지요?

네! 누가가 기록하였지요. ^^
누가는 누가복음을 기록한 사람이지요.
다시 사도행전을 기록하여 데오빌로 각하에게 전해 줍니다.
사도행전의 주제는 두 가지 큰 흐름으로 봅니다.
첫째는 교회가 세워졌다는 것입니다.
둘째는 교회를 중심으로 선교가 시작되었다는 것입니다.

그 일들을 하시는 분은 누구실까요?
누가는 데오빌로 각하에게 그 일들을 성령님께서 하신다고 설명합니다.
성령님께 순종하는 자들이 바로 예수님을 믿는 사람들입니다.

성령님이 임하시면 일이 잘 풀린다고 알고 계십니까?
점쟁이도 귀신이 시키는 대로 하면 귀신이 임하고 일이 잘 풀린다고 말합니다.

성령님이 하시는 사역을 우리는 분명히 알아야 합니다.
예수님을 기억나게 하고
예수님의 말씀을 떠오르게 하고
예수님의 명령을 따르도록 도우십니다.
그래서 우리는 예수님을 찬양하고
안타까운 사고로 죽든, 핍박으로 죽든 예수님을 예배합니다.

성령님이 임하시면 예수님과 동행하는 삶을 사는 것입니다.

6. 사도행전에서 성령님이 생각나게 하시는 일

성령님이 하시는 일을 무엇이라고 하였지요?
우리가 죽을 죄인인 것을 기억나게 합니다.
예수님께서 죄인인 우리를 위해 죽으시고 부활하신 것을 깨닫게 하십니다.
성령님은 이 사실을 전하도록 도우십니다.

죽을 죄인이었던 것

나 위해 죽으시고 나 위해 부활

하나님과 예수님과 성령님 알게 됨

이 사실을 전하도록 도우심

7. 사도행전의 큰 주제 두 가지

저자: 누가

특징: 누가가 데오빌로에게 예수님을 전하고(누가복음)
그 후에 성령님의 일하심을 전하고자 기록(사도행전)

주제: 교회를 세우시고 선교하시는 성령님의 일하심과 순종하는 사람들

8. 사도행전의 큰 흐름을 봅니다

부활하셨죠.

제자들에게 나타나셨죠.

제자들은 예수님을 버린 자신들의 모습에 고개를 숙인 상태죠.

부활하신 예수님이 고맙지만, 선뜻 나서지도 못하겠고 자신감도 없습니다.

그런 소심한 우리에게 예수님은 대단한 명령을 주십니다.

땅 끝까지 이르러 내 증인이 되어 주렴~

성령님이 오셔서 도우실 거야!

성령님의 최첨단 무기는 다음과 같습니다.

예수님을 자꾸 기억나게 하십니다.

예수님의 말씀이 귀에 맴맴 돌게 하십니다.

자꾸 죄인인 나를 위해 십자가를 지신 예수님의 모습이 아른거리게 하십니다.

부활하신 예수님이 주신 명령이 자꾸만 내 발을 움직이게 합니다.

그리고 자꾸 예수님이 나와 동행하신다는 것을 알게 하십니다.

성령님 때문에 예수님을 보게 됩니다.

또 세상이 감당할 수 없는 힘을 주셔서 예수님을 어떤 처지에 있든 전하게 합니다.

성령님의 최첨단 무기를 받은 사람들이 하나 둘 모입니다.

바로 교회입니다.

그리고 세상으로 나아가 예수님을 전하게 됩니다.

바로 선교입니다.

어디를 가든 주님의 몸된 교회를 세우고 복음을 전하게 하십니다.

그림으로 들어가며 정리해 봅니다! ^^

부활하시고 제자들에게 나타나시지요.
다시 제자들을 부르시고 유대 예루살렘으로 모이라고 하십니다.

부활하심 → 제자들에게 나타나심 —

→ 다시 부르심 → 유대 예루살렘으로 모여라~ —

제자들은 모이라고 하신 말씀대로 예루살렘에 모입니다.
그런데 부활하신 예수님은 모이라고 해 놓고 제자들 앞에서 승천하십니다.
성령님을 보내주시고 다시 오겠다는 말씀을 하시며 승천하십니다.
제자들은 기도밖에 할 것이 없습니다.
정말 성령님이 오십니다.
11명의 제자만 모인 것이 아니라 여기저기 흩어진 수많은 제자들이 모입니다.
서로의 언어들을 알아듣는 역사가 일어납니다.

제자들 모임

성령님을 기다리라며 승천하심

기도밖에 할 수 있는 것이 없음

성령님 오심

성령님은 예수님을 생각나게 하고 예수님을 전하도록 도우십니다.
사람들은 예수님에 대한 복음을 듣고 예수님을 영접합니다.
예수님을 영접한 사람들은 모여서 예수님을 경배합니다.
그래서 교회가 생기게 된 것입니다.

성령님의 일하심

예수님을 고백하는 모임= 교회

베드로는 예수님을 전합니다.
예수님을 믿는 사람들이 많아지고 교회로 많은 사람들이 모이게 됩니다.
그런데 교회에서 문제들이 발생합니다. 헬라 쪽에서 문제를 제기합니다.
헬라파 과부들은 조금 도와주고 히브리파 과부들은 많이 도와준다는 불평이죠.
불평하며 문제를 제기한 헬라 쪽에서 문제 해결을 하기로 합니다.
히브리파 쪽이 아닌 헬라파 집사님들 7명이 선택되어 일을 맡게 됩니다.

혹 교회, 가정, 직장 등에서 불평하고 계시나요?
더러운데 왜 안 치우는 거야~ 등등
불평하며 문제를 제기하고 계신가요?
성령님은 불평의 문제를 제기하는 사람에게 해결의 은사를 주십니다.
하나님은 더러운 것이 보이니? 네가 맡아 청소하면 되겠구나!^^ 하십니다.

교회에서 심각한 문제들이 발생합니다.
성령님을 속이는 문제가 발생합니다.
성령님을 속였더니 그 결과로 아예 죽음을 맞이하네요.
무섭죠.
그냥 넘어갈 이야기는 아닌 것 같습니다.

사탄을 해부해 보면 비슷한 말이지만 거짓말과 속임수가 나타납니다.
속임수!
거짓말!
성령을 속이면 죽습니다.

베드로의 전도와 교회의 문제들을 그림으로 그려 본 것입니다.

교회에 문제들이 있습니까? 적어 보고 기도합시다.

베드로의 활동

교회 구제 문제 발생 / 성령을 속이는 사건 등

스데반과 사울이 등장합니다.

문제 제기한 사람이 해결 또한 담당하도록 맡습니다.
당회든, 제직회든, 어떤 모임에서든 불평의 문제를 제기하는 분이 계시지요?
문제가 보이는 분이 책임지고 맡아 봉사하면 됩니다.
갑자기 문제가 안 보이기 시작하죠~^^
사실은 문제가 보인다는 것은 그 분야에 달란트가 있다는 것입니다.
달란트 사용하는 사람의 삶 또한 스데반 집사를 통하여 배워 봅시다.
스데반은 헬라파 과부들을 돕기 위한 문제 해결사로 뽑힌 헬라파 유대인입니다.
그런데 구제 문제를 해결하고 돕다가 돌에 맞아 죽는 것이 아닙니다.
예수님 전하다가 길에서 돌에 맞아 죽습니다.
맞습니다. 예를 들어 달란트가 있어서, 문제 해결 중이신가요?
먼저 예수님 전하는 삶을 우선으로 하면서 달란트를 사용해야 합니다.

스데반이 돌에 맞아 죽는데 잘 죽는다 이놈~
너 같은 놈은 죽어야 해!
저런 놈 더 죽이러 가야겠군! 하며 길을 떠나는 사람이 있습니다
바로 로마시민권을 가진 바리새파 유대인 사울입니다.
그런 사울이 가다가 예수님께 빛으로 한 대 팍! 맞습니다.
그리고 앞을 보질 못합니다.
누구세요?
바로 네가 핍박하는 예수다!
사울은 그 자리에서 앞을 보지 못합니다.
예수님을 만나고 사울은 변합니다.

스데반 집사님과 사울 아저씨의 이야기를 그림으로 나타낸 것입니다.
후에 사울이 예수님을 만나고 바울로 이름을 바꾸게 됩니다.
새 사람이 되지요!

스데반 집사의 죽음

사울을 만나시는 예수님

돌이키는 사울

사울이 바울 되어 순종

사울은 회심합니다.

회심한 사울은 바울이 됩니다.

바울은 성령님의 인도하심을 따라 순종하며 어디든 복음을 전하러 다닙니다.

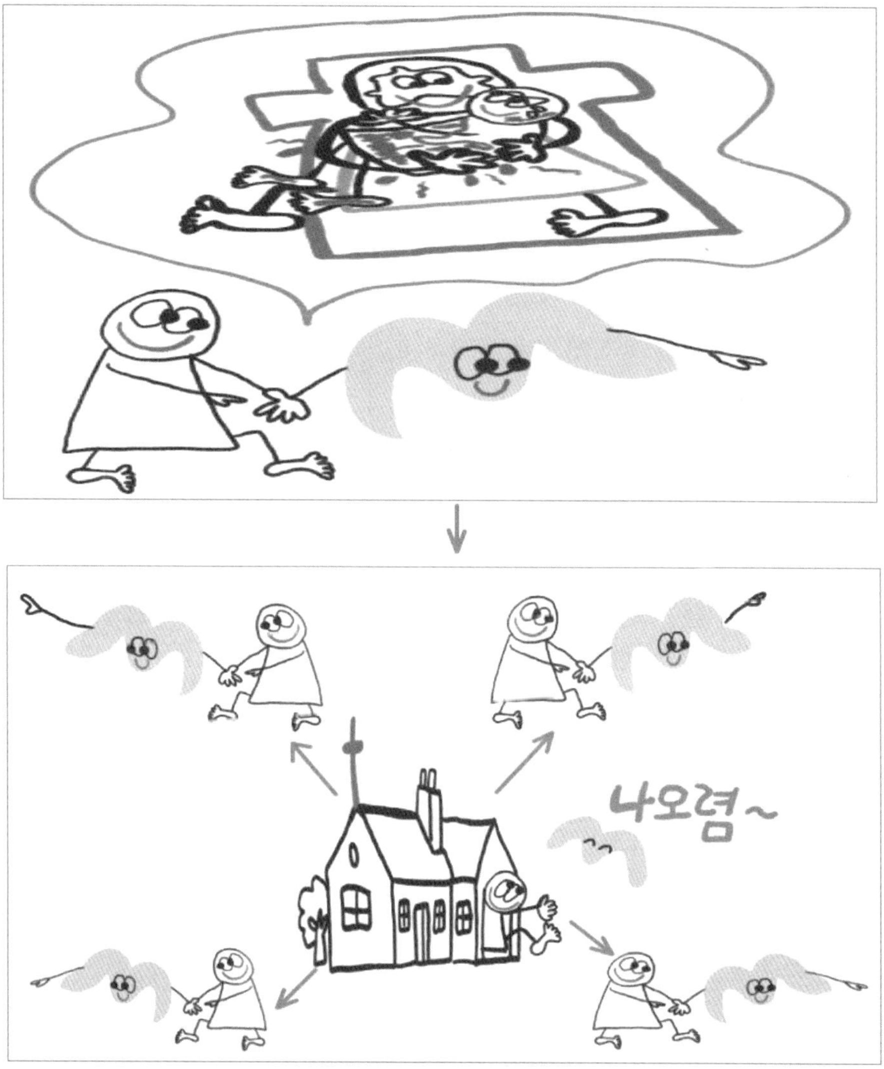

예루살렘에서 전 세계로

여섯 번째 시간입니다

이 시간은 발표를 많이 반복하면서 하셔야 합니다.

♥찬양 ♥기도 ♥숙제 점검 (요한복음 읽고 실천 한 가지) ♥ 감사 나눔(강의 전에 꼭 하세요.)
♥이번 숙제 (없어요! ^^ 숙제 없을 때 성경 읽기 밀린 분들은 회복할 시간입니다.)

이번 시간부터는 사도행전에 나타난 선교 흐름을 지도를 통해 배워보도록 합니다.
사도행전에 나타난 선교 흐름을 알면 바울이 쓴 13권을 이해하기 쉽습니다.
지도 하면 저와 같이 머리에 쥐가 나시는 분들이 계실 것입니다.
저는 동서남북도 모르고, 다니던 길에 있던 건물도 새롭게 보일 때가 많답니다.
4년 동안 다닌 신학교를 졸업하는 날이었답니다.
감격하며 집에 돌아오는데 높은 고가 다리를 보고 저는 남편에게 말했습니다.
어! 언제 저런 다리를 만들었지!
여보~ 4년 동안 있었던 다리야!
(네! 저는 일찍 결혼했답니다.)
(이와 같이 순종 잘하는 이쁜 처자를 누가 빨리 안 데려가겠습니까!!! ^^)
하여간 저는 길에 대하여 심각합니다. 저 같은 분들 많으시죠! ^^
하지만 피해서 갈 수 없는 지도를 알아야 하는 부분이 바로 사도행전입니다.

최대한 지도를 단순화하고 생략하였습니다.
그래도 눈에 잘 들어오질 않습니다. 흑!흑!흑!
아니! 지도를 엉망으로 그렸군! 하시는 분도 계실 것입니다.
저와 같은 사람들을 위한 그림으로 양해를 구합니다.

바울이 전도한 지역들을 지도로 봅니다

검정색이 들어간 부분은 바다입니다. 하얀색은 땅입니다.
눈으로 찰칵! 찍어 보세요.

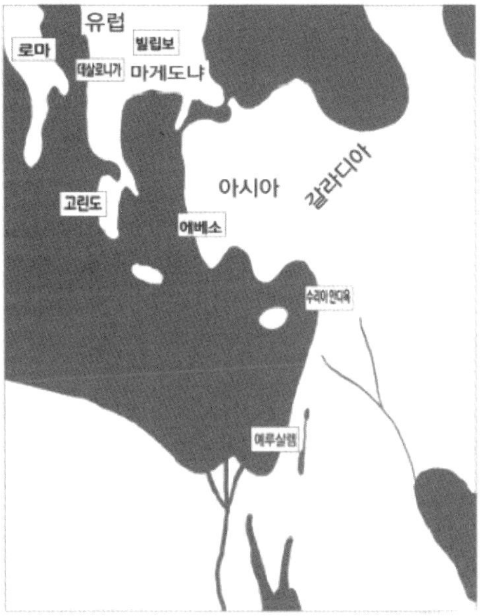

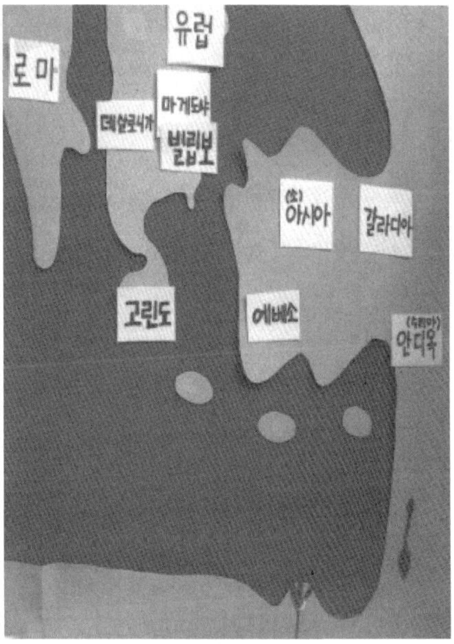

예루살렘 쪽은 조금 익숙하시죠^^
그 위로 아시아 지역이 보입니다.
일본, 한국, 중국 등의 아시아가 아닙니다.
왼쪽 옆으로 유럽이 보입니다.
또 그 왼쪽 바로 옆에 로마가 보입니다.
처음에 이 지역들을 붙이며 시청각자료를 준비하여 설명합니다 .

작은 동네들을 붙여 보겠습니다.
유럽의 마게도냐를 붙입니다.
그리고 마게도냐 동네에서 읍 단위의 마을 이름을 붙여 보겠습니다.
데살로니가와 빌립보 등의 마을이 있지요.
밑으로 고린도를 붙입니다.
아시아의 에베소 마을을 붙입니다.
수리아 안디옥 동네는 알아두셔야 합니다.
바울 선교의 출발점과 도착점이 되기 때문입니다.
시청각 자료를 사용하세요!
(인도자들을 위하여 시청각 사진은 학생용 교재에 삽입하지 않았습니다.)
혹 시청각자료 준비 못하실 경우도 있다는 생각에……^^

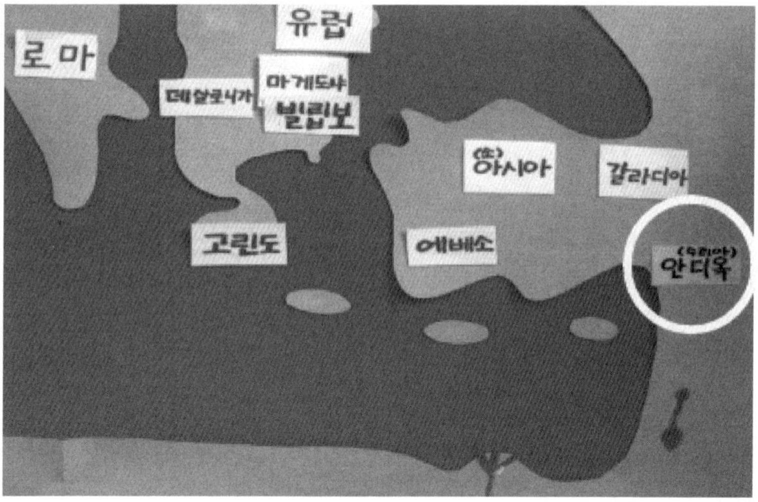

인도자가 준비한 시청각 자료를 사용하여 학생들이 지도를 붙여 보도록 합니다.
정말 깊고 깊은 오지에 있어서 만들 재료가 없으셔서 못 만들었다고요?
그러면 괜찮습니다.
교재 그림으로 하셔도 좋습니다.
그러나 오지에 계신 분들이 아니라면 이면지를 이용해서라도 만들어 보세요. ^^

학생들을 돕기 위한 노력입니다.
지도를 통하여 사도행전에 나타난 바울의 선교 경로를 먼저 공부합니다.

수리아 안디옥 교회 배경 이야기도 학생들에게 언급해 주세요

예수님을 믿는 사람들이 예루살렘으로만 너무 많이 모이게 됩니다.
이 때 예루살렘 교회의 스데반 집사가 예수님을 전하다 돌에 맞아 죽게 됩니다.
예수님을 믿시 않는 유대인들이 예수님을 믿는 유대인과 사람들을 핍박합니다.
이제 예수님을 믿지 않는 유대인들을 유대교라고 부르겠습니다.
예수님을 믿는 유대인들과 사람들을 그리스도교라고 부르겠습니다.
우리나라 말로는 기독교인들이라고 하지요.
유대교가 기독교를 핍박하자 기독교인들은 흩어지게 됩니다.
흩어져서 생겨난 교회들 중 수리아 안디옥 교회가 선교 본부가 됩니다.
바울이 수리아 안디옥 교회에서 파송을 받아 선교를 하게 됩니다.
그래서 바울의 선교는 수리아 안디옥 교회에서 출발도 하고 도착도 합니다.

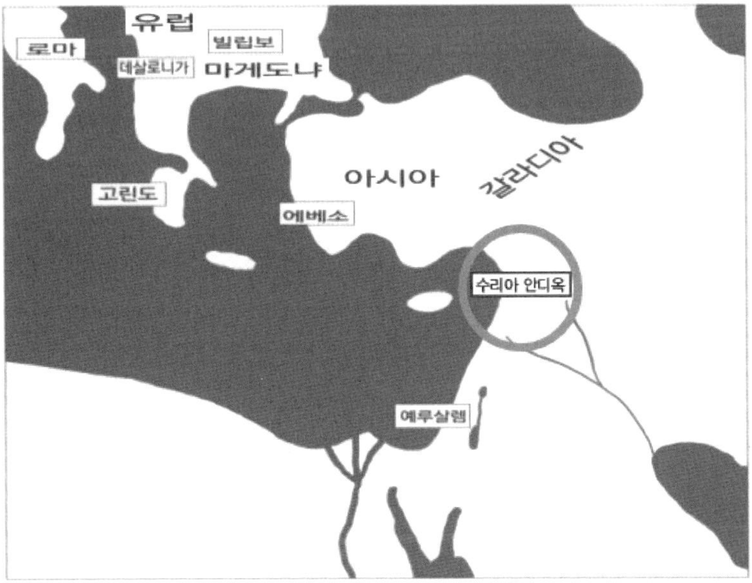

☑ 바울의 선교 경로를 간단하게 요약합니다

1. 1차 선교

1차 선교여행은
수리아 안디옥에서 비시디아 안디옥 갔다 왔다 끝!

안디옥 이름이 많지요!
알렉산더 부하(셀레우코스)가 안디옥이라는 같은 이름의 도시만 16개를 세우죠!
그 중의 수리아 안디옥과 비시디아 안디옥 도시가 등장하네요.
중요한 이야기 아니니 지나가셔도 됩니다.^^

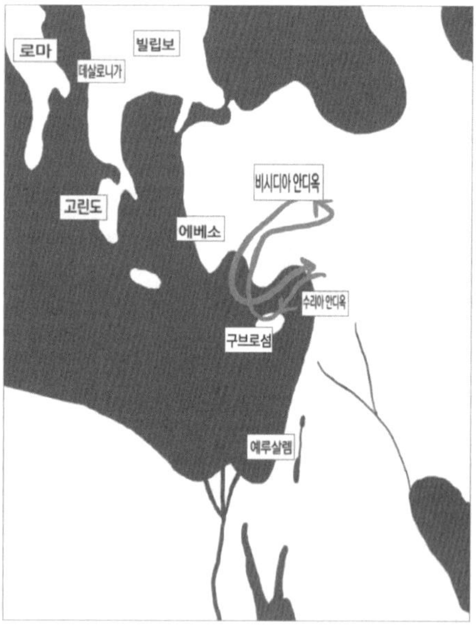

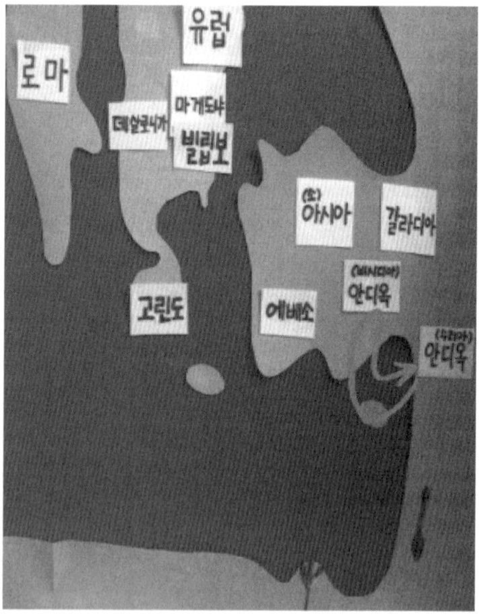

시청각 자료를 사용하여 1차 선교 부분만 발표하도록 인도합니다.

2. 2차 선교

시청각 자료를 붙여가며 설명하면 됩니다.
혹, 시청각 자료를 만들 수 없는 환경에서 만들지 못하셨다면 괜찮습니다.
교재에 나온 그림 지도를 함께 보며 설명하면 됩니다.
시청각 자료를 만들 수 있는 환경이라면 만들면 좋습니다.
시청각 자료를 작품 수준으로 만들 필요 없이 내용만 전달되도록 하면 됩니다.

성령님은 바울의 발걸음을 마게도냐 쪽으로 안내하십니다.

성령님이 바울의 발걸음을 마게도냐 쪽으로 인도하는지 어떻게 알 수 있을까요?
바울은 소아시아의 에베소 쪽으로 가고 싶어 합니다.
그런데 예수님은 마게도냐 쪽으로 가길 원하십니다.
성령님은 이 사실을 알려주려고 바울을 막습니다.
바울은 소아시아의 에베소로 가는 길이 막히는 일들이 일어나는 것을 봅니다.
그리고 성령님께서 보이시는 환상을 보고 예수님께서 막으시는 것을 알게 됩니다.
환상은 복음을 위해 주어지는 것입니다.
복음을 위한 분명한 목적으로 순종하려는 사람을 위해 환상을 보이십니다.

바울은 아~예수님께서 다른 길로 인도하는구나!를 깨닫게 되고 순종합니다.
예수님이 가라고 하시는 곳 유럽 마게도냐 쪽으로 복음의 방향을 바꿉니다.
바울은 마게도냐와 고린도에서 교회들을 세웁니다.
그리고 처음에 가려고 했던 에베소에 도착하여 교회를 세웁니다.
그리고 수리아 안디옥으로 돌아옵니다.

1) 바울의 2차 선교 경로

에베소에 가고 싶었는데 예수님이 말리시죠!
성령님의 인도하심 따라 바울은 마게도냐로 갑니다.
마게도냐에서 빌립보와 데살로니가에서 복음을 전합니다.
빌립보 교회와 데살로니가 교회가 세워지죠!
고린도로 가서 복음을 전합니다.
고린도 교회가 세워지죠!
그리고 처음에 가보고 싶었던 에베소를 가게 되네요.
에베소 교회가 세워지죠!
그리고 수리아 안디옥 교회로 돌아옵니다. 끝!

처음 성경을 읽으시는 분들은 동네 발음도 잘 안 되고 어렵답니다.
그래서 시청각 자료와 가위바위보를 통해 도우려는 것입니다.
인도자들은 마음 약해지지 마시고 발표하게 해야 합니다.

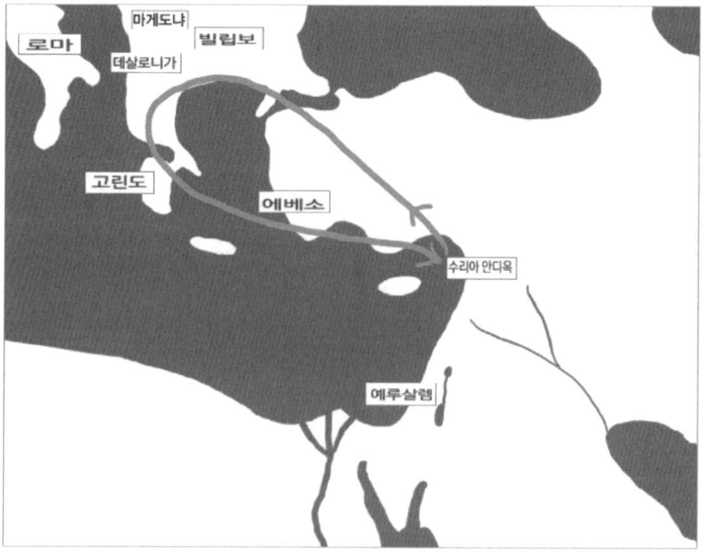

2차 선교를 시청각 사진으로 다시 보도록 하겠습니다.
시청각 자료가 준비되셨다면 붙여가며 설명해 주면 좋습니다.

에베소 가고 싶었는데 예수님이 말리시죠!
성령님의 인도하심 따라 바울은 마게도냐로 갑니다.
마게도냐에서 빌립보 교회와 데살로니가 교회를 세우고,
고린도로 가서 고린도 교회를 세우고,
처음에 가보고 싶었던 에베소에 가서 에베소 교회를 세우네요.
그리고 돌아옵니다. 끝!

바울은 항상 수리아 안디옥에서 출발하여 수리아 안디옥으로 도착합니다.
그리고 그 후에 예루살렘 교회에 보고하러 갑니다.

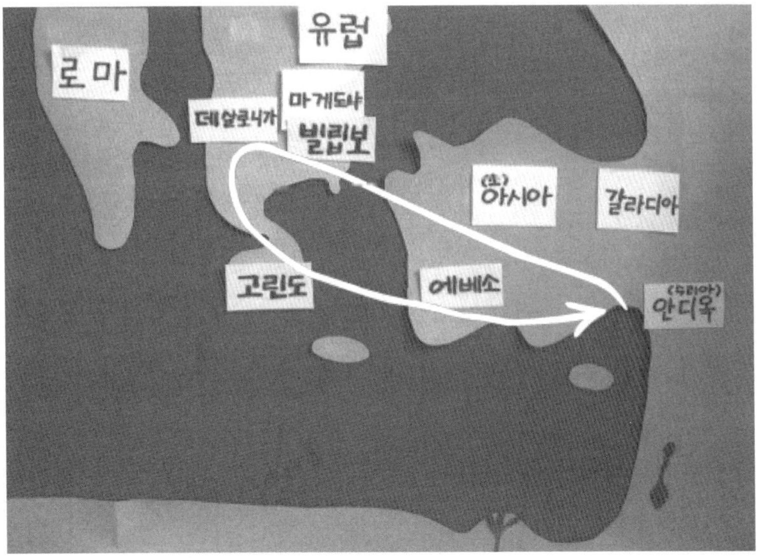

시청각 자료 사용하여 2차 선교 부분만 지도 발표합니다.

2) 2차 선교하며 쓴 서신 3권 - 데살로니가 전·후서, 갈라디아서

앗! 2차 선교에서 꼭 살펴볼 이야기가 있답니다.
1차 때는 편지 안 쓰고 복음만 전하다 옵니다.
2차 때는 복음을 전하면서 세워진 교회들에게 편지를 써서 보냅니다.
편지는 한 장소에서 쓰여져서 다른 장소로 이동되는 것이지요.
즉, 바울이 편지 쓴 장소들과 이 편지를 받아 본 교회들의 장소는 다르지요.
이 편지들은 복음에 관한 글로 서신이라고 합니다.
바울은 13개의 서신을 씁니다.
곧 신약 27권 중 13권이 해당됩니다.
그래서 사도행전에 나타난 선교의 경로를 살피며 13권을 아는 것은 중요합니다.
13권 중 선교하며 쓴 3권의 서신이 바로 여기 2차 선교에서 나옵니다.
바울은 마게도냐에서 빌립보 교회와 데살로니가 교회를 세우고 고린도로 갔지요.
고린도에서 데살로니가 교회가 더욱 든든히 세워지도록 편지를 써서 보냅니다.
이 편지가 데살로니가전서입니다.
바울은 다른 사람에게 편지를 전해 달라고 부탁하지요.
편지를 전해 주고 온 사람은 보고 온 데살로니가 교회 형편을 이야기해 줍니다.
바울은 데살로니가 교회 이야기를 듣고 다시 두 번째 편지를 써서 보냅니다.
이 편지가 데살로니가후서입니다.
그리고 갈라디아에 있는 교회에도 편지를 보냅니다.
신학자들에 따라서 갈라디아서를 쓴 장소와 시간을 다르게 보기도 합니다.
저는 갈라디아서를 여기서 함께 읽도록 하겠습니다.
이유는 어느 신학자를 따른 것이 아니라 읽기에 편한 위치에 두었습니다.
여기서 읽기에 불편하시다면 범위를 벗어나지 않는 곳에 두시고 읽도록 하세요.

2차 선교하며 쓴 3통의 편지를 정리합니다.

마게도냐(빌립보 교회와 데살로니가 교회)로 갔다가 고린도로 갔었지요.
고린도에서 데살로니가 교회에 전해주고 싶은 글을 담아 두 번 편지를 보냅니다.
그것이 데살로니가전 · 후서입니다.
그리고 갈라디아 교회에도 편지를 보냈을 거라고 추측합니다.
2차 선교 과정 중 쓴 것으로 추측하고 읽도록 하겠습니다.

2차 선교하며 쓴 3통의 편지 부분만 아래와 같이 발표하도록 합니다.

2차 선교 때 3편의 편지 고린도에서 데살로니가 전 · 후서, 갈라디아서를 씁니다. 끝~ 쉽지요.(아직 어려우시다고요! ^^ 반갑습니다.~ 저도 어렵답니다.^^)

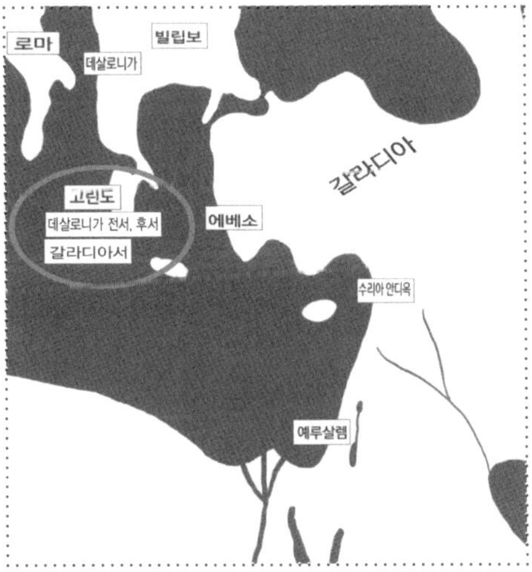

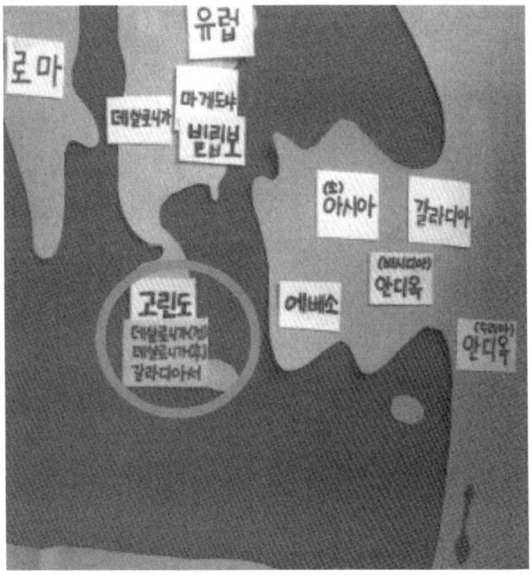

시청각 자료 사용하여 2차 선교와 3권 쓴 내용을 함께 발표합니다.

3. 3차 선교

3차 때는 바로 에베소로 갑니다.

2차 때 고린도에서 만난 한 부부를 에베소로 데리고 갔었습니다.
그리고 에베소 교회를 섬기라고 남겨 놓고 바울은 떠났었지요.
그 부부는 브리스길라와 아굴라입니다.
부부는 바울을 통해 하나님, 예수님, 성령님을 만납니다.
그리고 땅 끝까지 이르러 내 증인의 삶을 살아 달라는 부탁에 순종하여 에베소에 남았던 것입니다.
바울이 떠나도 성령님께서 인도해 주실 것을 알고 순종한 것입니다.
바울은 3차 선교 때 곧장 에베소로 와서 이 부부, 브리스길라와 아굴라를 만난 것입니다.
그런데 에베소에서 바울과 기독교인들을 죽이려는 폭동이 일어납니다.
그래서 바울은 마게도냐로 갑니다.
그리고 브리스길라 부부를 또 다른 장소 로마로 보냅니다.
브리스길라와 아굴라는 순종하고 또 로마로 길을 떠납니다.
즉 이 부부는 2차 때는 에베소로, 3차 때는 로마로 이동합니다.
바울은 에베소에서 마게도냐로 갔지요.
마게도냐에서 고린도로 갑니다.
그리고 고린도에서 마게도냐를 한 번 더 들렀다가 집으로 돌아갑니다.

자! 짧은 요약 들어갑니다.
에베소에서 마게도냐로,
마게도냐에서 고린도로,
고린도에서 다시 마게도냐 한 번 더 들르고 수리아 안디옥으로 돌아갑니다.

바울의 3차 선교 지역 그림입니다.

처음부터 에베소로 가지요.

그리고 에베소에서 마게도냐로 갔지요.

마게도냐에서 고린도로 갑니다.

고린도에서 다시 마게도냐 한 번 더 들르고 수리아 안디옥으로 돌아갑니다.

그리고 교회에서 모아 준 헌금 전해 주러 예루살렘으로 가는 경로까지 보입니다.

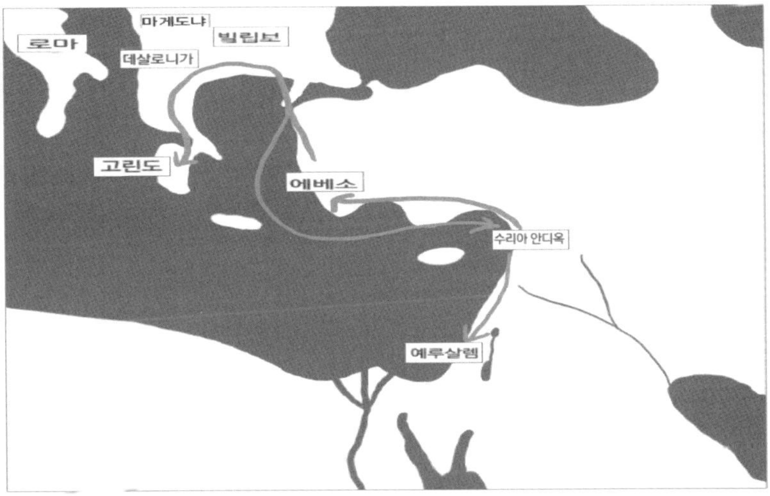

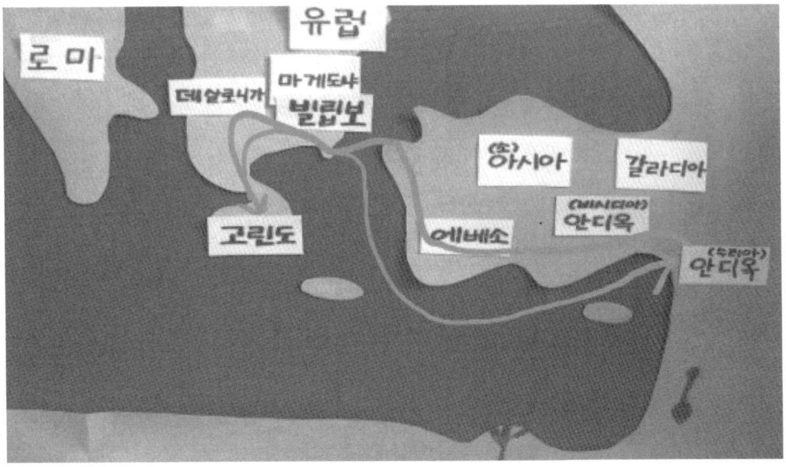

시청각 자료 사용하여 3차 선교 지도 발표합니다.

1) 3차 선교하며 쓴 서신 3권 - 고린도전·후서, 로마서

바울이 2차 선교 때 데살로니가전 · 후서, 갈라디아서 3편의 편지를 썼지요.
바울이 3차 선교 때도 고린도전 · 후서, 로마서 3편의 편지를 씁니다.
2차 때와 다른 특징은 3차 때 편지들은 쓰는 장소가 다 다릅니다.

• 고린도전서 쓴 배경과 장소

에베소에 있는데 고린도 교회에서 성도님들이 교회 문제를 가지고 찾아옵니다.
성령님은 예수님의 뜻을 바울에게 보여 주시죠.
바울은 예수님의 뜻을 전하는 편지를 에베소에서 써서 고린도로 보냅니다.

• 고린도후서 쓴 배경과 장소

고린도 교회에 문제가 생깁니다.
예수님의 뜻이 담긴 고린도전서 편지대로 고린도교회가 순종하지도 않습니다.
오히려 율법을 강조하는 어떤 유대인의 말을 믿고 바울을 의심합니다.
바울은 눈물로 편지를 써서 다시 하나님의 뜻을 보냅니다.
그리고 그 눈물의 편지에 대한 고린도교회의 답변을 에베소에서 기다립니다.
이 눈물의 편지에 대한 내용은 전해지지 않습니다.
고린도후서에 언급만 되어 나옵니다.
에베소에서 답장을 기다리던 중 우상을 만드는 사람들이 폭동을 일으킵니다.
폭동으로 바울은 에베소를 피해 떠나고 아굴라 부부는 로마로 떠나가죠.
바울은 고린도 교회의 소식을 받지 못하고 마게도냐로 가게 됩니다.
눈물의 편지를 가지고 갔었던 디도가 소식을 가지고 마게도냐로 옵니다.
고린도 교회가 회개하고, 눈물의 편지대로 순종했다는 이야기를 전해 줍니다.
바울은 너무나 기뻐서 마게도냐에서 답장을 씁니다.

이것이 고린도후서입니다.

• 로마서 쓴 배경과 장소

바울은 고린도 교회의 소식을 듣고 나서 마게도냐 윗지방을 선교하러 갑니다.

그리고 회개하고 순종한 고린도 교회를 방문합니다.

고린도 교회에서 머물면서 4차 선교 계획과 함께 로마 교회에 편지를 씁니다.

동시에 로마를 통해 스페인까지 신교할 계획을 알립니다.

3차 선교까지 마치고 믿음을 논리적이고 구체적으로 정리한 편지를 써서 로마 교회에 보냅니다.

이 편지가 로마서입니다.

3차 선교하며 쓴 3권을 짧게 요약해 봅니다.

에베소에서 고린도전서를!

마게도냐에서 고린도후서를!

고린도에서 로마서를! 씁니다.

2) 3차 선교하며 3권을 쓴 바울의 편지를 지도로 봅니다

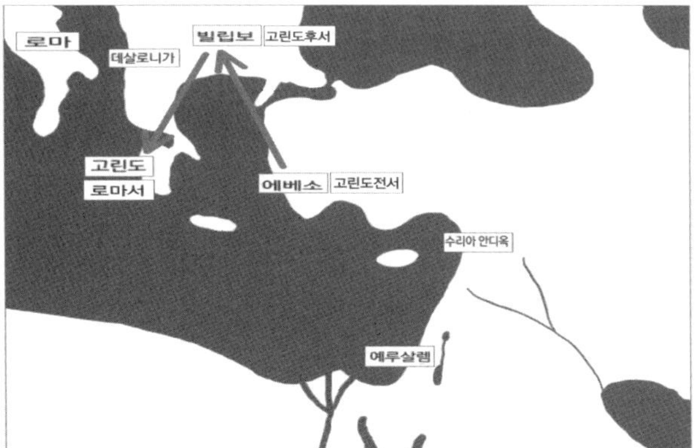

3) 바울은 1차, 2차, 3차 선교를 통해 6편의 편지를 교회에 전해 줍니다

시청각 자료를 사용하여 3차 선교와 3권 쓴 내용을 붙여가며 발표합니다.
정리합니다.
바울은 1차, 2차, 3차 선교를 통해 6편의 편지를 교회에 전해 줍니다.
신약 6권의 책이 되지요. 6권 전체를 발표해 보겠습니다.
1차 선교하면서는 안 쓰고요.
2차 선교하면서는 고린도에서 데살로니가전서 · 후서, 갈라디아서를!
3차 선교하면서는 에베소에서 고린도전서를!
마게도냐에서 고린도후서를!
고린도에서 로마서를! 씁니다.

시청각 자료 사용하여 지금까지 살펴본 6권의 책 경로를 발표합니다.

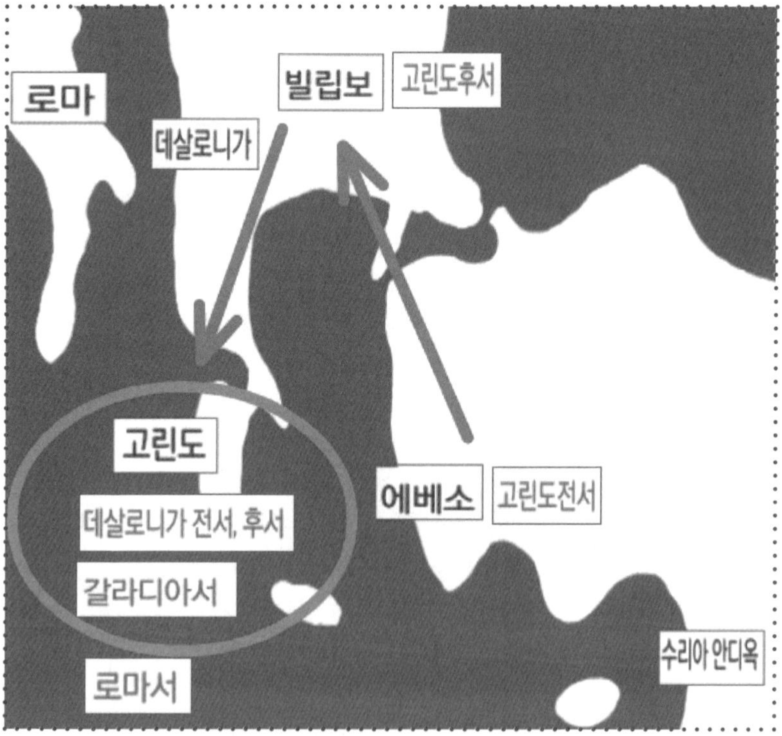

4) 바울이 쓴 편지는 13권입니다

13권 빼기 6권은? 7권이 남네요!

사도행전은 바울의 6권만 소개합니다.

그리고 4차 선교 계획까지만 알리고 사도행전은 마무리를 짓습니다.

그러면 4차 선교 이야기는 어떻게 알 수 있을까요?

4차 선교 이야기는 바울의 7권에서 자세히 만나게 됩니다.

로마로 가고 그 후에 7권 기록합니다.

그리고 바울의 생애도 7권과 함께 마무리가 됩니다.

4차 선교 이야기가 7권을 통해 펼쳐집니다.

후에 로마로 가는 경로 지도입니다.

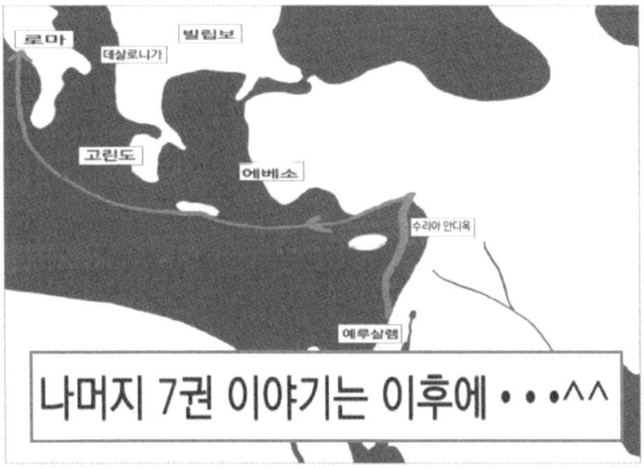

저는 4년 동안 다닌 길의 고가 다리도 기억 못합니다.

지도는 더욱 기억 못합니다.

인도자가 소화한 만큼 자신있게 시청각 붙이며 학생들을 도우면 됩니다.

예수님께로만 가는 길만 기억하면 됩니다.

힘내세요.^^

일곱 번째 시간입니다

♥ 찬양 ♥ 기도 ♥ 숙제 (없으셨지요! ^^)

♥ 나눔 (강의 시작 전에 감사한 고백을 한 가지씩 나누도록 합니다.)

♥ 이번 숙제 (사도행전 1장~18장 22절, 데살로니가전 · 후서, 갈라디아서 읽고 실천 4개)

☑ 바울의 1, 2, 3차 선교를 다시 복습합니다

1차 선교 여행
수리아 안디옥에서 비시디아 안디옥 갔다 돌아옵니다. 끝!

2차 선교 여행
에베소 가고 싶었는데, 예수님이 말리시죠!
성령님의 인도하심 따라 바울은 마게도냐로 갑니다.
마게도냐에서 빌립보 교회와 데살로니가 교회를 세우고,
고린도로 가서 고린도 교회를 세우고,
처음에 가 보고 싶었던 에베소에 가서 에베소 교회를 세우네요. 끝!

2차 선교하며 쓴 3통의 편지들이 있지요.
에베소 가고 싶었는데 마게도냐로 갑니다.
마게도냐에서 빌립보 교회와 데살로니가 교회를 세웁니다.
그리고 고린도로 와서 고린도 교회를 세웁니다.
고린도에서 데살로니가 교회 소식 듣고 데살로니가전 · 후서를 써서 보냅니다.
여기서 갈라디아서도 썼을 것이라고 추측하였지요.

3차 선교 여행
처음부터 에베소로 가지요.
그리고 에베소에서 마게도냐로 갔지요.
마게도냐에서 고린도로 갑니다.
고린도에서 다시 마게도냐 한 번 더 들르고 수리아 안디옥으로 돌아갑니다.
그리고 교회에서 모아 준 헌금 전해 주러 예루살렘으로 갑니다. 끝!

3차 선교하며 쓴 3통의 편지들이 있지요.
에베소에 있는데 고린도 교회 문제들을 듣게 되네요. 그래서 고린도전서를!
또 고린도 교회가 순종하지 않는 소식을 에베소에서 듣게 되지요.
바울까지 의심하는 사건이 발생해서 눈물의 편지를 에베소에서 보내지요.
눈물의 편지에 대한 답장을 기다리는데 에베소에서 바울에 대한 폭동이 생기죠.
그래서 에베소에서 마게도냐로 이동합니다.
마게도냐에서 눈물의 편지를 읽고 순종한 고린도 교회 소식을 듣습니다.
그래서 바울은 마게도냐에서 답장을 다시 써줍니다. 고린도후서지요!
그 후 고린도 교회를 다시 방문하여 그곳에서 로마서를! 씁니다.

짧게 요약해 봅니다.

에베소에서 고린도전서를
마게도냐에서 고린도후서를
고린도에서 로마서를!

시청각 자료 사용하여 발표하게 하셨지요!

☑ 살을 조금 더 붙여 선교의 자세한 이야기로 들어갑니다

1. 1차 선교의 자세한 이야기

바울과 바나바는 함께 선교를 갑니다.
외국 땅에서 복음을 전하면서 매도 맞고 배고픔도 겪습니다.
함께 동행했던 마가는 중도에 집으로 돌아갑니다.
바울과 바나바는 끝까지 성령님을 졸졸 쫓아다니며 순종합니다.
중간에 집으로 돌아간 마가는 어떻게 되었을까요?
예수님은 포기하지 않으시고 마가와 함께 하십니다.
마가를 위로하시고 안으십니다.
후에 마가는 마가복음을 기록합니다.
회복된 마가가 보이죠!

여러 아픔이 있었지만 1차로 복음 전하는 선교는 이러한 분위기로 끝납니다.

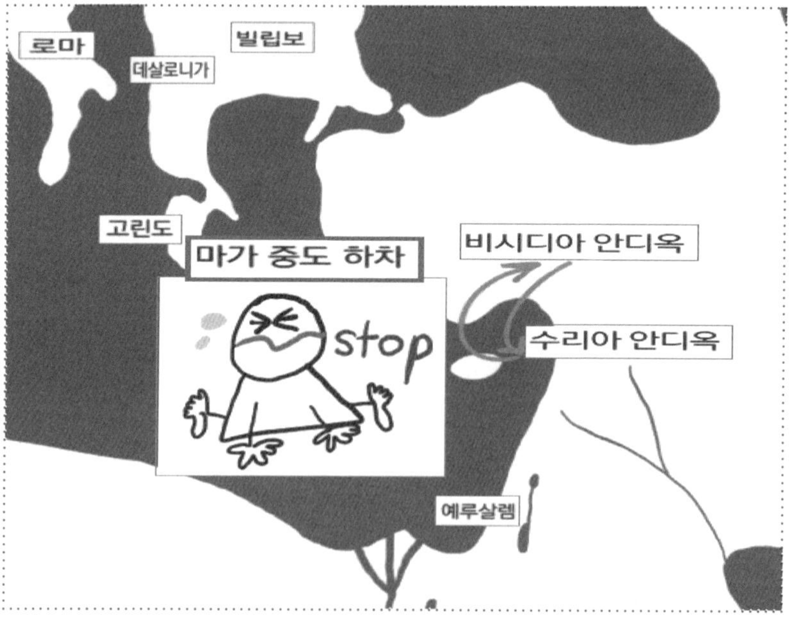

1차 선교 후 성령님은 기독교인들에게 할례 개념을 정리해 주십니다.
구약 때 하나님의 백성의 표징으로 남자들은 할례를 받았습니다.
그러나 이제는 예수님만 믿으면 구원을 얻고 하나님의 자녀가 됩니다.
그래서 예수님을 믿는 사람들은 더 이상 할례에 의미를 두지 않습니다.
오직 믿음으로 구원을 얻습니다.

구원에 대한 나의 개념을 정리해 봅시다.

봉사를 해야 구원 얻는다고 생각하십니까?
헌금을 많이 해야 구원 얻는다고 생각하십니까?
오직 예수님을 믿음으로 구원을 얻습니다.
구원의 감격으로 봉사도 하고 믿음의 표현으로 헌금도 드리는 것입니다.
구원에 대한 고백을 십자가에 적어 봅시다.

그래서 제자들과 기독교인들은 모여서 예루살렘 교회에서 회의를 하게 됩니다.

이제는 할례가 아닌 예수님을 믿음으로 구원을 얻는 말씀에 순종하자고 회의를 합니다.

회의란 예수님께 순종하자고 모이는 것이 회의입니다!

회의란 예수님의 뜻이 무엇인지 기도하고 오는 것입니다.

그리고 그 자리에서 예수님의 뜻을 고백하며 나누는 것이 회의입니다.

기독교인들의 회의란 자신의 생각을 주장하는 곳이 아니랍니다.

어떤 사람의 뜻에 동의를 하거나 반대를 하는 것이 아닙니다.

예수님의 말씀에 순종합니다.

그리고 예수님 말씀에 따르는 책임을 다하려고 서로 돕는 결정을 하는 것입니다.

나는 순종하는 회의를 하고 있는지 풍선 안에 점검합시다.

2. 2차 선교의 자세한 이야기

마가복음에서 언급했던 마가 이야기를 한 번 더 하겠습니다.
2차 선교 때는 바울과 바나바가 각자 선교의 길을 떠납니다.
바나바는 중도하차 했었던 마가를 데리고 가자~
바울은 마가를 데리고 가지 말자~
의견이 달라서 바나바는 마가를 데리고, 바울은 실라와 함께 각자 선교 갑니다.
마가는 후에 회복되어서 복음만을 위해 달려가는 인물이 됩니다.
마가복음도 기록하지요.
바울과의 관계는 어떻게 될까요?
바울은 마가에 대하여 다음과 같이 소개하게 됩니다.
복음을 위해 반드시 필요한 사람이고 보고 싶은 동역자라고 소개합니다.
가끔 복음을 위해 달려가다 보면 서로 의견이 맞지 않을 때가 있습니다.
그러나 바나바와 바울과 마가처럼 후에는 밝히 드러나 보입니다.
복음을 위해 달려가는 사람들은 서로 사랑하는 사람들인 것을요!

이 같은 배경으로 바울은 2차 선교 때 바나바와 헤어지고 실라와 동역합니다.
그리고 에베소로 가고 싶어했지만 성령님의 인도하심 따라 마게도냐로 갑니다.
성령님의 인도하심에 순종하였더니 귀한 동역자들을 계속 만나게 됩니다.
디모데가 합류하게 되고, 누가복음과 사도행전을 기록한 누가도 만나게 됩니다.
누가는 복음을 위한 바울의 한 걸음 한 걸음을 다 기록합니다.
또 바울은 고린도에서 브리스길라와 아굴라 부부를 만나고 동역하게 됩니다.
바울은 이 부부를 고린도에서 에베소로 데리고 와서 교회를 맡깁니다.
이 부부의 순종은 후에 로마로 가서 복음을 전할 정도의 순종입니다.

동역자들을 만나는 모습입니다.

성령님은 합력하여 하나님의 뜻을 이루십니다.

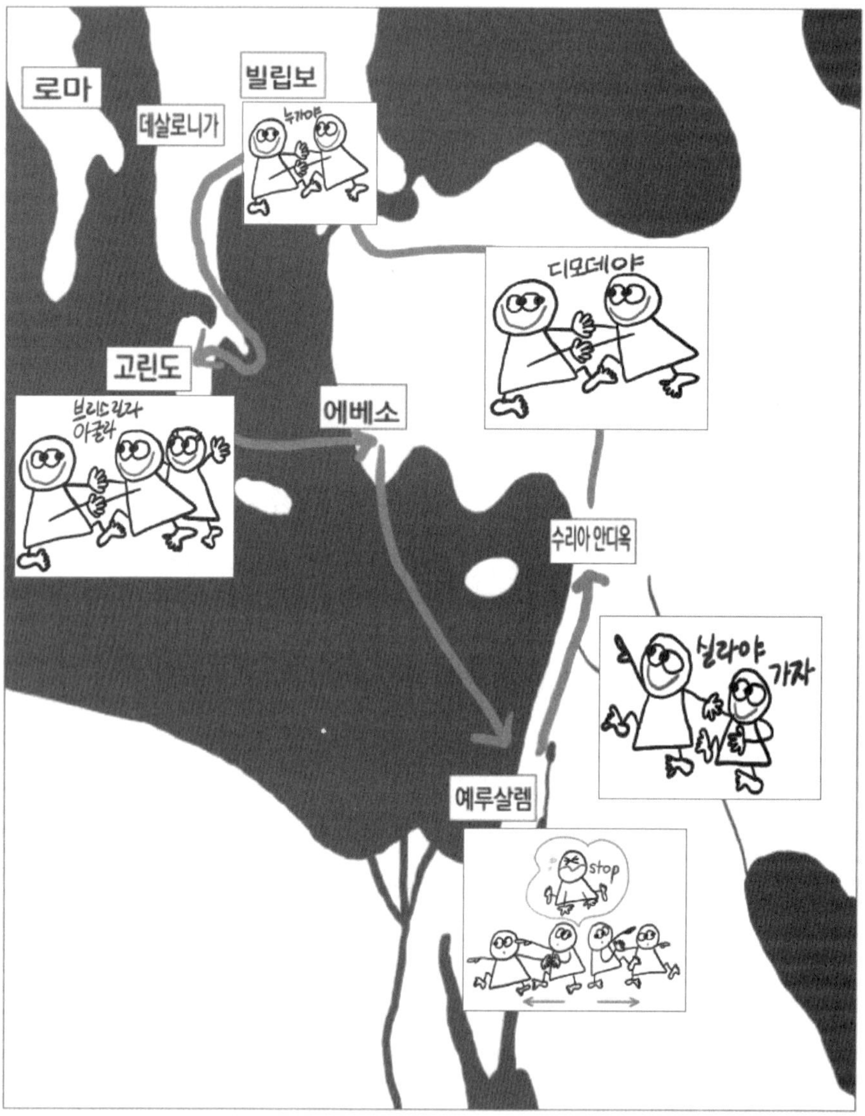

동역자들과 일을 나누어 하네요.
데살로니가에서 바울을 죽이려는 소동이 일어나자 바울은 교회를 맡기고 갑니다.
실라와 디모데에게 맡깁니다.
성령님의 일하심을 믿었기에 바울은 사역을 혼자 다 하지 않고 나눕니다.

할 사람, 또는 맡길 만한 사람이 없다고 혼자 다 하나요?
정말 옆에 아무도 없고 혼자만 계시다고요?
일을 맡기기엔 믿을 만한 사람이 없다고 생각하는 것은 아니고요?
혼자 북 치고 장구 치면 힘도 없어지고 자신의 의만 나타나게 됩니다.
일이 잘 안 되어도, 망쳐도 믿고 나누면 서로 배우게 되고 서로 자랍니다.
예수님께서 우리를 함께 하도록 부르신 거니까요!!!

고린도에서 데살로니가 교회 소식을 듣고 편지 쓰지요.
실라와 디모데는 데살로니가에 남아 있는 교회를 안정시키고 바울에게로 옵니다.
그리고 데살로니가 교회의 소식을 전해 줍니다.
그래서 바울은 데살로니가 교회에 편지를 써서 보내게 되지요.
데살로니가전서입니다.
전해 주고 온 사람을 통해 데살로니가 교회 소식을 듣고 두 번째 편지 보내죠.
데살로니가후서입니다.
할례 아닌 오직 예수님을 믿음으로 구원 얻는다는 편지도 갈라디아에 보냅니다.
갈라디아서지요.

2차 선교의 자세한 이야기를 하면서 아! 반복이구나 느끼셨지요.
이제 2차 선교 때 바울이 쓴 편지 데살로니가 전서도 살펴보겠습니다.

☑ 데살로니가전서 (2차 선교하며 쓴 편지)

음행은 하나님을 떠나는 더러운 일이라고 전하십니다.
내가 떠나야 할 음란물들과 음행을 결단하며 적어 봅시다.

또 어느 날에 심판이 올지 우리는 모른다고 전하십니다.
그러나 핍박 가운데서도 곧 오실 주님을 기다리고 말씀대로 살라고 하십니다.
말씀을 읽지 못하도록 하는 어떤 어려움이 있으신가요?
서로 적어 보고 중보합시다.

(나누고 서로를 위해 중보기도하는 시간을 가져도 좋습니다.)

데살로니가후서 (2차 선교하며 쓴 편지)

사람들은 예수님이 다시 오신다는 것보다는 오실 날짜에 관심이 많아집니다.
데살로니가 교회 안에 몇 월 며칠 예수님이 오실 거라는 소문이 있기도 했습니다.
심지어는 벌써 예수님이 왔다고 보는 성도도 있었습니다.
성령님은 바울을 통해 재림에 대한 여러 소문을 정리해 주십니다.
그날은 하나님 외에는 아무도 모른다.
중요한 것은 반드시 예수님이 다시 오신다는 것이다.
바울은 재림이 왔다고 말하는 사람들을 따라 무절제하게 살지 말라고 하십니다.

성령님은 재림의 때의 분명한 징조들을 알려 주십니다.
무엇보다 재림의 때까지 성도들이 어떻게 살아야 하는지를 알려 주십니다.
무절제한 것이나 어떤 분야에서 게으름 등이 있습니까?
예수님을 영접한 사람들은 성실하셔야 합니다.
성실해야 할 부분들을 적어 봅시다.

☑ 갈라디아서

바울은 자신을 예수님께서 택한 그릇이라고 고백합니다.

바울은 우리가 예수님을 믿음으로 구원 얻는 하나님의 자녀가 되었다고 합니다.

또 하나님의 부르심대로 예수님을 전하는 사람들이 되어야 한다고 말합니다

그래서 바울은 예수님을 핍박하던 자신이 복음을 전하는 자가 되었다고 고백합니다.

갈라디아서의 주제는 오직 믿음입니다. (회의 때 보았던 그림이지요^^)

앗! 잠깐만요! 목숨 걸 정도로 중요한 건 아니지만 인도자들만 참고하세요.
갈라디아서를 쓴 시점을 다르게 봅니다.
주제가 예루살렘 회의 때 주제랑 같아서 1차 선교 후 바로 썼다고도 합니다.

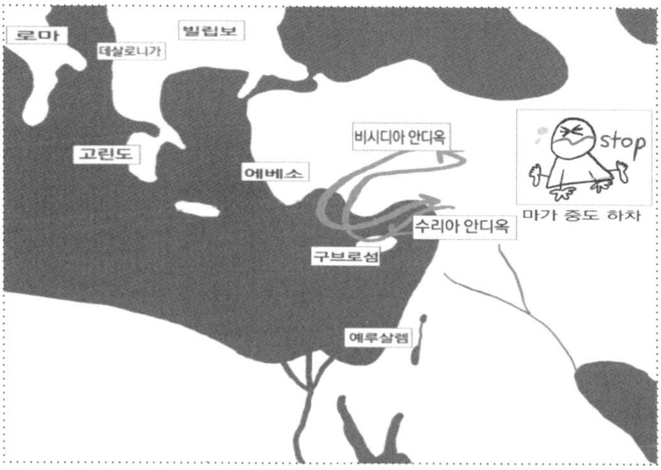

또 예루살렘 회의 끝나고 2차 선교 출발하며 바로 썼다고도 합니다.
목숨 걸 만큼 중요하지는 않은 것 같습니다.

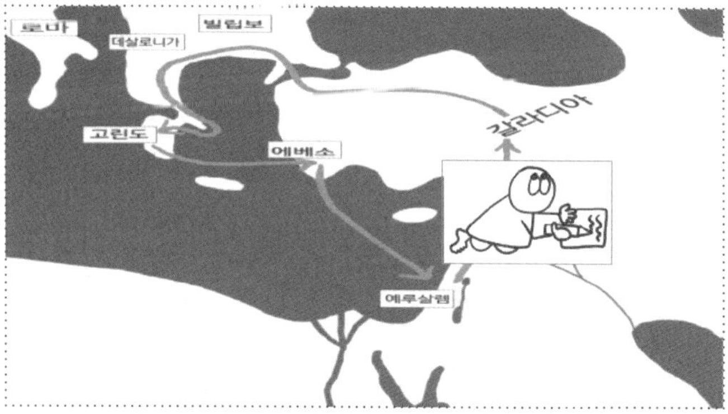

중요한 것은 갈라디아서를 통해 말씀하시는 예수님을 만나도록 인도하세요.^^

여덟 번째 시간입니다

♥ 찬양 ♥ 기도

♥ 숙제 점검 (사도행전, 데살로니가전 · 후서, 갈라디아서 읽고 실천 4가지 한 것)

♥ 감사 나눔 (성경을 읽고 적용한 부분을 꼭 나누고 강의하셔야 합니다)

♥ 이번 숙제 (사도행전 18장 23절~19장과 고린도전 · 후서 읽고 실천 3개)

《소식과 간식! 앞으로 기록 안 해도 인도자는 담당자들 칭찬해 주세요! ^^》

3. 3차 선교의 자세한 이야기

2차 선교 때 고린도에서 만난 브리스길라와 아굴라 부부를 에베소 교회에 두고 왔었지요. 바울은 순종한 브리스길라와 아굴라가 있는 에베소 교회를 방문합니다.

바울이 브리스길라와 아굴라에게 보람되고 재밌는 이야기를 듣습니다.

브리스길라와 아굴라도 바울을 보고 배운 대로 아볼로를 고린도로 보냈다는 것입니다.

아볼로도 순종하여 고린도 교회를 섬기러 갔다는 것입니다.

브리스길라와 아굴라는 바울을 보고 배웁니다.

아볼로는 브리스길라와 아굴라를 보고 배웁니다.

자녀들은 부모님을 보고 배웁니다.

성도님들은 목사님을 보고 배웁니다.

학생들은 선생님을 보고 배웁니다.

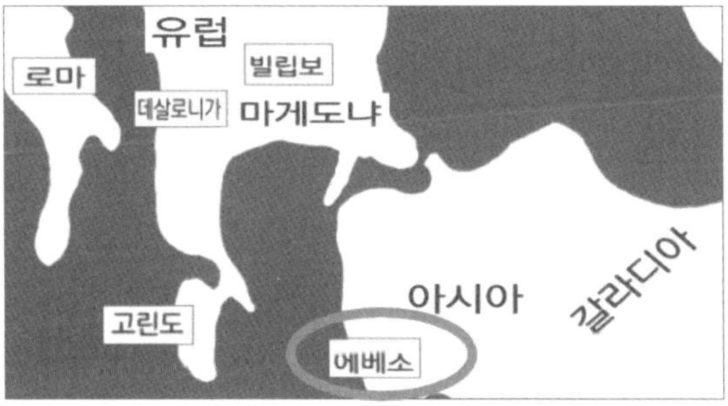

구약에 나오는 롯의 두 딸은 하나님께 멸망받은 소돔 땅에서 보고 자랐었지요. 롯의 두 딸은 늘 동네에서 보고 자란 대로 성관계를 아버지와도 가졌습니다. 그래서 저주 받은 모압과 암몬 족속이 태어났지요.

당신은 누구를 보고 배웁니까?
또 누가 당신을 보고 그대로 따라 하고 있는 것 같습니까?
풍선 안에 점검해 봅시다.

바울은 3차 선교 때 3편의 편지를 기록합니다.

에베소에서 고린도전서!

마게도냐에서 고린도후서!

고린도에서 로마서!

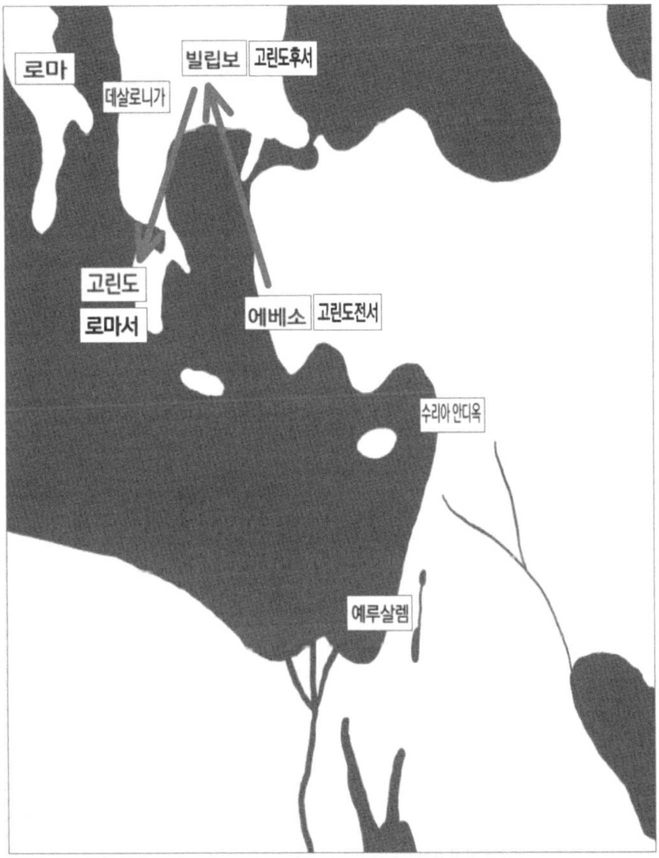

아! 3차 선교의 자세한 이야기를 하며 다시 반복하는구나! 느끼셨지요.

그러면 3차 선교 때 쓴 바울의 3개의 편지를 다루겠구나도 느낌이 오지요?

이 시간은 3개의 편지 중 고린도전 · 후서 2개만 살펴보도록 하겠습니다.

로마서는 다음 시간에 하도록 하겠습니다.

☑ 고린도전서 (3차 선교하며 쓴 편지)

에베소 교회에 있는데 잠시 후 바울을 찾아 고린도 교회 성도들이 옵니다.

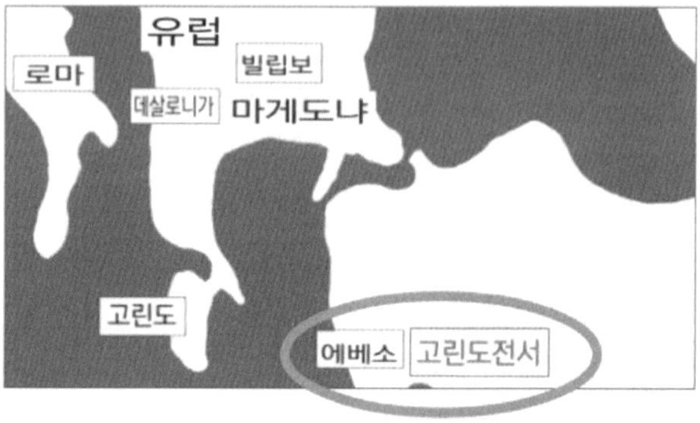

고린도 교회 문제들을 가지고 바울에게 옵니다.
고린도 교회에 끼리끼리의 파들이 생겨 싸우고 있다는 문제를 이야기합니다.
베드로파, 바울파, 아볼로파, 그리스도파!
가만 들여다보면 다 훌륭한 이름입니다.
저는 이 부분을 강의할 때 학생들이 알고 있는 분들로 예를 들었습니다.
예로 우리 교회의 본이 되는 4분의 이름으로 바꾸어서 설명해 보았습니다.
훨씬 이해를 쉽게 하는 모습을 보았습니다.
인도자들도 적용해 보세요.

성령님은 바울을 통해 고린도 교회에 답장을 써서 예수님의 뜻을 알려 줍니다.

문제에 대한 답을 말씀해 주십니다.
예수님은 우리가 하나님의 자녀들로 한 몸 된 지체라는 답을 말씀하십니다.
서로 사랑하며 오직 예수님의 십자가와 부활을 바라보라는 답을 말씀하십니다.

교회, 가정, 직장, 나라에서 문제들이 생기셨나요?
그렇다면 그 문제들 속에서 먼저 예수님의 십자가와 부활을 바라보세요.
순종하면 답이 보입니다.
문제를 해결해 주시는 예수님의 손길이 느껴지고 보입니다.
예수님의 십자가와 부활을 바라보고 문제보다 먼저 말씀에 순종해 보세요.

☑ 고린도전서 보낸 후에 거절당하는 바울을 살펴봅니다

고린도전서의 편지를 받은 후에 일어난 일입니다.
바울의 사도성이 의심되고 거절당하는 일이 어떤 유대인에 의해 생깁니다.
고린도 교회에 가만히 들어온 어떤 유대인이 바울을 거짓 사도라고 합니다.
꼭! 이단들이 교회 안에 가만히 들어온 후 교역자들을 헐뜯는 것과 같습니다.
이단으로 의심 받지 않으시려면 목회자를 포함하여 사람들을 헐뜯지 마세요!
교회를 옮겨다니며 험담하는 분들을 경계하셔야 합니다.
하나님 보시기에 나쁜 목회자와 사람이라면 하나님께서 알아서 하시겠죠.
하나님께서 심판하실 일에 일부러 신경 써서 죄를 짓고 힘을 낭비하지 맙시다.

고린도 교인들은 바울을 헐뜯는 말에 침묵합니다.
그런데 하나님은 헐뜯는 말에 침묵하는 것에 대하여 무섭게 말씀하십니다.
같은 죄를 지은 공범자라고 하십니다.
상대방의 단점을 험담하는 그 자리에 침묵만 지키고 앉아 있어도 공범입니다.
험담하는 자리를 피하셔야 합니다.
죄의 자리는 피하셔야 합니다.
피하세요!
그 자리에서 나오세요!
하나님의 말씀이기 때문입니다.
그러나 고린도 교회는 험담하는 어떤 유대인과 공범을 저지릅니다.
침묵하면서 공범을 저지릅니다.
침묵만 했는데 하나님은 바울을 거절하였다고 말씀하십니다.
이것은 바울을 통해 전하려던 하나님의 뜻을 거절한 것이라고 말씀하십니다.

거절당한 바울은 심히 슬퍼하며 고린도 교회에 눈물로 편지를 씁니다.
눈물로 쓴 편지는 우리에게 전해지지 않습니다.
눈물의 편지를 들고 디도가 고린도 교회에 전달했다는 내용만 기록되어집니다.

혹, 나도 교회에서 누군가를 욕하고 있습니까?
욕은 안 하는데 욕하는 모임에 앉아만 계신가요?
오히려 하나님의 무서운 벌을 받지 않도록 그 자리를 피하고 그 사람들을 위해 중보기도 합시다.
욕하고 앉아 공범을 저지를 시간에 기도하십시오!

내가 이와 같은 공범을 저지르고 있지는 않은지 점검합시다.

1. 바울의 눈물의 편지

바울은 거절당한 충격 속에 에베소에서 눈물의 편지를 썼지요.
그 눈물의 편지를 디도를 통해 고린도 교회에 전달하지요.
디도야! 이 편지를 고린도 교회에 전달해 주고 답장 좀 받아와 주렴~
디도는 순종하고 고린도 교회로 갑니다.

바울은 디도가 고린도 교회의 답장을 가져오기를 에베소에서 기다립니다.
그런데 에베소에서 바울을 죽이려는 소동이 일어납니다.
고린도 교회가 바울을 힘들게 안 해도 바울을 힘들게 하는 환경은 늘 있답니다.
성도님들은 복음을 위해 달려가는 목사님을 위해 순종하며 도와야만 한답니다.
가뜩이나 사탄은 목사님을 무너뜨리려고 난리를 칩니다.
목사님을 격려하고 존경하는 표현도 하며 도와 드립시다.

바울은 답장 기다리다가 에베소에서 소동이 일어나 마게도냐로 갑니다.
마게도냐에는 2차 선교 때 세워진 빌립보 교회와 데살로니가 교회 등이 있지요.

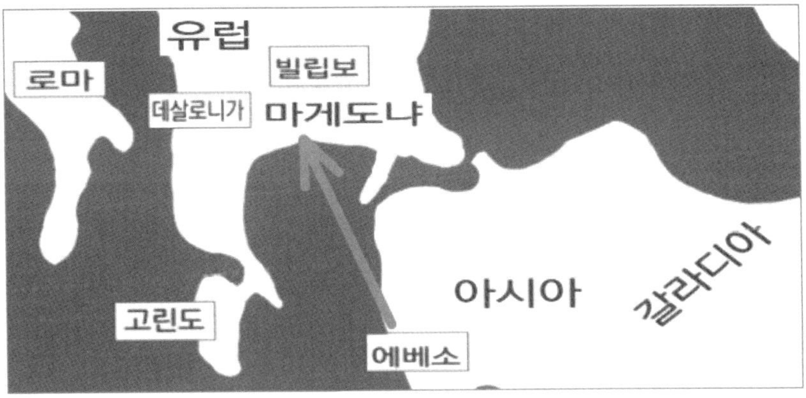

에베소의 소동으로 바울은 마게도냐로 가고 아굴라 부부는 로마로 갑니다.
바울은 브리스길라와 아굴라 부부에게 로마로 가서 복음을 전할 것을 권합니다.
아굴라와 브리스길라는 바울에게 순종하여 로마로 갑니다.
아굴라와 브리스길라는 순종이 제사보다 낫다는 말씀을 잘 압니다.
에베소로 보내면 에베소로 순종하여 갔었습니다.
이번에는 로마로 보내니 순종하고 로마로 간 것입니다.

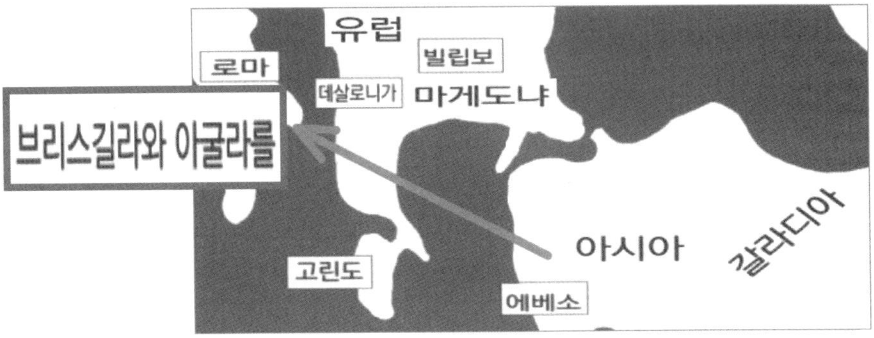

■ 잠깐만요! 브리스길라와 아굴라 부부를 생각해 봅시다

(다시 눈물의 편지 이야기로 돌아야하기 때문에)

브리스길라와 아굴라는 바울을 통해 예수님을 만납니다.
브리스길라와 아굴라는 예수님을 통해 하나님의 음성을 듣습니다.
브리스길라와 아굴라는 성령님의 인도하심에 순종합니다.
바울의 부탁이라서 로마로 간 것이 아닙니다.
브리스길라와 아굴라는 하나님, 예수님, 성령님께 순종하여 간 것입니다.

혹, 목사님이나 사람의 부탁을 들어 주려고 어떤 일을 맡으셨나요?
이제는 예수님께서 나에게 맡기시는 일이라는 확신이 있으셔야 합니다.

성령님께서 나에게 부탁하신 것인지?
내가 사람의 부탁을 거절하지 못해 하는 것인지 점검하시기 바랍니다.
사람의 부탁을 들어주는 것은 오래가지 않습니다.
그러나 하나님께 순종하는 것은 예수님께서 감당할 힘을 주십니다.
풍선 안에 점검해 봅시다.

다시 바울의 눈물의 편지 사건으로 돌아옵니다.

바울은 소동으로 마게도냐로 이동합니다.
그리고 디도로부터 눈물의 편지에 대한 고린도 교회의 답변을 듣습니다.
고린도 교회는 바울의 눈물의 편지를 읽고 회개하였다는 것입니다.
그리고 눈물의 편지에 기록된 바울의 권면을 받아들였다고 합니다.
또 예수님의 복음을 방해하고 바울을 헐뜯던 유대인을 내쫓았다고 합니다.
바울은 이와 같은 고린도 교회 소식을 듣고 기뻐합니다.
그리고 기뻐서 답장을 씁니다.
이 편지가 고린도후서가 됩니다!^^
바울은 고린도 교회에만 세 번의 편지를 썼지요.
한번은 고린도전서!
한번은 눈물의 편지, 이 편지는 전해지지 않고 있죠!
한번은 눈물의 편지에 대한 답장 고린도후서!
그래서 우리가 읽고 있는 것은 두 개의 편지 고린도전서, 후서만 있습니다.
점검해 봅시다! 회개하는 교회는 아름답습니다.
우리 교회는 회개가 있는 아름다운 교회인가요?
나부터 회개하면 교회는 아름다워집니다.
풍선 안에 회개의 고백을 적어 봅시다.
자 이제 고린도후서를 살펴볼 차례가 되겠네요.
고린도후서를 보러 출발합시다! 출발~

☑ 고린도후서(3차 선교하며 쓴 편지)

고린도 교회는 바울의 눈물의 편지를 받고 회개합니다.

회개하는 고린도 교회 소식을 듣고 바울이 기뻐서 쓴 편지가 고린도후서입니다.

드디어 사도행전 끝 부분 이야기입니다

바울은 고린도후서를 써서 보내고 윗지방을 전도한 후 고린도 교회로 갑니다.
그리고 고린도 교회에서 평안한 마음으로 로마서를 기록합니다.
그리고 사도행전은 다음과 같은 바울 이야기로 마무리를 짓습니다.

바울이 로마서를 통해 서바나(스페인)까지 가려는 계획을 기록합니다.
또 로마로 갈 것을 계획하고 예루살렘에 헌금 전하러 가는 것도 기록합니다.
곧 이방 교회들의(빌립보, 고린도 등등) 헌금을 예루살렘 교회에 전달합니다.
그리고 아시아로부터 온 어떤 유대인들에 의하여 체포되는 과정이 나옵니다.
성전에 이방인들을 데리고 들어갔다는 이유로 유대인들에 의해 체포됩니다.
성전을 더럽힌 이방인들을 못 들어오게 하는 규칙을 유대교는 만들었습니다.
이 규칙을 바울이 어겼다고 고집하며 바울을 체포한 사람들은 바울을 죽이려고 합니다.
그러나 바울에게는 로마 시민권이 있어 체포만 됩니다.
바울은 죄수가 됩니다.
바울은 죄수가 된 것을 잘 되었다! 생각하고 로마로 가서 재판 받겠다고 합니다.
로마로 갈 것을 계획했던 바울은 오히려 잘 되었다고 생각한 것입니다.
바울은 로마로 압송되면서 풍랑을 만나기도 합니다.
풍랑을 만나도 변함없이 복음을 전하는 이야기가 기록됩니다.

누가 기록한 것일까요?
바울이 선교 다닐 때도,
죄수로 압송되어 로마에 도착할 때까지 졸졸 따라 다닌 누가가 기록합니다.
그리고 사도행전은 막을 내립니다.

사도행전 마무리 이야기를 그림으로 그려 본 것입니다.
로마 지나 서바나(스페인)까지 가려는 계획까지 알립니다.
(아래와 같은 화살표 경로로 간 것이 아니라 방향을 나타낸 것입니다.)

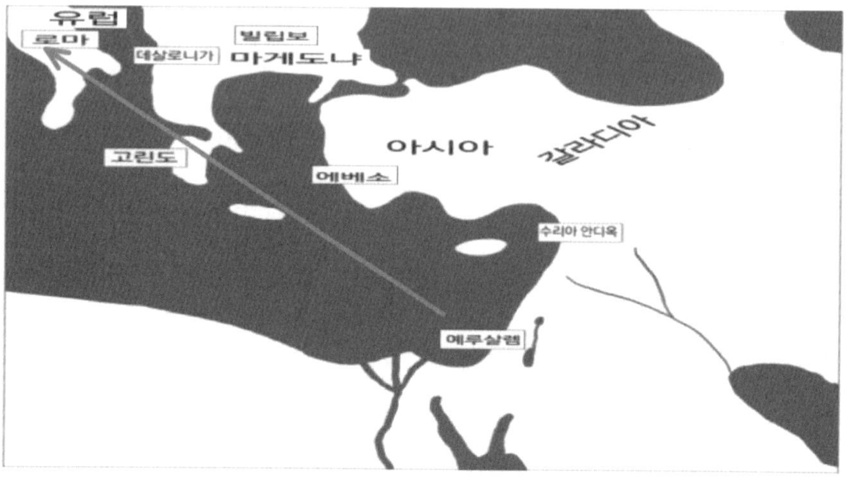

로마 교회에 로마서 편지를 자매인 뵈뵈를 통해 전달합니다.

헌금을 전달하고 로마로 갈 것을 계획하고 일단 예루살렘으로 갑니다.
바로 바다를 건너는 것이 아닙니다. 많이 생략한 그림입니다.

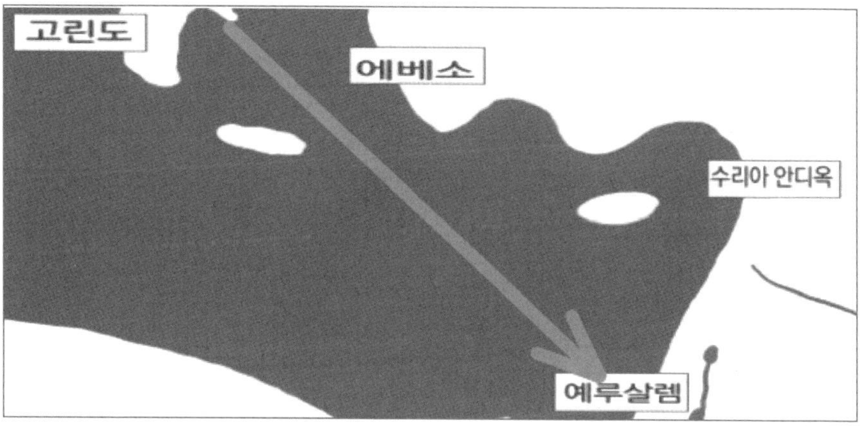

3차 선교 끝나고 예루살렘 교회의 구제 사역을 위해 헌금을 전달합니다.
교회들이 교회들의 사역을 서로 돕는 헌금입니다.
오히려 후원을 받아야 할 선교지에서 모아진 헌금입니다.

헌금을 전달하고 예루살렘에서 체포되는 그림이지요.
체포되어도 항상 복음만을 생각합니다. 늘 담대하게 복음을 전합니다.

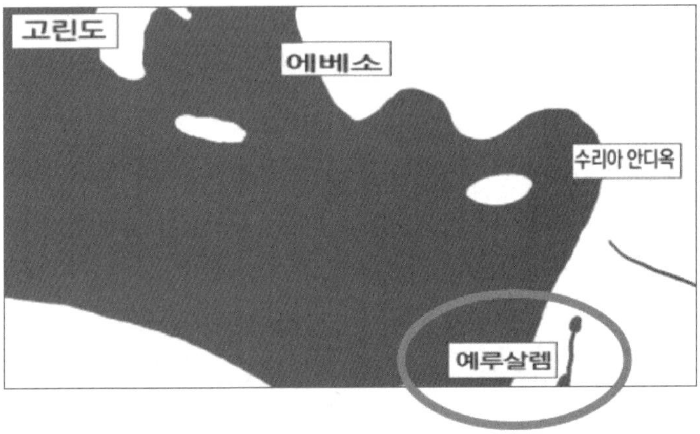

아홉 번째 시간입니다

(아홉 번째 시간은 학생용 교재와 같습니다.)

♥ 찬양 ♥기도 ♥ 숙제 점검 (사도행전과 고린도전 · 후서 읽고 3가지 실천)

♥ 감사 나눔 ♥ 이번 숙제 (사도행전 20~28장, 로마서 읽고 실천 2개)

☑ 로마서

로마서는 더 자세히 나누며 인도하세요.

인도자가 로마서 범위에서 더 첨가할 것은 첨가하시며 강의하셔도 됩니다.

물론 뺄 것은 빼셔도 됩니다.

1. 저자: 바울

2. 수제: 오직 믿음으로! 우리를 구원하신 예수님만을 붙들며 끝까지 복음을 전하며 살아갑시다

3. 로마서 1장

하나님은 바울을 복음 전하는 사도로 부르십니다.
예수님께서 바울을 사도로 부르신 것처럼 우리 모두를 부르셨습니다.
하나님은 이 사실을 밝히 보여 주셨습니다.
단지 환히 보고도 사람이 거부하는 것뿐입니다.

나는 목사도 아닌데!
내가 왜 복음을 전하며 살아야 하지? 라고 생각하십니까?
하나님은 우리 모두를 복음 전하는 자로 부르셨다고 말씀하십니다.
부르신 자리에서 복음 전하는 삶을 거부하지 마시길 바랍니다.

4. 로마서 2장

모든 사람이 죄인이네요.

어떤 죄인은 죄인을 보고 지적하네요.

어떤 죄인은 죄인을 보고 야 너! 참 잘 한다~ 하며 거들어 주네요.

성령님은 우리의 모습을 밝히 보여 주시며 하나님 말씀을 실천하라고 하시네요.

■ 잠깐 생각해 봅시다!

하나님의 말씀을 읽고만 계십니까?
하나님의 말씀을 설교로 듣고만 계십니까?
하나님의 말씀을 영상으로 보고만 계십니까?
더 잘 읽고, 잘 듣고, 잘 보고 싶으셔서 유명한 목사님들을 찾아다니십니까?
성령님은 지금 우리에게 말씀하십니다.
하나님의 말씀, 예수님의 말씀을 읽고, 듣고 보았다면 실천하라고 하십니다.

실천하기 위해서는 먼저 말씀을 읽어야 합니다.
하루 중 언제 말씀을 읽는 것이 좋은지 적어 봅시다.

5. 로마서 3장

하나님께서 바울을 통해 우리에게 말씀하십니다.
유대 사람이 하나님의 말씀을 맡은 사람들이지!
그런데 모든 유대 사람들이 신실하지 못해 그 역할을 못했다고 생각해 보자!
그런다고 하나님이 사라지시니?
하나님은 여전히 계시고 하나님의 일을 하나님께서 이루신다고 말씀합니다.

■ 생각해 봅시다!

사람은 사람들 자신이 일을 해서 업적을 이루어 간다고 생각합니다.

이 세상의 주관자는 하나님 아버지십니다.

하나님 아버지의 허락 없이는 참새 한 마리도 떨어지지 않습니다.

하나님의 도우심 없이는 사람 스스로는 일을 성취할 수 없습니다.

하나님 아버지께 도움을 구하십시오. 자녀에게 가장 좋은 것을 주시길 원하는 아버지십니다.

도움을 구하는 표현을 풍선 안에 적어 봅시다.

6. 로마서 4장

바울은 죄인인 우리가 하나님을 믿어서 의롭게 된다고 명백하게 말합니다.
그러니 제발 창조주이신 예수님을 믿고 구원을 받으라고 전합니다.

창조주시며 의로우신 예수님의 구원의 손을 잡으세요.

전능하신 하나님, 예수님, 성령님은 구원의 손을 잡는 당신을 구하십니다.
당신의 손을 절대로 놓지 않으십니다.

7. 로마서 5장

예수님의 죽으심과 부활은 우리가 하나님께 갈 수 있도록 다리가 되어 주셨죠.
그래서 우리는 환난을 당해도 하나님께 갈 수 있는 소망이 있는 것입니다.
이 사실을 믿는 사람들은 하나님께로 언제든지 갈 수가 있습니다.

아담의 경우는 하나님과 오히려 멀어지게 했지요.

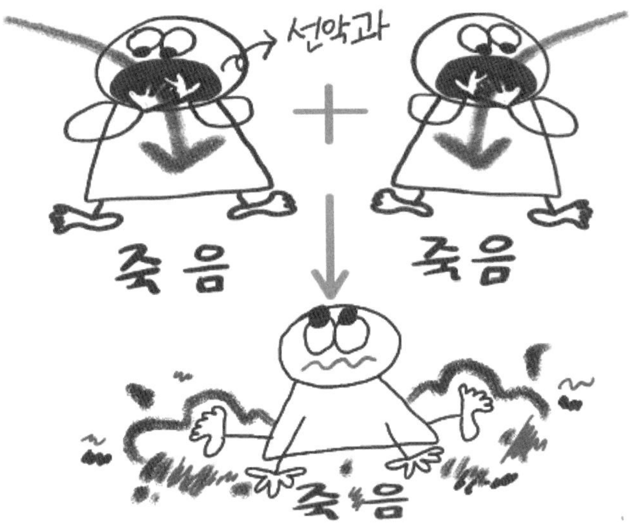

예수님의 경우는 회복입니다.

8. 로마서 6장

세례는 예수님께서 나의 죄 대신 죽으신 예수님을 고백하는 것입니다.
나를 살리시고 부활하신 예수님을 고백하는 것입니다.
하나님과 모든 사람 앞에서 고백한 표현이 세례입니다.
그리고 이제 세례를 받았으면 고백한 대로 하나님의 자녀로 사는 것입니다.
예수님께서 땅 끝까지 이르러 내 증인이 되라고 하신 말씀대로 사는 것입니다.

물론 성령님께서 동행하시며 말씀대로 살 힘을 공급해 주십니다.

9. 로마서 7장

예수님은 죄 자체를 없애주시는 분이십니다.
예수님의 보혈로 죄 씻음 받은 것을 믿으십니까?
입으로 고백하고, 그 고백을 적어 보십시오!
그리고 선포하는 시간을 가지십시오!

10. 로마서 8장

자! 예수님의 구원을 믿고 하나님의 자녀가 된 사람은 죄로부터 해방되었네요. 죄의 법에서 해방된 것들을 풍선에 선포하는 글을 써 보세요!

11. 로마서 9~10장

나를 부르신 하나님에 대한 선택은 하나님의 자비와 사랑입니다.
부르신 하나님을 거부하면 불순종하게 되고 넘어집니다!

하나님께서 부르셨다는 말씀을 듣지 못하고 죽은 사람들은 어떡하냐고요?
성령님은 분명하게 바울을 통해 말씀하십니다.
하나님께서는 나를 찾지도 않는 사람들을 만나 주었노라고!
또 나를 구하지도 않는 자들에게 내가 나타나 주었노라고!
온종일 내 손을 내밀었노라고(롬 10:20-21)
온 땅에 하나님의 목소리가 퍼졌노라고
그러나 그들이 거부하고 복종하지 않은 것을! 분명히 말씀하십니다.

내 안에 거부하고 있는 것이 있나요?

우리 가족 중에 하나님을 거부하고 있는 분이 있으신가요?

우리나라가 하나님을 거부하고 있나요?

성령님께 마음을 열어 달라고 기도합시다.

3분 정도 다 같이 가족의 구원을 위해 중보 기도하는 시간을 갖도록 합니다.

12. 로마서 11장

하나님은 에잇! 내 말을 안 듣네 하며 우리를 버리지 않으십니다.
하나님은 변함없이 하나님의 말씀을 믿는 자녀를 구원하십니다.
하나님은 끝까지 고집부리는 유대인에게도 끝까지 설득하십니다.

어떤 사람은 하나님께서 나를 버리셨다고 생각합니다.
또는 혼자만 하나님 믿어 외롭다고 합니다.
나만 왜 이렇게 살지~ 라고 합니다.
예수님은 바울을 통해 말씀하십니다.
엘리야가 혼자 남았다고 생각했지!
그런데 혼자가 아니란다!
7천 명이나 우상에게 무릎 꿇지 않고 있단다!
하나님께서 남겨 놓았구나~
혼자 일을 다 한다고 생각하며 외롭습니까?
하나님께서 남겨 놓으신 분들이 많습니다.

나를 구원하시려고 십자가 지신 예수님을 끝까지 붙잡고 흔들리지 맙시다!

외로우신가요?

기억하세요! 반대로 울고 있는 나를 주님이 붙잡고 계시답니다.
주님이 당신을 붙잡고 있답니다.
나를 붙잡고 있는 주님을 바라봅시다.

13. 로마서 12장

몸을 거룩한 산 제물로 드린다는 것이 무엇일까요?

이 시대 유행을 보고 배우지 말라는 것입니다.

그리고 하나님께서 무엇을 기뻐하실까 생각하고 하나님께서 기뻐하는 일을 하라는 것입니다.

하나님의 뜻을 어떻게 분별하나요?

섬기는 것을 하나님께서 기뻐하시겠는지? 인 기뻐하시겠는지?

다정하게 대하고 존경하는 것을 좋아하시겠는지? 안 좋아하시겠는지?

부지런한 것을 원하시겠는지? 게으른 것을 원하시겠는지?

싸우는 것을 좋아하겠는지? 화해하는 것을 좋아하겠는지?

초등학생도 답을 알 만큼 쉽게 분별할 수 있습니다.

조심해야 될 것은 윤리와 도덕을 기준으로 하나님의 뜻을 분간해서는 안 됩니다.

하나님은 하나님께서 기뻐하시는 일들이 무엇인지 성경에 다 기록하셨습니다.

성경 말씀을 읽고 그 말씀대로 선택하는 것만이 남았습니다.

보이지 않는 것을 본다며 답을 알려주는 점쟁이나 무당에게 가지 마십시오.
심지어는 교회 안에도 영적 점쟁이, 영적 무당이 있답니다.
자신들이 더 믿음이 좋아 믿음이 약한 사람을 돕는다고 열심히 가르칩니다.
그들을 의지하지 마시고 속지 마시길 바랍니다.
성령님은 밝히 누구에게나 하나님 뜻을 알도록 하셨습니다.
초등학생 1학년 아이도 하나님께서 무엇을 기뻐하겠는지는 분간합니다.

세상 점쟁이나 무당과 똑같은 모습이 보이시나요?

정말 모르겠으면 성경 말씀을 읽고 설교 말씀에 귀를 기울이십시오!
하나님께서 기뻐하시는 뜻을 들리게 하시고 보여주실 것입니다.

14. 로마서 13장

세상의 지도자들, 남편, 자녀 등은 하나님께서 세우시고 맡기신 것입니다.
성령님은 세우시고 맡기신 하나님을 믿고 지도자에게 순종하라고 하십니다.
네! 그 당시 지도자는 미친 로마 황제입니다.
나와 내 가족을 죽이려 드는 지도자에게 순종하라고 하십니다.
미친 로마 황제를 세우신 하나님께 심판을 맡기라는 뜻입니다.
로마에 내는 세금도 관세도 모두 다 내라고 말씀하십니다.
모든 재물의 주인이신 하나님께서 주관하실 거라는 것입니다.
주관자가 내야 할 재물도 주신다는 것입니다.

■ 13장에서 언급하는 내용은 아니지만 생각해 봅시다

십일조! 헌금을 비롯한 가정의 경제를 결단해 보아야 할 것 같습니다.
십일조, 자기가 번 돈을 아깝게 드린다고 생각하나요?
모든 것이 하나님 것인데 이번 달에 내게 이만큼! 또는 요만큼! 주셨네~하며 하나님의 것 중 10분의 1만 돌려 드리는 것이 십일조입니다.
하나님의 것 중 감사해서, 또는 여러 이유로 돌려 드리는 것이 헌금입니다.
하나님께서는 10분의 1만도 돌려주지 않을 때 이 도둑놈아~ 하십니다.
제 이야기가 아니라 성경에 기록되어 있답니다.
헌금 말고도, 가정 경제를 짚어봐야 할 것 같습니다.
가정의 경제가 빚더미라고요?
조금 어려운 이야기지만, 한 달에 주신 것만큼만 사용해야 합니다.

저의 간증을 여기서 잠깐 적어 봅니다.^^
신학교 4학년 때 결혼한 저는 남편 한 사람의 전도사 사례비로 살아갈 때였습니다. 양가 부모님께 십일조를 나눠서 드리고, 교회 십일조 하고, 선교헌금 십일조 하고, 차비 하고, 두 사람의 학교 식권 15일치 사면 끝나는 40만 원의 사례였습니다. 20여 년 전 일이라 40만 원이 큰 돈 아니냐고요? 첫 결혼기념일에 제가 좋아하는 해물 철판구이를 사주겠다며 붕어빵 앞에 서게 한 남편 앞에서 엄청난 기대를 했던 저는 울다가 웃다가 붕어빵을 먹었던 기억이 납니다.
일 년에 외식 한 번 할 수 없는, 양말 하나 사 입기 어려운, 책은 선배님들께 얻거나 빌려야 하는 정도라고만 하겠습니다.
그리고 우리 부부는 변함없는 경제 가운데 신학대학원에 입학했습니다.
두 사람의 한 학기 등록금만 해도 제 기억에 400~500만 원은 되었던 것 같습니다.
지금 20여 년이 흐른 2014년의 500만 원도 큰 돈이잖아요.
저희 부부는 교무실에 자주 불려갔습니다.
아니 어떻게 하려고 두 분 다 공부를 시작하셨어요? 그러게요.~

카드라는 것이 신학교 4학년 때부터 퍼져 나가기 시작했었습니다.
그러나 저희 부부는 카드를 만들지 않았습니다.
하나님께서 주신 것은 여전히 40만 원인데 카드를 긁는 것은 무서웠습니다.
믿음으로 안 긁은 것이 아니라 앞이 깜깜해서 못 긁었습니다.
이런 우리 부부를 믿음 좋게 보는 것이 아니라,
깝깝하게 보시는 분들과 우연히 등록금 안 낸 명단이 붙은 게시판을 지나가다 보신 분, 자주 가는 교무실에서^^, 심지어는 교수님께서 등록금들을 해결해 주셨습니다.
그리고 이름도 없이 저의 필통 속에 들어가 있는 식권과 차비와 등록금들은...... 다시 떠오르는 은혜로 표현이 안 되네요. (코끝이 찡~)
10원의 빚도 없이 신학교와 신학대학원을 예수님께서 보내 주신 사람들로 인해 졸업을 했습니다.
그런데 그 은혜를 입었던 제가 지금은 카드를 긁고 있다는 것입니다.
사례가 20여 년 전의 5배로 뛰었는데 말입니다.
두 사람은 어찌 살아 보겠는데 자녀가 생기니 자녀들 앞에서는 카드가 신으로 보입니다.
이것을 보고 자란 아이들이 받은 은혜의 경험 없이 이 세상을 헤쳐 나갈 믿음의 힘이 있을까! 심히 염려됩니다.

여러분에게 하고 싶은 이야기를 제 이야기처럼 꾸미는 것은 아닙니다.
함께 뉘우치고 하나님이 허락하신 한도 내에서 경제를 사용해 보자고 나누는 것입니다. 카드 긁어라~ 없는데 어떡하니~그러다 빚지면 어때! 내가 갚아 줄게 하시는 하나님 음성보다는 내가 준 것 가지고만, 굶어도 복음 전하며 살아봐라! 내가 책임져 줄게! 하시는 하나님의 음성이 분명하게 저와 여러분에게 들리기 때문입니다.
분별!하실 수 있으시죠.^^

이 글을 쓰는 저는 이 고백을 쓰고 카드를 없앴습니다.
저만 결단하고 은혜를 받으면 안 되겠지요! ^^

자! 여러분의 작은 결단부터 여기에 적어 볼까요?
당장 카드를 없애지 못해도 하나님께서 기뻐하실 경제적 결단을 생각해 봅시다.
아주 작은 경제적인 일부터 결단하고 순종해 보세요. ^^

15. 로마서 14~16장

미운 사람, 비판되는 사람, 용서가 안 되는 사람, 열 받게 하는 사람 있지요.
그런데 그 사람을 위해 예수님께서 죽었다고 말씀해 주십니다.
용서하고 사랑하라고 말씀하십니다.
용서하고 사랑하는 것은 계속 연습해야 합니다.
한두 번 용서해 가지고는 그 사람이 용서가 안 됩니다.
예수님은 70번씩 7번이라도 용서해야 한다고 말씀하십니다.
70 곱하기 7 = 490번 용서하라는 뜻일까요?
끊임없이 계속 용서해 주라는 말씀입니다.
한 사람이 나에게 지은 한 가지 죄를 우리가 490번씩이나 용서할 수 있겠습니까!
10번도 못하지요.
그래서 예수님은 십자가를 보고 계속 용서하라고 하십니다.

열 번째 시간입니다

♥ 찬양 ♥ 기도 ♥ 숙제 점검 (사도행전과 로마서 읽고 2가지 실천)

♥ 감사 나눔 (꼭! 해야 합니다) ♥ 이번 숙제 (옥중서신과 목회서신을 읽고 실천 7가지)

바울의 편지 13권 중 이제 남은 7권을 살펴봅니다.
바울은 이방인 교회들이 모아준 헌금을 전달해 주려고 예루살렘에 도착합니다.
그러나 어떤 유대인들(예수님을 믿지 않는 유대교)의 고발로 체포됩니다.
바울은 로마 시민권이 있었기에 로마로 직접 가서 재판을 받겠다고 합니다.
그래서 바울은 죄수의 신분으로 로마에 도착합니다.
로마 입장에서 재판해 보니 뭐~ 별일 아니어서 집에 갇혀 있기만 합니다.
찾아오는 사람들에게 복음을 전하는 편지들을 써서 교회들에게 보냅니다.
집에 갇혔을 때 쓴 편지들이 골로새서, 빌레몬서, 에베소서, 빌립보서입니다.
4권이지요! ^^ 갇혀서 썼다고 하여 옥중 서신이라고 합니다.
바울은 풀려나고 바로 선교 시작합니다.
풀려나서 3권 중 2권은 4차 선교하며 목회자인 디모데와 디도에게 씁니다.
디모데전서, 디도서입니다.

그 후에 로마 황제가 로마에 불을 질러 놓고는 기독교인에게 덮어씌우죠.
바울은 로마 시민권이 있지만, 기독교인이라는 죄목으로 다시 체포됩니다.
아주 험난한 감옥에서 디모데에게 편지를 쓰는 것이 마지막이 됩니다.
이것이 디모데 후서입니다.
그리고 바울은 하나님의 부르심을 받고 순교합니다.
디모데전서, 디도서, 디모데후서는 목회자에게 쓴 글로 목회서신이라 합니다.

☑ 골로새서

소아시아 지역에 있는 골로새 교회가 보입니다.

바울은 성령님의 인도하심 따라 골로새 교회 성도들에게 전합니다.
우리가 예수님의 죽으심으로 하나님과 화해되었다고 전합니다.

바울은 하나님과 화해된 성도들이 하나님의 자녀 됨을 말합니다.
바울은 하나님께서 우리가 하나님의 자녀로서 성숙되길 원하신다고 전합니다.
하나님의 자녀로서 거짓말과 부술 만큼의 격한 분노 등을 버리자고 합니다.
예수님을 받아들였으면 이제는 예수님을 따라 살자고 하십니다.
아내나 남편이나 자녀나 종이나 주인이나 모두 예수님 따라 하길 권합니다.
내가 허용하는 작은 거짓말은 무엇인가요?
어느 부분에 분노가 있나요?
예수님의 십자가를 생각하며 분노와 거짓말들을 버려 보세요.

거짓말하는 분야나 욱! 하는 것을 버립시다.
버리기 위해서 예수님의 성품 중 어떤 것을 흉내 낼지 한 가지를 적어 봅시다.

☑ 빌레몬서

바울은 골로새 교회에 편지를 보냈었지요.(골로새서)
골로새 교회에 빌레몬이라는 장로님께도 개인적으로 편지를 보냅니다.
이 편지를 빌레몬서라고 합니다.
바울이 갇혀 있는 로마 집으로 오네시모라는 사람이 찾아왔었습니다.
바로 빌레몬 장로님 집의 종, 노예였던 오네시모입니다.
오네시모는 빌레몬 장로님네 집에서 도망쳐 나왔던 것입니다.
그 후 바울을 만나 예수님을 믿으면서 바울에게 고백을 하게 된 것입니다.
오네시모는 예수님을 믿고 성숙한 사람으로 변화됩니다.

바울은 이러한 오네시모를 보고 빌레몬 장로님에게 용서를 구하는 편지를 쓰죠.
오네시모에게 직접 이 편지를 전달하게 합니다.
오네시모가 빌레몬에게 잘못한 일에 대하여 용서를 구하게 하는 것입니다.
누구에게 잘못을 저지른 일이 있나요?
하나님께 고백해서 하나님의 용서를 받으셨나요?
그러면 내가 상처를 입힌 그 사람에게도 찾아가서 용서를 구하십시오!
가실 때 마음에서 우러나오는 선물을 준비하는 것도 잊지 마세요.
선물은 구약 말씀에서 배상할 때의 방법입니다.

바울은 용서를 해야 하는 입장의 빌레몬에게도 부탁합니다.
십자가를 바라보고 오네시모를 용서해 달라고요.
나는 절대로 용서 못해요 하는 일들이 있죠!
죽어야 할 나를 용서하신 예수님의 십자가를 바라보고 용서해 보세요.

다시 짧게 정리합니다.
골로새 교회에 빌레몬이라는 장로님께도 개인적으로 편지를 보냅니다.
이 편지를 빌레몬서라고 합니다.

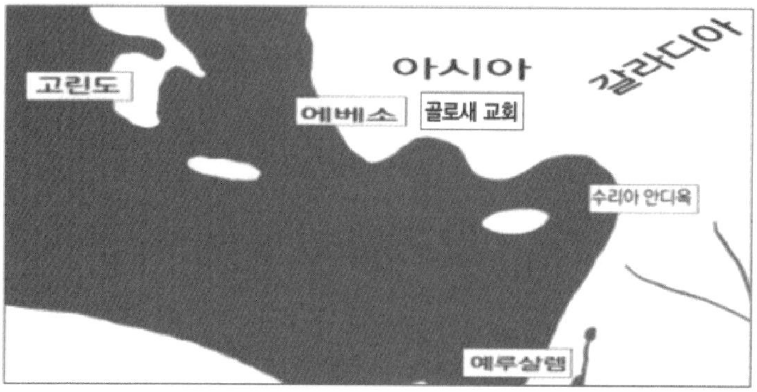

성령님은 빌레몬서를 통해 우리에게 하나님의 마음을 전하십니다.
십자가를 바라보고 용서해 주렴~
내가 너를 용서한 것처럼~

용서를 구해야 할 일들을 적어 봅시다. (선물 준비하고 찾아가 보세요.)

용서를 해 주어야 할 일들을 적어 봅시다. (풍선처럼 마음이 가벼워지실 거예요.)

에베소서

성령님은 에베소에 보내는 편지를 통해 교회가 무엇인지를 설명하십니다.
교회는 그리스도의 몸입니다.
교회의 머리는 예수님이십니다.
즉 예수님이 교회입니다.
예수님이 계신 곳이 교회입니다.
예수님께서 우리 모두를 각자 예수님이 계신 곳으로 부르셨습니다.
어느 건물이 될 수도 있고 어떤 모임 장소가 될 수도 있습니다.
집이 될 수도 있고 공터가 될 수도 있습니다.
그런데 예수님은 예수님이 계신 곳에 사람 혼자만 부르시지 않습니다.
여러 사람들을 부르십니다.
공동체로 부르십니다.
그리고 한 지체요 한 가족이라고 말씀하십니다.
그리고 공동체를 통하여 찬양과 경배를 받으십니다.
예수님을 주인으로 믿는 사람들이 모인 곳이 교회입니다.

혼자 집에서 영상으로 예배를 보신다고요?
헌금은 계좌로 입금하신다고요?
예수님께서 그렇게 하라고 하시던가요?
하나님 말씀대로 하지 않는 예배는 누가 자꾸 만드는 것일까요?
사탄이 떠오릅니다.
예수님은 TV가 아니며 예수님은 통장이 없으십니다.
사람들이 부름을 받고 모이다보니 문제들이 많이 생기기도 하는 곳이 교회입니다.
그러나 머리 되시고 몸 되신 예수님께서 교회를 만들어 나갈 것입니다.
따라서 우리는 모여서 서로 사랑하라는 말씀에 순종하며 하나님을 경배하면 됩니다.

☑ 빌립보서

바울은 항상 편지를 쓸 때 먼저 칭찬을 합니다.
그리고 바울이 기도하며 돕고 있다는 고백을 합니다.
바울은 빌립보 교회에 자신의 심정과 상황을 고백합니다.
어려울 때마다 도와주어 고맙다고 합니다.
지금은 갇혀 있는 상황이지만 변함없이 복음을 위해 달려간다고 말합니다.
이 고백을 하면서 빌립보 교회도 나와 같은 일을 겪게 될 것이라고 말합니다.
그 때 끝까지 예수님을 믿고 복음을 위해 사는 삶을 살라고 당부합니다.
그리고 빌립보 교회의 담임 목사님인 에바브로디도에 대하여 이야기합니다.
담임 목사님을 존경하라고 당부합니다.
빌립보 성도들이 해야 할 일을 담임 목사님이 하고 있다고 합니다.

혹, 목사도 아닌데 목사님처럼 살고 계신가요?
목사님이 해야 할 일을 도와주고 있는 것이 아니라 본인이 해야 할 일을 하고 계신 것입니다.

잘하고 계신 것입니다.

영원히 살 천국에서 바울과 삼위일체 성령님께서 매일 잘했다고 하실 것입니다.

성령님은 빌립보 교회에 보내는 편지를 통해 우리 모두에게 말씀하십니다.

예수님만을 위해 달려가는 바울을 본받으라고요!

어떤 일에 처하든 예수님을 전하라고요!

지금 나는 어떤 일에 처해 있나요?

어떤 일에 처해 있어도 복음을 전하고 있나요?

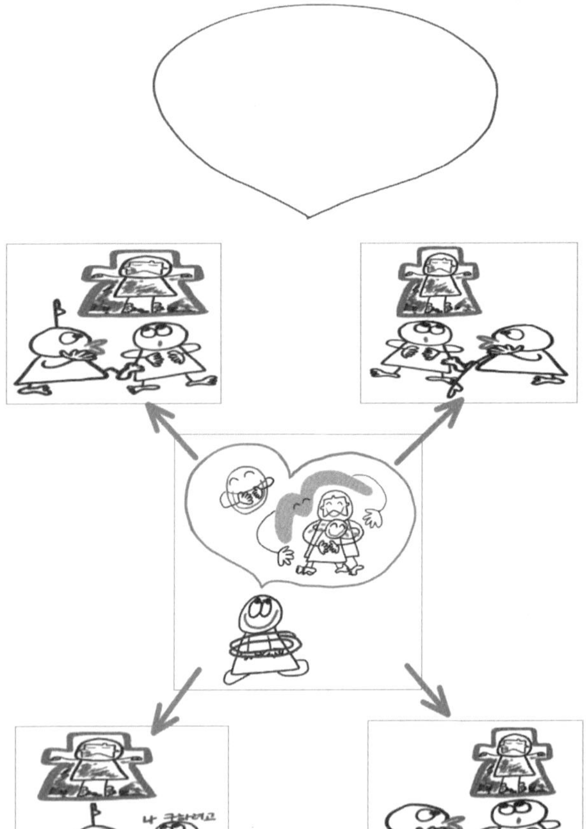

바울의 4차 선교와 순교 이야기

바울의 4차 선교 이야기는 사도행전에 기록되어 있지 않습니다.
바울이 디모데와 디도에게 보낸 편지들에서 알 수 있습니다.
바울은 로마 집에서 갇힌 상태에서 풀려나게 됩니다.
풀리자마자 바울은 선교하러 또 여기저기 다닙니다.
바울은 4차 선교하면서 에베소 교회를 디모데에게 부탁합니다.
섬에 있는 그레데 교회는 디도에게 부탁합니다.
그리고 순종한 디모데와 디도에게 편지를 써서 보냅니다.
바로 그 편지가 디모데전서와 디도서입니다.
4차 여행하다가 일어난 일들이죠.

그 후 다시 바울은 체포됩니다.
로마에 불지른 로마 황제의 죄를 기독교인들이 덮어쓰게 됩니다.
그래서 로마 시민권과 상관없이 바울은 체포됩니다.
바울은 집에 갇히는 것이 아닙니다.
로마 대도시를 불지른 중대한 죄를 덮어쓴 죄수로 지하 감옥에 갇히게 됩니다.
이곳에서 디모데에게 다시 편지를 씁니다.
이것이 디모데후서입니다.
디모데전서는 4차 선교하며 신나게 쓴 글입니다.
디모데후서는 감옥에서 마지막 편지로 쓰게 된 글입니다.

그 후 바울은 그렇게 보고 싶어하던 예수님 품으로 돌아갑니다.
우리도 다 바울처럼 언젠가는 걸어갈 길이지요!

바울의 4차 선교 이야기를 디모데전서와 디도서에서 찾아볼 수 있어요.
정리합니다.

바울은 풀려나서 바로 4차 선교를 시작합니다.
시작하는 과정에서 에베소 교회를 디모데에게 부탁합니다.
그레데 섬의 그레데 교회는 디도에게 부탁합니다.
디모데와 디도는 바울의 부탁에 순종합니다.
에베소 교회와 그레데 교회를 섬깁니다.

지도는 3차 끝나고 죄수의 신분으로 로마로 압송될 때의 경로만 그린 것입니다.
4차 경로는 언급되지 않고 있습니다.
로마로 와서 4차 선교하던 중 에베소와 그레데에 디도를 남겨두는 것만 기억하세요.

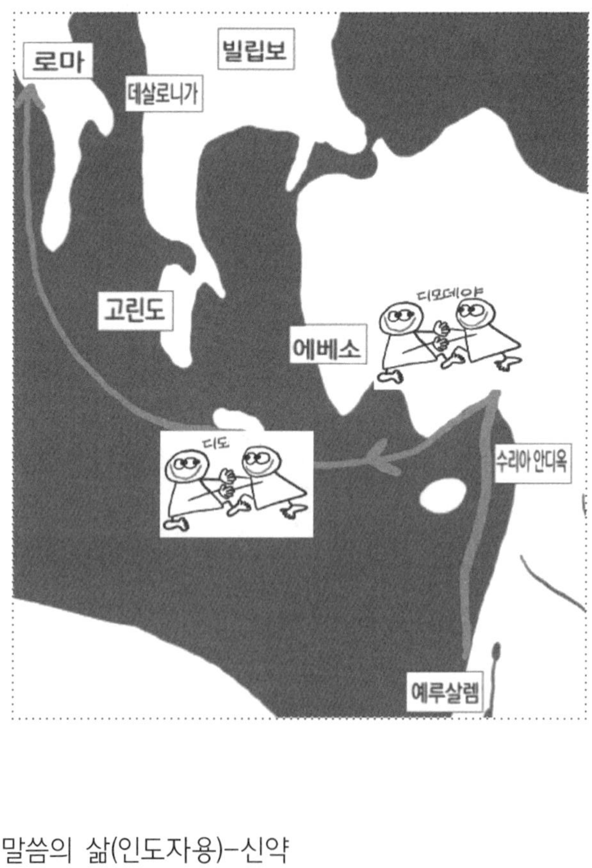

디모데전서

바울은 디모데에게 에베소 교회를 부탁하며 편지를 씁니다.
바울이 목회자인 디모데에게 쓴 편지이기에 목회서신이라고 합니다.
에베소 교회 기억나시죠!
훌륭한 분들이 계셨던 곳입니다.
바울이 있었지요.
브리스길라와 아굴라 부부가 있었지요.
두란노 신학교가 있었습니다.
그런 에베소 교회가 지금 헤매고 있다고 바울은 디모데에게 알려줍니다.
그것도 예수님 아닌 것들에 붙잡혀 정신을 빼앗길 정도로 헤맨다는 것입니다.

바울은 자신도 예수님 아닌 것에 정신을 팔고 다닌 바리새파였다고 고백합니다.
게다가 예수님을 핍박하는 데 앞장섰던 대장이었다고 고백합니다.
그런 자신이 예수님만을 전하는 자로 부름 받았다고 고백합니다.
바울은 이 고백을 디모데에게 하면서 에베소 교회를 부탁합니다.
예수님 아닌 것에 마음을 빼앗긴 에베소 교회가 회복되도록 도우라고 합니다.

바울은 목회자가 예수님 아닌 것에 마음을 뺏긴 교회를 돕는 방법도 말합니다.
바로 목회자가 먼저 기도해야 한다는 것입니다.
예수님 중심이 아닌 교회는 파선한 배와 같다고 설명합니다.
예수님 중심의 신앙생활을 하지 않는 것은 침몰하는 배와 같다고 설명합니다.
파선한 배와 같지 않으려면 기도하라고 합니다.
중보 기도를 들으시는 교회의 선장 되신 예수님께서 파선되지 않도록 하십니다.
교회를 맡으신 목사님! 장로님! 집사님! 성도님!
교회가 파선되지 않도록 먼저 해야 할 것은 기도입니다.
손과 발이 먼저 나가지 마십시오.

생각이 먼저 튀어나오게 하지 마십시오.
그 방법은 하나님 앞에 무릎 꿇고 기도하는 것입니다.
가정을 맡으신 부모님!
가정이 파선되지 않도록 먼저 기도해야 합니다.
하나의 일을 맡아 직장에서 일하는 우리 모두는 먼저 기도해야 합니다.
한 나라의 한 국민으로서 우리는 먼저 나라를 위해 기도해야 합니다.
아래 부분은 인도자만 묵상해야 할 부분인 듯합니다.
디모데전서, 후서는 바울이 목회자인 디모데에게 당부하는 편지이지요.
믿음의 선한 싸움을 먼저 싸우라고 당부합니다.
목회자들은 복음을 위해 수고하고 애를 쓰는 모습을 보이라는 것입니다.
목회자의 몸을 섬기는 것에 훈련하라고 하십니다.
목회자들은 시키고 가르치는 것보다 먼저 섬기는 모습을 나타내야 합니다.
하나님의 말씀을 전하려면 하나님의 말씀대로 먼저 본을 보이라고 하십니다.
성도들은 보고 배우지 가르침을 듣고 배우는 것이 아니기 때문입니다.

본을 보이지 않는 설교는 마음을 찌푸리게 합니다.
본을 보이지 않는 강의는 허술할 뿐만 아니라 감동이 없습니다.

이 교재는 가르치기만 하고 강의하기에는 너무 허술한 책입니다.
그러나 인도자 본인이 실천하며 강의하면 너무 훌륭한 책과 훌륭한 하나님의 동역자로 짠! 변한답니다. ^^
바울을 통하여 성령님은 먼저 기도하라고 알려주십니다.

먼저 기도하십니까?

아니면 먼저 발이 앞서 나가십니까?
아니면 생각이 앞서 잠을 못 이루십니까?

또 성령님은 바울을 통하여 디모데에게 말씀하십니다.
남자 성도들이 욕하고 화내고 고집 부리면 십자가가 깨진다고요.
예수님을 버리게 된다는 말입니다.
에베소 교회 남자 성도들은 욕과 화와 고집을 많이 부렸나 봅니다.
이런 분들이 믿음과 순종으로 더욱 성숙되어 갈 수 있다고 하니 위로되시죠!

또 여자 성도님들에게는 치장하는 것에 마음을 쏟지 말라고 합니다.
어느 정도는 단정하게 꾸미셔야 합니다.
그러나 예수님과 멀어질 정도로 마음을 빼앗기고 있다면 멈추십시오.
멈추지 않으면 영원한 생명이 멈춰집니다.

각자 적용해 봅시다.

☑ 디도서

성령님은 디도를 그레데(크레타) 교회에 남겨둔 이유를 바울을 통해 전하십니다.
디도야! 사람의 눈으로 그레데 교회를 보면 앞이 깜깜할 거야~

장로는 아내가 한 명이 아니라 두 명이지!
안수 집사님은 폭행을 즐겨 하죠!
본이 되어야 할 직분자들이 술은 기본으로 즐겨 하죠!
게다가 부정한 방법으로 돈을 벌지요!
여자 성도들은 얼마나 험담을 잘하는지 보태어 거짓말도 하고 시끄럽죠!

디도서에 나오는 말씀처럼 거짓말을 보태며 남을 비방하는지 점검해 봅시다.
디도서에 나오는 말씀처럼 내가 죄를 즐기고 있는지 점검해 봅시다.

즐기고 있다면 그 자리에서 나오십시오!
거짓말쟁이, 악한 짐승, 먹는 것만 밝히는 게으름뱅이 같구나!라고 하십니다.

빨리 그 자리를 피해야 합니다.
내가 빨리 자리를 피해야 할 곳이 있는지 적어 봅시다.

디도서에 나온 교회를 보니 우리 교회랑 비슷한 면이 있다고요!

성령님의 처방으로 치유될 수 있습니다.
성령님은 처방전을 디도서를 통해 말씀하십니다.
예수님의 십자가로 회복될 수 있다고 말씀해 주십니다.
예수님의 십자가를 보면 선한 일을 하게 된다고 말씀해 주십니다.
화가 나다가도 십자가를 생각하고 생각하면 신중해진다고 말씀하십니다.
절제력도 생긴다고 말씀하십니다.
손님 대접하는 것을 순종하게 되고 대접하다 보면 사랑도 생긴다고 하십니다.
십자가가 가능하게 하신다고 말씀하십니다.

여자 성도들에게 더욱 구체적인 처방전을 말씀해 주십니다.
집안 살림 잘하고 남편에게 순종하라고 하십니다.

남자 성도들에게도 구체적인 처방을 말씀하십니다.
사람들 말보다 하나님 말씀을 들으라고 하십니다.
하나님 말씀을 가장 우선순위로 신중하게 듣고 따르라고 하십니다.

그 당시에 있었던 종들과 주인들에게도 구체적인 처방을 주십니다.

어려운 처지의 사람은 도둑질하지 말고 주시는 하나님을 보라고 합니다.
좀 나은 형편의 사람들은 계속 나누어 주고 섬기라고 하십니다.

디도서에는 이와 같이 구체적인 처방들이 기록되어 있습니다.

다음과 같은 자리로 오십시오!

여자 성도님들은 집안 살림 잘하고 남편에게 순종하는 자리로 오세요.
남자 성도들은 사람 말보다 하나님 말씀을 우선순위로 두는 자리로 오세요.
어려운 처지의 종 같은 사람은 주시는 하나님을 바라보는 자리로 오세요.
좀 나은 형편의 주인 같은 사람은 계속 퍼주고 나누는 자리로 오세요.

이 내용을 가정에서 한 가지, 일하는 곳에서 한 가지 실천할 것을 적어 보세요.

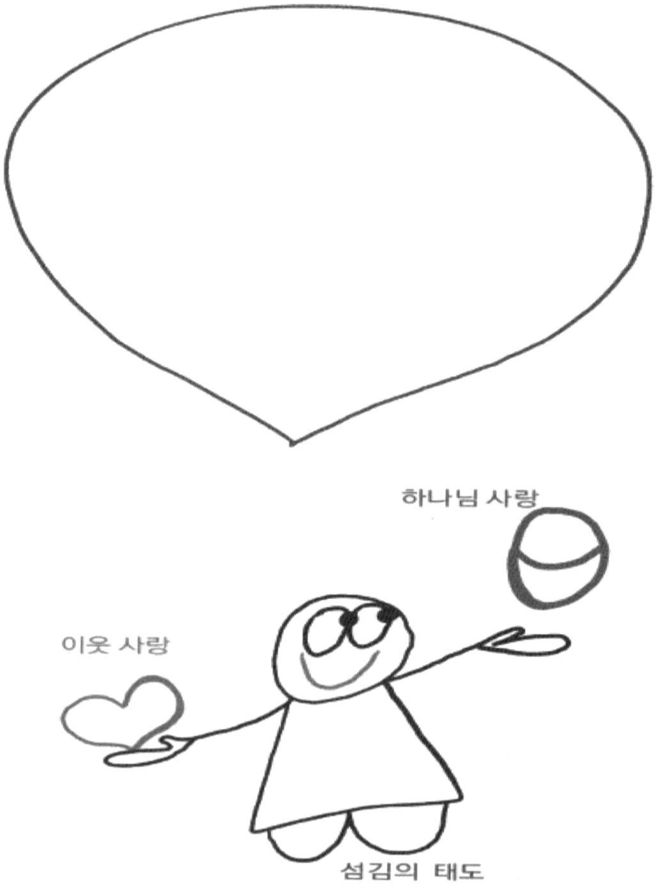

이 부분은 인도자들만 묵상하도록 하겠습니다.

학생에게는 언급하지 마세요.^^
물론 경우에 따라 하셔도 됩니다.

또한 디도서는 바울이 목회자인 디도에게 보내는 편지입니다.
따라서 목회자는 어떤 사람이이야 하는지를 바울을 통해 하나님은 말씀하십니다.

디도 목사님은 성격이 여린 분이었나 봅니다.
성격이 여린 목사님에게 성령님은 성도들을 권면하라고 하십니다.
또 잘못된 행실을 책망하라고 하십니다.
여린 디도를 강하게 키우시려는 목적이 있으신 걸까요?
아닙니다.
성도들이 타락하지 않도록 하기 위해서입니다.
그래야 성도들이 천국의 상속자들이 될 수 있기 때문입니다.
또한 여린 디도 목사님도 담대한 하나님의 심부름꾼이 될 수 있기 때문입니다.

사랑을 가지고 순종하며 성두들을 권면하고 책망하셔야 할 때는 해야 합니다.
물론 자신의 카리스마로 하지 마시길 부탁드립니다.
제발~
자신이 열을 받아서 뿜어나오는 책망은 성도를 죽입니다.

예수님만이 카리스마를 뿜어내시도록 인도자는 무릎을 꿇읍시다!!!

바울은 로마 황제의 죄를 뒤집어쓰게 되죠.

앞에서 다루었던 내용 기억나지요. ^^
죄수였다가 풀려난 기독교인들이 먼저 명단에 오릅니다.
그래서 바울은 다시 갇히게 됩니다.
그러나 집에 갇히는 것이 아니라 아주 안 좋은 감옥에 갇히게 됩니다.
그러나 변함없이 복음을 향한 뜨거움을 말릴 수가 없습니다.
바울은 복음을 향한 심정을 담아 디모데에게 편지를 보냅니다.
바로 디모데후서입니다.

☑ 디모데후서

소리 내어 읽어 보세요. 눈물이 흐릅니다.

바울은 다시 감옥에 갇혀 디모데후서를 씁니다.
사도 바울의 유언장이라고 해야 할까요?
하나님은 바울이 디모데후서를 기록하게 하신 후 데려가십니다.
마지막으로 남긴 글이니 바울의 유언장처럼 생각하며 읽어도 되겠습니다.

디모데야
나는 하나님의 부름으로 사도 되었단다.
여러분은 하나님의 부름으로 지금 무엇이 되어 있습니까?
하나님의 부름으로 아들, 딸이 되어 있습니까?
하나님의 부름으로 부모가 되어 있습니까?
하나님의 부름으로 취직 못한 백수가 되어 있습니까?
아니면 하나님의 부름으로 어느 정도 지위가 있는 자리에 있으십니까?
하나님은 여러 모양으로 지금의 나를 부르셨습니다.

바울은 고백합니다.
아시아에 있는 모든 사람이 나를 버렸다!
아시아에는 에베소 교회, 골로새 교회 등 교회들이 많습니다.
그 중 한 사람의 이름을 들어 칭찬합니다.
오네시보로는 나를 찾아와 위로해 주었다.
지금 로마에 불을 지른 범인들이 기독교인들이라고 난리가 난 상태입니다.
기독교인들을 찾아 죽이기 위한 배경 아시죠.
자나 깨나 예수님만을 외치던 바울을 지금 찾아온다는 뜻은 나! 공범이다 잡아 가라입니다.

이런 배경을 보면 모든 기독교인들이 핍박 속에 숨어 있는 상태입니다.
바울은 에베소 교회를 돌보고 있는 디모데에게 보고 싶다고 고백합니다.
그리고 목회할 때 목사로서의 자질과 태도 등에 대하여 자세히 언급합니다.
한국 교회 목사님들이 목회서신 3권만 달달 외워도 될 것 같습니다.

→ (밑줄) 이 부분만 학생용 교재에 없습니다.

바울은 디모데에게 빨리 와 달라고 부탁까지 합니다.

바울은 디모데에게 성도들이 쉽게 이해할 수 있는 마지막 예화를 들어 봅니다.

군인들 봤지~군인들은 훈련을 당연한 것으로 받지
달게 받는 마음 태도가 군인 생활에 훨씬 좋을 거야~
운동선수 알지~ 끝까지 훈련 받고 시합 때 포기하지 않고 달려가는 것
좌절되는 일들이 얼마나 많겠어~
무릎 부상, 손목 부상 등 하지만 끝까지 앞만 보고 달려가지!
농부들 알지!
열심히 땀 흘리며 수고하는 농부들
나도 이와 같이 군인처럼, 운동선수처럼, 농부처럼 달려갈 거야.
오직 예수님을 위해서!
너와 나만이 아니라 우리 모두는 이와 같아야 한단다.

내가 알기로는 견디지 못하고 예수님을 버리고 도망간 사람들이 많다고 들었다.
예수님이 심판하시는 날 예수님도 그들을 버리신다.
예수님을 끝까지 꽉 붙잡으라고 성도들에게 전하렴~

바울은 마지막으로 보고 싶은 이름들을 떠올립니다.
누가는 지금 나와 함께 있단다.
마가가 보고 싶구나.

마가 기억나시나요?
1차 선교 때 중도 하차해서 바나바와 바울이 서로 갈등도 생겼지요.
그 마가가 보고 싶다고 합니다.
덧붙여서 마가는 예수님을 전하는 나에게 아주 중요한 사람이라고 고백합니다.
감동의 스토리 전달되시나요?
디모데에게 빨리 와달라고 부탁합니다.
추워서 외투도 가져다주고 하나님의 말씀도 가져다 달라고 부탁합니다.
성령님은 바울을 안아주십니다.
예수님은 바울을 안아주십니다.
하나님은 바울을 안아주십니다.

네! 바울의 13편 편지를 다 살펴보았습니다.
혹시 느끼셨나요?
어떤 때는 성령님이 말하는 것처럼~
어떤 때는 바울이 말하는 것처럼~
성경의 저자는 하나님이십니다.
성령님은 순종하여 이 뜻을 바울에게 전합니다.
바울은 순종하여 기록합니디.

자! 이다음에 바울 아저씨를 천국에서 만나면 안아 드립시다!
순종하여 하나님, 예수님, 성령님의 사랑을 전해 주어 너무너무 감사하다고~

열한 번째 시간입니다

♥ 찬양 ♥ 기도 ♥ 숙제 검사 (옥중서신과 목회서신 읽고 7가지 실천)

♥ 감사 나눔 ♥ 이번 숙제 (공동서신 5권 읽고 5가지 실천)

공동서신

공동서신이 무엇이냐고요?
편지를 받는 수신자가 공동이라는 것입니다.
흩어져 있는 모든 그리스도인이라든지, 모든 자매라든지 수신자가 공동입니다.
그러면 바울 서신은 바울이 보낸 한정된 교회와 사람만 읽으라는 뜻일까요?
아닌 것 아시죠!

성경은 하나님께서 우리 모두에게 보내시는 편지랍니다.

사람이 이해하기 위해 문학상 구분해 놓은 것뿐입니다.
그러면 핍박과 혼란 가운데서 공동서신을 통해서 우리에게 주신 말씀 향해 출발합니다.

1. 핍박과 혼란이 심해져 가는 배경을 다시 정리해 드립니다

로마와 헤롯의 핍박이 점점 조여들고 있지요.

교회에는 가만히 들어오는 거짓 예언자들, 이단들이 교회를 어수선하게 합니다.

거짓 예언자들은 하나님을 뻥! 차버리는 사람들입니다.
이런 거짓 예언자들과 이단들을 교회에서 내쫓으라고 말씀하십니다.

핍박과 혼란 속에서도 교회는 예수님의 명령을 지키라고 말씀하십니다.
하나님께서 이길 힘을 주시며 하나님께서 이끄시기 때문입니다.

2. 거짓 교사들, 이단에 대하여 짚고 넘어갑니다

성경은 예수님을 부인하는 거짓말쟁이들과 이단들에 대하여 말합니다.

1) 고린도후서

빛의 천사로 가장한 사탄이 다른 예수를 전한다고 합니다.

2) 갈라디아서

예수님 때문에 받는 핍박을 피하려고 하는 자들이라고 합니다.
그래서 자꾸 믿음보다 할례나 규칙 같은 행위를 더 강조하는 자들이라고 합니다.
혹, 교회에서 예수님의 마지막 명령보다 어떤 봉사를 강조하는 분들이 계시나요?
위험하게 변질되십니다.

3) 데살로니가전 · 후서

주님의 날이 왔다며 온갖 능력까지 펼쳐 보이며 미혹하는 자들이라고 합니다.
몇 월 며칠이 주님의 날이라며 주님만이 아시는 날짜를 알고 있다고 말하나요?
병을 고친다든지, 정확히 맞추는 훌륭한 은사를 가지신 분이 있나요?
그러나 그 은사들을 예수님의 복음 전하는 데 사용하지 않고 있다면 이단입니다. 미혹하게 하는 귀신에게 휘둘림을 당하지 말고 그런 분들을 피하십시오.

4) 디모데전서

다른 교훈을 따르는 것을 거짓 교사, 이단이라고 합니다.
저희 동네에서 직접 보았습니다.

한 종교가 다른 종교의 탄신일을 축하한다는 메시지를 걸어 놓았더라구요.
서로의 종교를 인정한다는 것입니다. 종교다원주의를 말하지요.
너네 교훈이나, 우리 교훈이나 다 알고 보면 좋은 것이라는 것입니다.
기독교는 종교나 교훈이 아닙니다.
기독교는 사실이고 진리입니다.
사실 아닌 다른 교훈들을 따르라는 것을 거짓 교사들, 이단들이라고 합니다.
그런데 교회마저도 다른 종교를 인정해 주는 타락한 교회들을 요즘 봅니다.
더 이상 말하지 않겠습니다.
거짓 교사들과 인사도 하지 말라고 한 하나님의 강한 경고만을 생각하십시오.

5) 베드로후서

성경을 잘못 해석하는 사람이 이단이라고 합니다.
우리는 억지로 성경을 해석하려고 시도해서는 안 됩니다.

이외에도 여러 면으로 이단에 대하여 알려 주십니다.
그들은 결국 예수님의 인성과 신성 모두 부인하는 자들입니다.
그들은 결국 예수님이 나의 구원자라는 것을 거절하는 자들입니다.
그들은 결국 예수님이 나의 왕 되심을 거부할 뿐 아니라 싫어하는 자들입니다.
그들은 결국 나는 그분의 종입니다란 고백을 아주 싫어하는 자들입니다.
그들은 결국 자신이 왕이 되려고 하는 사람들입니다.

우리 모두는 이단이 될 수 있습니다.
예수님 외에 다른 것들을 붙잡고 있다면요!

예수님 외의 다른 것들은 똥으로 버려야 합니다.

☑ 히브리서

히브리서는 누가 기록하였는지 모릅니다.

바울이라고 추측하기도 합니다.

중요한 것은 성경의 저자이신 하나님께서 우리에게 보내시는 편지입니다.

핍박 가운데 두려워 말고 담대히 복음을 붙잡으라고 말씀하십니다.

히브리서로 들어가 봅니다.

1. 히브리서 1~4장

성령님은 예수님에 대하여 설명하십니다.

높으신 하나님이 우리를 구하시려고 제일 낮은 곳으로 오셨지!

어떤 사람은 예수님에 대하여 듣고 순종하고 어떤 사람은 불순종하는구나~

예수님을 깊이 생각하고 순종하도록 성경을 읽으라고 하십니다.

(히브리서 4장 12~16절)

예수님을 믿고 구원을 얻도록 성경을 매일 읽도록 합시다. 결단을 적어 보세요.

2. 히브리서 5~9장

예수님을 믿기만 하면 칼과 톱날의 핍박이 점점 조여 오는 시대입니다.
그런 환경의 시대를 맞고 있는 신자들에게 주신 말씀입니다.

성령님은 그들에게 젖병을 물고 있는 수준이라고 합니다.
지금 현 시대를 살아가고 있는 우리의 모습이 너무나 부끄럽게 다가오는 말씀이지요.

믿는 사람이라면 회개하고 믿음을 가지고 세례를 가르치며 성숙해지라고 말씀하십니다.
모두 하나님의 은혜를 단 한 번이라도 맛본 경험이 있다면 젖병을 떼라고 말씀하십니다.
칼과 톱날의 핍박 속에 주어진 말씀을 생각하며 내가 떼어야 할 젖병을 생각합시다.
또 편안하게만 신앙생활하려는 자신을 점검해 봅시다.

3. 히브리서 10~12장

젖병 떼는 성숙의 방법을 알려 주십니다.
예수님의 이름으로 서로 격려하며 섬기라고 하십니다.
내가 격려해야 할 사람을 적어 봅시다. 그리고 격려해 줍시다.

섬길 때 예수님의 이름으로 기도하며 섬기라고 하십니다.
기도하면 예수님께서 도우시기 때문입니다.
선한 일을 하면서 섬기라고 하십니다.

4. 히브리서 13장

하나님께 드리는 예배란 무엇일까요?
하나님이 기뻐하시는 예배가 무엇인지에 대하여 구체적으로 말씀하십니다.

칼날의 위협을 당해도 서로 사랑하는 것을 계속 하라고 하십니다.
톱질의 위협을 당해도 집을 열고 복음을 전하는 나그네를 대접하라고 하십니다.
또 음란은 칼날과 톱질보다 더 무서운 유혹이라고 말씀하십니다.
또 하나님의 말씀을 일러주는 여러분의 지도자들을 기억하라고 하십니다.
그래서 음란은 피하셔야 합니다. 도망치셔야 합니다. 그 자리를 떠나야 합니다.
이와 같은 것들이 하나님께서 기뻐하시는 예배와 찬양이라고 하십니다.

지금 시대의 예배와 비교해 봅니다.
칼날의 위협이 없어도 사랑하는 것이 어렵고 나그네를 대접하지도 않습니다.
수많은 영상들과 게임들로 잠자리를 더럽힙니다.
부유한데도 돈을 가장 사랑합니다. 마음도 물질도 잘 나누질 않습니다.
사랑하는 것을 계속하고 계십니까?
복음을 전하는 사람들을 대접하고 계십니까? 이웃을 섬기고 계십니까?
음란을 피하셨습니까?
하나님께서 기뻐하시는 예배를 드리신 것입니다. 점검해 보세요.

☑ 야고보서

야고보는 예수님의 육신의 친동생입니다.

야고보는 형이 아닌 성령으로 잉태되어 오신 예수 그리스도를 만납니다.

그래서 그리스도의 종인 야고보라고 자신을 소개합니다.

성령님은 예수님을 영접한 야고보를 통해 예수님의 말씀을 전하십니다.

환난 가운데 시험을 견뎌내렴~

견딜 수 있도록 하나님께 기도하고 구하면 이길 힘을 주신단다~

성령님은 말씀대로 실천할 숙제들도 내주십니다.

하나님을 찬양했다가 다른 사람에게 저주를 퍼부었다가 하기 없기!

욕하다 보면 저주가 나오지요!

갑자기 제가 겪었던 일이 또 떠오르네요.

대학원 다닐 때 지하 단칸방에서 살고 있을 때예요.

집 주인이 도시가스를 놓아야 하니 백만 원을 갑자기 달라는 거예요.

파출부 일을 하시던 친정어머님이 백만 원(마음 아픈 백만 원이지요!)을 주셨지요.

그런데 집주인이 도시가스를 안 해 주는 거예요.

그래서 저는 에잇 이 나쁜 놈 망해라 했지요.

그런데 집주인이 정말 망했습니다. 쫄딱!

그래서 도시가스 백만 원만 날아가 버린 것이 아니라 전세금 1천칠백만 원도 날아가 버렸습니다.

저주 함부로 하지 마세요.

이 고백을 써 놓고 쓴 그 주에 또 욱~ 해 버렸답니다.

예수님 저는 끝없는 죄인입니다!!!

다시 야고보서로 돌아와서요^^

성령님은 하나님과 원수 되게 하는 세상 방법과는 친하게 지내지 말라고 합니다.

한 입으로 하나님을 찬양했다가 욕도 하는 것, 하지 말라고 하십니다.

어렵지만 한 가지 욕이라도 줄여보도록 결단합시다.

줄일 욕을 적어 보세요.

베드로전서

정신 못 차리고 넘어지고 예수님 고난을 막았던 베드로가 고백하며 전합니다.

주님의 십자가 앞으로 가까이 나아오고, 우리도 고난을 받자고 고백합니다.

또 기도가 막히지 않도록 하라고 전합니다.

기도가 막히지 않고는 방법을 다음과 같이 말합니다.

아내는 남편에게 순복해야 기도가 막히지 않는 것입니다.

남편은 아내를 존중해 주어야 기도가 막히지 않는 것입니다.

어른들은 젊은이들을 섬겨 주어야 기도가 막히지 않는 것입니다.

젊은이들은 어른들께 복종해야 기도가 막히지 않는 것입니다. 주님의 은혜가 막히지 않도록 실천해 봅시다.

아내이십니까? 남편이십니까? 아니면 어른이십니까? 젊은이십니까?

교회와 가정에서 기도가 막히지 않도록 해야 할 결단을 한 가지씩 적어 보고 실천합시다. ^^

베드로후서

성령님은 두 번째 편지를 베드로에게 쓰도록 하십니다.
거짓 교사들, 이단들이 교회에 들어와 성도들을 넘어뜨리기 때문입니다.
베드로는 거짓 교사들에 대하여 자세히 기록합니다.
특히 예수님이 사람 되어 오심을 부인하는 영지주의에 대하여 말합니다.
그들은 호주머니를 터는 자라고 알려 줍니다.
또 영원한 생명을 얻지 못하게 하는 자라고 말합니다.
그들을 멀리하라고 권면합니다.

유다서

유다는 예수님께서 이 세상에 오셨을 때 육신의 가족이었습니다.

유다는 자신의 형 예수님이 하나님의 아들이신 그리스도라는 것을 알게 됩니다.

그래서 유다는 편지에 예수님의 종인 자기의 친형 야고보를 언급합니다.

야고보의 동생 유다가 이 글을 쓰는 것이라고 합니다.

즉, 예수님의 동생 유다가 이 글을 쓰는 것이 아니라는 것입니다.

예수님은 그리스도라는 것입니다.

육신의 가족으로서 예수님이 그리스도임을 밝혀야 할 필요성을 고백합니다.

예수님을 부인하는 사람들은 하나님께 대드는 사람입니다.

하나님께 대드는 자들은 하나님께서 세운 자들과 반대적인 모습을 항상 취합니다. 또 이들은 저주하는 말을 잘 합니다.

이처럼 유다는 예수님을 부인하는 이들은 발람이라는 사람과 같다고 합니다.

하나님이 택하여 축복한 이스라엘을 저주하려고 한 발람이지요.

또 예수님을 부인하는 이들은 고라의 반역과 같다고 예를 듭니다.

하나님께서 세운 자를 반역한 고라와 고라 자손은 모두 심판 받아 죽습니다.

이들은 예수님을 부인한 자들과 같다고 말합니다.

유다는 예수님을 부인하지 않도록 사도들의 말을 기억하라고 합니다.

또 핍박이 와도 예수님을 부인하고 넘어지지 않도록 기도하라고 권면합니다.

열두 번째 시간입니다

♥ 찬양 ♥ 기도 ♥숙제 점검 (공동서신 읽고, 실천 5가지) ♥ 감사 나눔 (나눔 꼭 하세요)
♥ 이번 숙제는 (요한 1, 2, 3서, 요한계시록을 읽고 실천 4가지)

요한계시록 1장 3절을 펼쳐보실까요!
네! 성경을 읽고, 듣고, 지키는 자가 복이 있다고 기록되어 있습니다.
자, 끝까지 복 있는 사람으로 승리하세요!^^

☑ 요한 1서, 2서, 3서, 요한계시록의 배경

요한은 예수님의 12제자 중의 한 사람으로 항상 예수님 가까이 있었습니다.
예수님께서 어머니 마리아를 부탁할 정도로 십자가 옆에 가까이 있었습니다.
그 요한이 상수하며 성령님의 인도하심을 받고 요한복음을 기록합니다.
요한 1, 2, 3서도 기록하고 밧모 섬에 유배되어 가서도 계시를 받고 기록합니다.
이것이 요한계시록입니다. 받아 적으라고 한 계시 그대로 적습니다.
배경은 불지른 네로 황제를 지나 신이 된 도미티안 황제 등 핍박이 최악입니다.
그러나 놀라운 것은 오히려 복음은 더 퍼져 가고 있다는 것입니다.

요한1서

성령님은 요한을 통해 말씀하십니다.

태초부터 계신 예수님이 육신이 되어 이 세상에 오셨다고 알려 주십니다.

또 우리를 살리시기 위해 화목제물 되셨다고 알려 주십니다.

태초부터 계신 예수님께서 우리에게 죄를 자백하라고 하십니다.

예수님은 우리 죄를 대신 가지시고 벌을 받으셨습니다.

그리고 하나님 아버지와의 관계를 회복시키셨습니다.

우리를 살리신 예수님을 믿고 토해내듯 고백하라는 것입니다.

예수님을 믿지 않는 사람들은 이 사실을 받아들이지 않습니다.

하나님은 믿지 않는 이들을 멀리하고 예수님을 받아들이라고 하십니다.

예수님을 부인하는 이들을 멀리하고 예수님께 고백해 보세요.

잠시 조용히 흩어져서 예수님께 자백하는 시간을 가지도록 인도하는 것도 좋습니다.

성령님의 도우심을 받으면서 토해 내시기를 바랍니다.

요한2서

성령님께서 요한을 통해 강하게 언급하시는 것이 있습니다.
예수님을 부인하는 이들이 있는데 그들을 집에도 들이지 말라고 합니다.
심지어 인사를 하는 것만으로도 그들의 일에 동참하고 있다며 경고하십니다.
이단의 정체는 사탄입니다.
이단에 빠진 사람은 사탄의 조종을 받고 있는 것입니다.
사탄은 영의 존재로 우리가 사탄과 일대일로 맞붙어서는 이길 힘이 없습니다.
사탄을 심판하러 오실 예수님께 구해 달라고 중보기도 드려야 할 뿐입니다.

혹시 가까운 분이 이단에 빠져 있나요?
물에 빠진 사람에게 예수님의 생명줄이 던져지도록 기도합시다.
예수님께서 건져 주시도록 그 사람을 위하는 중보기도를 합시다!
이단에 빠져 중보기도 해야 할 사람을 풍선 안에 적어 봅시다.

☑ 요한3서

요한은 성령님께 순종하여 가이오에게 편지를 보냅니다.
가이오는 복음을 전하며 다니는 나그네 같은 성도들을 보살펴 줍니다.
예수님 믿는 사람이라면 집에서 재워주고 섬겨 드립니다.
그래서 예수님은 가이오에게 축복을 하십니다.
요한 3서 2절 말씀입니다.
사랑하는 자여!
네 영혼이 잘됨같이 네가 범사에 잘되고 강건하기를 내가 간구하노라~

이 말씀이 가게나 집에 액자에 담겨 걸려 있는 것을 많이 봅니다.
그 집과 가게가 가이오와 같은 삶을 살면서 그 말씀을 걸어 놓은 것이겠지요.
가이오와 같은 삶을 살면 그 말씀이 담긴 액자를 걸어 놓는 것이 맞습니다.

하나님은 요한 3서를 통해 가이오와 반대되는 사람 디오드레베를 언급합니다.

디오드레베는 교회를 옮겨 다니는 사람입니다.
교회를 옮겨 다니고 험담을 즐겨 하는 사람입니다.
험담을 즐겨 하면서 오히려 성도들을 내쫓아 버리는 사람입니다.
요한은 디오드레베를 내쫓았습니다.
그런데 다른 교회에 가서 또 이 같은 일을 하고 있다고 말합니다.
하나님은 이 같은 사람을 내쫓으라고 말씀하십니다.

내 주위에 이런 사람이 있습니까?

진실하게 신앙생활하기를 권면했는데도, 듣지 않는다면 끊으십시오.
정을 끊고 받아들이지 마십시오!
디오드레베 같은 한 사람 때문에 예수님 믿으려는 초신자가 넘어집니다.
그림만 봐도 아시겠지요! (무슨 벌레랑 닮았지요!)

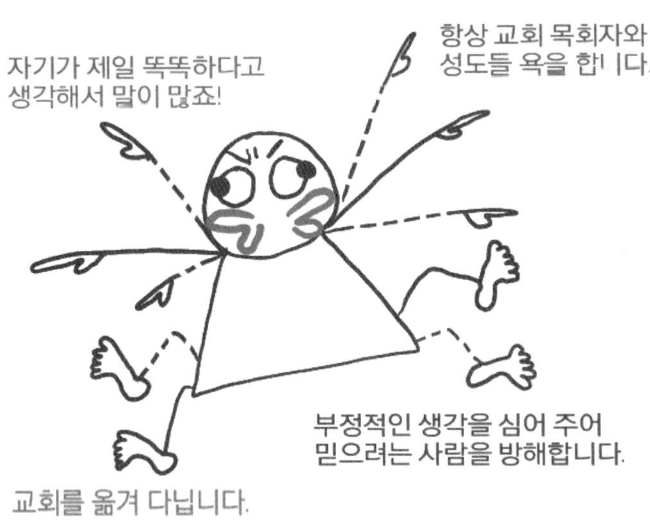

요한계시록 (요한이 받은 환상)

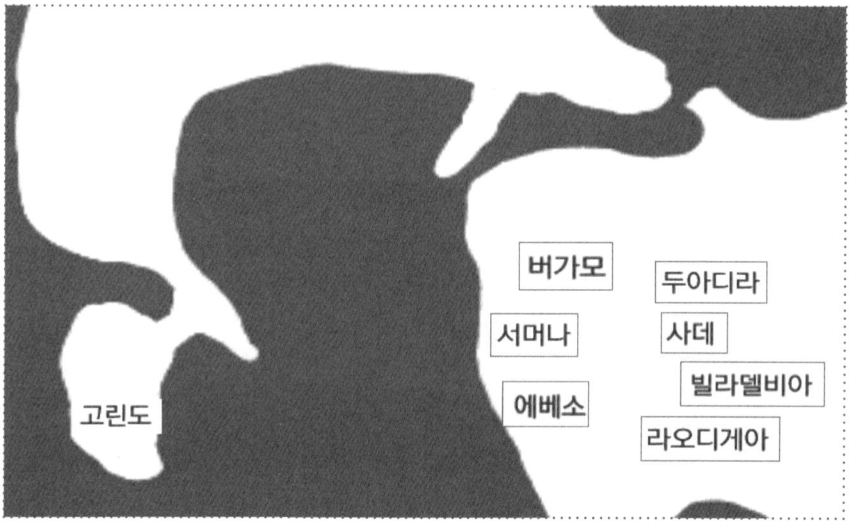

예수 그리스도의 계시라고 시작합니다.
요한에게 일어날 일들을 알려 주시겠다고 하시며 그대로 받아 적게 하십니다.
그래서 계시!라고 합니다.
요한계시록은 이해하기 아주 어려운 말씀입니다.
그러나 반드시 읽어야 한다고 3절에 말씀하십니다.
또한 읽으면서 억지로 성경을 해석해서는 안 됩니다.
이단의 특징은 억지로 성경을 해석합니다.
그래서 이단이 요한계시록을 많이 인용합니다.

자! 성령님의 인도하심을 따라 반드시 읽어야 할 요한계시록 들어갑니다.
먼저 지도에 나온 아시아 지역만을 보십시오.
우리는 지금까지 아시아 지역 하면 에베소와 골로새 교회만 살펴보았습니다.
에베소 교회는 아시지요!
그러나 이 외에도 많은 교회들이 있다는 것을 요한계시록을 통해 알 수 있습니다.

여기 나온 7교회는 많은 교회들을, 믿는 사람들을 대표합니다.

7교회에 하신 말씀 속으로 들어가 보도록 합니다.

7교회들에게 하신 말씀이 곧 내가 속한 교회에게 하시는 말씀입니다.
7교회들에게 하신 말씀이 곧 나에게 하시는 말씀입니다.
7교회들을 보면서 나에게 해당하는 공통된 교회가 몇 교회가 있는지 살펴봅시다.
7교회를 다 살펴본 후 다음과 같이 고백하는 시간을 가지면 좋습니다.

제가 인도했던 학생의 고백의 예를 들어 봅니다.

"저는 에베소 교회와 버가모 교회와 같다는 생각이 들었습니다.
에베소 교회를 보면서는 저의 부정적인 생각이 첫사랑을 잃게 했구나!
또 버가모 교회를 보면서는 내가 내는 짜증이 꼭 니골라당 같구나!
이런 생각을 하게 되었습니다."

이러한 고백들을 한 분 한 분 하는 시간을 가졌습니다.
팀끼리 해보세요.
소수인 경우는 다 같은 자리에서 나누면 됩니다.
나눔을 한 후 이에 대한 결단은 성경을 읽고 써오도록 숙제로 내드렸습니다.

인도자가 먼저 고백해도 됩니다.
저 같은 경우는 모두들 잘 고백하셔서 나중에 하였습니다.
인도자는 돕는 차원에서 간단히 고백해야지 길게 하시면 잔소리가 됩니다.^^
짧게 진심으로 고백하셔야 합니다.^^

1. 7교회

1) 에베소 교회에 하시는 말씀입니다

핍박 가운데 낙심도 하지 않고 잘 견디었구나!
잘했다!
또 거짓말쟁이, 즉 이단들도 밝혀내고 그들의 일들을 미워하고 참 잘했다!
칭찬을 듣습니다.
그런데 처음 사랑이 없어졌구나!
회개하고 다시 처음 사랑을 찾으라고 하나님께서 말씀하십니다.

하나님이 하시는 말씀들을 밝히 알고 잘 해나가고 계십니까?
그런데 마음은 점점 식어지고 계십니까?
어디서부터 떨어져 나가셨습니까?
다시 회복하도록 첫사랑을 찾으라고 성령님은 말씀하십니다.

2) 서머나 교회에 하시는 말씀입니다

예수님을 믿기만 해도 칼날과 톱질을 당하는 시대입니다.

그런데 죽도록 충성하라는 말씀을 이 상황에서 더 주십니다.

죽을 만큼 힘들어서 신앙을 버리는 사람들에게 주시는 말씀입니다.

그러나 예수님은 오히려 생명의 면류관을 얻도록 죽기까지 믿음을 붙잡으라는 말씀입니다.

지금 우리는 죽을 만큼 힘든 핍박을 받지도 않습니다.

그런데도 쉽게 신앙을 버리는 모습을 많이 봅니다.

또 신앙생활은 적당히 하라는 말을 많이 듣습니다.

신앙생활 적당히 하라고 남편, 또는 아내의 바짓가랑이를 붙잡고 계십니까?

생명의 면류관을 못 얻도록 흔들고 계십니까?

서로 생명의 면류관을 얻도록 도와주십시오!

믿음의 선배들은 죽기까지 신앙을 붙잡았습니다.

서로 도울 구체적인 결단을 적어 봅시다.

3) 버가모 교회에 주시는 말씀입니다

버가모 교회는 믿음은 버리지 않았습니다.
예수님을 믿는 것 때문에 죽임을 당하는 순간에도 믿음을 버리지 않았습니다.
그러나 버가모 교회 안에 발람을 따르고 니골라당을 따르는 자들이 있었습니다.
그들을 내쫓지 않았습니다.
발람은 우상을 섬기며 하나님의 자녀들을 저주하려 했던 사람입니다.
그것을 따라하는 자들이 있다는 것입니다.
즉 교회에서 부정적인 말을 늘 하는 사람들이 있다는 것입니다.
니골라당은 예수님을 믿고 구원을 얻었으면, 이제는 막 살아도 된다고 합니다.
이들이 교회 안에 있었다는 것입니다.
이들을 내쫓지 않은 것을 예수님은 지적하십니다.
현재에도 니골라당은 다른 이름의 이단으로 존재합니다.
이단의 정체는 바로 사탄입니다.
발람과 니골라당 곧 사탄을 따르지 말라고 말씀하십니다.
그렇지 않으면 하나님께서 하나님의 입에서 나오는 칼로 싸우시겠다고 하십니다.
성경을 제대로 읽고 이단에 빠지지 맙시다.

■ 니골라당이라는 이단들은 여러 다른 이름으로 지금도 활동합니다

니골라당은 지금도 다른 이름으로 활동하고 있습니다.
이단입니다.
하나님의 자녀인 우리의 모습에서도 니골라당의 모습을 찾아볼 수 있습니다.
이기적인 마음이 니골라당과 비슷합니다.
욕하는 모습도 비슷합니다.
회사나 기타의 공간에서 내 것이 아닌 작은 물건 하나 도둑질하는 것도 같습니다.

실제적인 예를 들어 봅니다.
항상!!! 습관적으로 식당에 3명이 와서 2인분을 주문하시는 분들이 있다고 합니다. 식당 운영하시는 분들은 한두 번도 아닌 그들이 얄밉다고 말합니다.
더군다나 식사하기 전 기도하고 먹는 모습을 보면 어이가 없다고 합니다.
게다가 교회의 직분자라는 것을 알게 되면 마음이 슬퍼진다고 합니다.
부끄럽습니다.

물건을 살 때 깎지 말라고 배웠습니다.
더 달라고 하지도 말라고 배웠습니나.
오히려 내게 있는 것을 나누어 주라고 배웠습니다.
잘 되진 않지만 연습해야겠습니다.

니골라당의 행동을 하고 있는지 점검합시다.
하나님의 입에서 나오는 칼이 나오기 전에요!

4) 두아디라 교회에 하시는 말씀입니다

두아디라 교회는 인내하고 섬김도 잘했다는 칭찬을 듣습니다.

그러나 교회에서 우상을 섬기며 간음을 하고 있다고 지적받습니다.

어떻게 인내하고 섬기면서 우상을 섬기고 간음을 했을까요?

바로 우상을 섬기는 자들을 용납하고 있는 것은 곧 그 일을 하고 있다는 것입니다.

교회에 다니면서 부적을 집에다 두고 다니는 것을 용납하십니까?

예수님을 믿으면서 미신적인 생각을 용납하십니까?

하나님은 단호하게 말씀하십니다.

회개하고 죄악을 끊으라고 말씀하십니다.

끊으십시오! 예수님의 이름으로 미신의 행동과 생각들을요!

끊으십시오! 예수님의 이름으로 미신적인 사람들과의 만남을요!

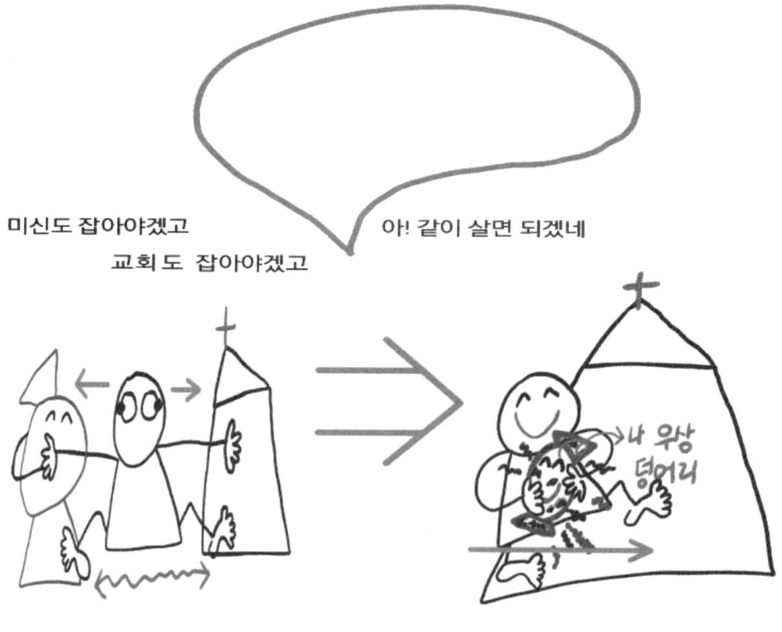

5) 사데 교회에 하시는 말씀입니다

믿음이라고는 하나도 찾아볼 수 없구나! 넌! 죽은 것이다!
그러니 회개하고 깨어나라고 말씀하십니다.
행동이 죽어 있다고 말씀하십니다.
그래서 하나님의 말씀에 대한 가르침들을 되새기라고 하십니다.
말씀들을 되새기십시오.
성경 한 권으로 충분합니다.
단지 마음에 새기지 않아서입니다.

교회에서 믿음이라고는 하나도 찾아볼 수 없다는 말이 얼마나 무서운 말입니까!

교회 오는 날이나 교회 성도 만나는 날 외에 믿음이 하나도 없는 날이 있으십니까? 우리는 주변에 죽어 있는 많은 그리스도인(?)들을 만납니다.

말씀을 기억하고 되새기십시오!
주일 빼고 평일에는 내가 무덤 안에 살고 있는지 점검해 보십시오.
그리고 실천하십시오!

6) 빌라델비아 교회에 하시는 말씀입니다

어려운 상황에서도 배반하지 않은 빌라델비아 교회를 칭찬하십니다.

힘이 적은 교회였으나 하나님의 말씀을 지키며 하나님을 인정한 교회라고 합니다.

또 인내하며 끝까지 배반하지 않은 교회라고 합니다.

하나님은 빌라델비아 교회를 칭찬하며 앞으로 더욱 믿음을 지켜 면류관을 받으라고 격려하십니다.

격려는 힘이 없는 사람에게 주어집니다.

격려는 힘이 없는데 하나님의 말씀을 지키려는 사람에게 주어집니다.

격려는 하나님의 말씀을 끝까지 배반하지 않는 사람에게 주어집니다.

하나님의 격려가 받고 싶지 않으십니까?

문제들이 생기셨습니까?

문제는 예수님께 기도하며 예수님을 만날 수 있는 좋은 기회입니다.

힘을 내고 문제를 넘어 나를 기다리시는 예수님을 만나는 기회로 삼길 바랍니다.

7) 라오디게아 교회에 주시는 말씀입니다

라오디게아 교회는 여러 모양으로 부유한 형편이었습니다.
그래서 라오디게아 성도들은 부족함이 없다고 생각하였습니다.
그런데 하나님께서는 벌거벗을 정도로 가난하고 병까지 들은 자라고 하십니다.
하나님에 대하여 관심이 차지도 않고 뜨겁지도 않은 이유라고 하십니다.
미지근한 상태라고 합니다.
하나님에 대한 큰 아쉬움이나 관심이 없는 상태입니다.
이런 라오디게아 교회에게 회개하라고 말씀하십니다.

예수님에 대하여 관심을 적당히 두고 싶으십니까?
성령님에 대하여 민감하고 싶지 않으십니까?
이 정도만 하면 되지 뭘~ 적당한 선에서 자르십니까?
하나님께서 당신과 교제하시려고 당신을 목숨을 다하여 부르셨습니다 .
하나님 아버지를 만나려고 열심을 내어 노력하고 미지근한 상태를 회개합시다.

7교회에게 주시는 말씀을 살펴보았습니다.

7교회는 교회들의 대표성을 두며 동시에 교회에 속한 한 사람 한 사람을 말합니다.

7교회에 하신 말씀을 기준 삼아 점검해 봅시다.

예수님은 반드시 해야 할 아주 중요한 말씀을 하시려고 하는 것 같습니다!

그 답을 좀 더 요한계시록을 살펴보며 찾아봅시다.

곧 7개의 봉해진 인, 7개의 나팔, 7개의 대접을 설명하십니다.

7개의 인, 나팔, 대접은 피할 수 없는 무서운 재앙들입니다.

그리고 하나님께서 사탄과 사탄을 따르는 사람들을 심판하실 것을 말씀하십니다.

그리고 새 하늘과 새 땅에서 신앙을 지킨 사람들, 예수님을 믿고 순종한 사람들과 함께할 것을 약속하십니다.

이것을 계시로 알려 주시며 우리에게 곧 오겠다고 하십니다.

아멘 주 예수여 오시옵소서! 답하며 요한계시록은 막을 내립니다.

신약은 막을 내립니다.

예수님은 세상에 계실 때 마지막 유언 명령을 하셨지요!

땅 끝까지 이르러 내 증인이 되라고요!

예수님은 요한계시록을 통해 승천하셔서 마지막 명령을 내리십니다.

오실 주 예수 그리스도만을 끝까지 믿고 구원을 얻으라고요!

구약과 같은 말씀이네요.

남은 것은 명령을 지키는 것만이 남았습니다.

수고하셨습니다.

열세 번째 시간입니다

♥ 감격의 찬양을 드립니다.

♥ 감사의 기도를 드립니다.

♥ 마지막 숙제 검사 (요한 1, 2, 3서 요한계시록 두 번 읽고 실천 4가지)를 합니다.

♥ 풍성한 나눔을 합니다.

또 신약 일독하면서 가장 감사한 일도 나누어 봅니다.
그리고 신약 일독하면서 간증과 결단문도(고백할 때 3분 정도) 작성해 봅니다.
예배 시간에 돌아가며 3분 간증 고백하기도 합니다.
그리고 모아진 벌금 헌금으로 무엇을 하기로 하셨나요?
맛있는 식사를 하러 가셔도 좋습니다.
선교 헌금으로 드려도 좋습니다.
다른 날 국내 성지 순례길을 마실 다녀오셔도 됩니다.

살아가면서 한 번 밥 드시고 그만 먹지 않지요!
영혼을 살리는 밥을 계속 드셔야지요!
계속 성경 말씀을 드세요!

수고하셨습니다. 신약 일독을 기도로 마칩니다.
참! 신약 일독부터 하신 분들은 12, 13강의 합쳐서 하셔야 해요! ^^
이유는 첫 시간을 구약 첫 시간으로 하셔서 한 주씩 밀리셨을 거예요.
아! 14주로 하시겠다고요! 좋은 생각이십니다. 알아서 조정하세요.^^
다들 알아서 잘 하실 텐데 끝까지 잔소리한 것 같네요! 흐흐~^^ 죄송합니다.

☑ 신약 일독하며 간증 고백문

간증문을 짧게 만들었습니다.
신약 일독하며 절대로 배웠던 내용에 대한 것을 적지 않습니다.
신약 일독하며 예수님에 대하여 알고 만나게 된 것 한 가지만을 적습니다.
그리고 앞으로 성경을 어떻게 읽을 것인지 아주 작은 결단 한 가지를 적습니다.
이와 같이 읽은 말씀을 한 가지라도 실천하는 삶을 살 것을 고백합니다.

판권
소유

성경일독 교재

삐약삐약 말씀의 삶(인도자용)

2015년 2월 25일 인쇄
2015년 3월 5일 발행

지은이 | 강명희
발행인 | 이형규
발행처 | 쿰란출판사

주소 | 서울시 종로구 이화장길6
TEL | 745-1007, 745-1301~2, 747-1212, 743-1300
영업부 | 747-1004, FAX/745-8490
본사평생전화번호 | 0502-756-1004
홈페이지 | http://www.qumran.co.kr
E-mail | qrbooks@gmail.com
qrbooks@daum.net
한글인터넷주소 | 쿰란, 쿰란출판사

등록 | 제1-670호(1988.2.27)

책임교열 | 김유미·오완

값 2,5000원

ISBN 978-89-6562-695-4 94230
978-89-6562-697-8 (세트)